ullstein

Das Buch

Wer im Islam frei und selbstbestimmt über seine Sexualität entscheiden will, vorehelichen Sex fordert oder sich offen zu seiner Homosexualität bekennt, begibt sich in Lebensgefahr. Gleichzeitig behauptet die islamische Welt, die bessere, die moralischere Religion zu haben. Einige muslimische Fanatiker bekämpfen den vermeintlich dekadenten Westen sogar mit Gewalt. Doch eine Gesellschaft, die freie Selbstbestimmung untersagt, ist in jeder Hinsicht rückschrittlich.

Seyran Ateş plädiert für eine sexuelle Revolution im Islam. Genau wie die Frauen und Männer in den westlichen Ländern, die in den 60er Jahren erfolgreich für ihre sexuelle Selbstbestimmung gekämpft haben, müssen sich Musliminnen und Muslime ihre Rechte erstreiten. Nur so können Freiheit und Menschenwürde in der islamischen Welt wirklich gelebt werden.

Die Autorin

Seyran Ateş, 1963 in Istanbul geboren, lebt seit 1969 in Deutschland. Sie ist Autorin und arbeitete bis 2006 als Rechtsanwältin mit eigener Kanzlei. Ihr wurden zahlreiche Auszeichnungen verliehen, darunter das Bundesverdienstkreuz (2007) und der Verdienstorden der Stadt Berlin (2008). Seyran Ateş lebt in Berlin

Von Seyran Ateş ist in unserem Hause bisher erschienen:

Der Multikulti-Irrtum

Seyran Ateş

Der Islam braucht eine sexuelle Revolution

Eine Streitschrift

Ullstein

Besuchen Sie uns im Internet:
www.ullstein-taschenbuch.de

Ungekürzte Ausgabe im Ullstein Taschenbuch
1. Auflage März 2011
2. Auflage 2016
© 2009 Seyran Ateş
© Ullstein Buchverlage GmbH, Berlin 2009 / Ullstein Verlag
Umschlaggestaltung: HildenDesign, München
(unter Verwendung einer Vorlage von Sabine Wimmer, Berlin)
Titelabbildung: © Müjgan Arpat
Satz: LVD GmbH, Berlin
Gesetzt aus der Minion
Druck und Bindearbeiten: CPI books GmbH, Leck
Printed in Germany
ISBN 978-3-548-37371-3

Für alle Menschen, die sterben mussten,
weil sie selbstbestimmt und frei leben und lieben wollten.

Für alle Menschen, die dafür kämpfen, selbstbestimmt und
frei zu leben und zu lieben.
Für unsere Kinder.
Für Zoe.

Inhalt

Vorwort

Als dieses Buch im Jahre 2009 veröffentlicht wurde, ahnte ich, dass ich Ärger bekommen würde. Ärger mit Islamisten, die sich daran stoßen, dass ich die Begriffe »Islam« und »Sexualität« in einem Atemzug nenne und zudem eine sexuelle Revolution für den Islam fordere. Als ob es ein Gesetz gäbe, nachdem man diese beiden Wörter nicht gleichzeitig erwähnen dürfe. Auch gemäßigte Muslime argumentierten, dass zwar die islamische Gesellschaft, also die Menschen, vielleicht eine sexuelle Revolution benötigten, nicht aber »der Islam« als Religion.

Die Trennung zwischen Religion einerseits und Menschen anderseits ist und bleibt mir fremd. Menschen machen Religionen lebendig. So auch den Islam. Der Islam, der von Menschen gelebt wird, benötigt Reformen, zeitgemäße Auslegungen. Dazu gehört auch die Sexualität.

Der Islam an sich unterdrückt die Sexualität nicht. Er erlaubt und erwartet sogar eine lustvolle, befriedigende Sexualität. Denn alles auf Erden soll ein Vorgeschmack auf das Paradies sein. Der Geschlechtsverkehr wird als religiöser Akt, eine Art Almosen an Gott, betrachtet. Eine Frau darf sich sogar von ihrem Ehemann scheiden lassen, wenn er sie nicht sexuell befriedigen kann. Sexualität dient im Islam nicht nur der Fortpflanzung.

Diese Argumente höre ich aktuell immer wieder, wenn ich meine Thesen mit Muslimen diskutiere. Dann zitieren aus-

nahmslos alle koranfesten Gesprächspartner und Gesprächspartnerinnen folgende Suren:

»Sie (eure Ehefrauen) sind euch Schutz und Wärme, und ihr
seid ihnen Schutz und Wärme.« (Qur'an 2: 187)
»Und es gehört zu Seinen Zeichen, dass Er euch aus euch
selbst Ehepartner erschaffen hat, damit ihr bei ihnen Sakiina
(Geborgenheit, Ruhe und Zufriedenheit) findet; und Er hat
Zuneigung und Barmherzigkeit zwischen euch gesetzt.«
(Qur'an 30: 21)

Seit 2009 ist viel passiert. Der »Arabische Frühling« in Nordafrika, die Gezi-Park-Proteste in Istanbul, die Gründung des
IS-Staates und die zahlreichen islamistischen Terroran-
schläge auf unsere Freiheit, auf die Art, wie wir im Westen
leben. Zudem ganz aktuell die massenhaften sexuellen Übergriffe und mindestens eine Vergewaltigung in der Silvesternacht 2015 / 2016 in mehreren deutschen Großstädten, vor
allem am Kölner Dom. Egal, welches der oben genannten Ereignisse wir uns näher betrachten, welchen Stein wir umdre-
hen, das Thema Islam und Sexualität lässt uns nicht los.
Kaum war an die Öffentlichkeit gedrungen, dass es sich bei
den Tätern in der Silvesternacht um nordafrikanische und
arabische junge Männer handelt, brach eine heftige Diskussion los. Noch nie wurde dem Thema sexuelle Belästigungen
an Frauen in Deutschland in sämtlichen Medien soviel Raum
gegeben. Als hätte es vor dieser Nacht keine sexuellen Übergriffe in Deutschland gegeben.
Unweigerlich kam es zur Argumentationskette: sexuelle
Belästigung – muslimische Flüchtlinge – Abschiebung. Dieses Ereignis für schnellere Abschiebungen zu instrumentali-
sieren ist mehr als absurd. Wie viele Täter würden denn tatsächlich abgeschoben werden? Würde sich dadurch das weitaus größere Problem lösen lassen, dass manche, gar die

Mehrzahl der jungen muslimischen Männer, die neu ins Land kommen, nicht mit der offenen Gesellschaft umgehen können? Mitnichten.

Ja, alle Flüchtlinge, die jetzt nach Deutschland kommen, sollten sich im Klaren darüber sein, dass sie in ein (weitestgehend) säkulares, christliches modernes Land kommen. In ein Land, in dem die Gleichberechtigung der Geschlechter im Grundgesetz verankert ist. Und noch einmal ja, auch in Deutschland sind Männer und Frauen längst noch nicht in allen Bereichen gleichberechtigt. Und es ist absolut falsch, sexuelle Belästigungen von Frauen nur muslimischen Männern anzulasten. Falsch ist aber auch, sie insgesamt in Schutz zunehmen und die Ereignisse in Köln zu verharmlosen.

Frauen sind auf der ganzen Welt sexueller Gewalt ausgesetzt. Auch urdeutsche Männer belästigen Frauen sexuell, auch urdeutsche Männer vergewaltigen Frauen. Beim Oktoberfest, der Kirmes oder beim Karneval kommt es immer wieder zu sexuellen Übergriffen. Soweit stimme ich mit denen überein, die sofort die »Rassismuskeule« rausgeholt haben, weil wieder etwas Islamkritisches Schlagzeilen gemacht hat.

Das, was in der Silvesternacht 2015 / 2016 in Köln und anderswo in Deutschland passiert ist, hat aber eine andere Dimension und darf weder relativiert noch verharmlost werden. Es muss hinterfragt werden, was das Ganze mit dem Verständnis von Islam dieser jungen Männer zu tun hat und mit ihrem Frauenbild. Es ist eine Tatsache, dass muslimische Männer durchaus ein großes Problem mit unserer freien Welt, insbesondere im Umgang mit selbstbestimmt lebenden Frauen haben. Daher müssen wir uns die Ereignisse in Köln auch unter dem Aspekt kultureller und religiöser Differenzen anschauen, im Interesse unserer offenen Zivilgesellschaft, unserer Demokratie und den universellen Menschenrechten.

Mit den Flüchtlingen kommen neue Probleme auf uns zu.

Wenn wir ein friedliches und gutes Zusammenleben gewährleisten wollen und die Flüchtlinge als Chance und Bereicherung sehen wollen, dann muss endlich eine ehrlichere Integrationspolitik betrieben werden.

Europa hat sein riesiges Integrationsproblem mit den bereits seit Jahrzehnten in Deutschland lebenden muslimischen Menschen »mit Migrationsgeschichte« nicht gelöst. Warum sollten die Probleme schneller und besser zu lösen sein, wenn die Herausforderungen größer werden?

Viele Urdeutsche haben Angst vor Überfremdung und dem Verlust der eigenen Werte. In dieser Situation hilft es weder, die verunsicherten Menschen pauschal des Rassismus' zu bezichtigen, noch genügen bloße Lippenbekenntnisse, dass man die Nöte und Sorgen der Menschen verstehe. Diese Herausforderungen müssen offen und aktiv angegangen werden. Andernfalls gewinnen AfD und PEGIDA weiter an Zulauf.

Die meisten jungen muslimischen Frauen und Männer, die aktuell mehrheitlich als Flüchtlinge zu uns kommen, stoßen unumgänglich auf eine Gesellschaft, die sie nur vom Hörensagen kennen. Natürlich haben sie in Syrien oder anderswo nicht hinterm Mond gelebt. Höchstwahrscheinlich haben viele sogar ein auch nach unseren Maßstäben in mancher Hinsicht modernes Leben geführt, was sich wiederum viele Urdeutsche nicht vorstellen können. Dennoch ist diesen Menschen fremd, dass eine Gesellschaft insgesamt die Sexualität als eine absolut private Angelegenheit betrachtet. Darüber hinaus ist ihnen fremd, dass in einer Gesellschaft mehrheitlich Einigkeit darüber besteht, dass sexuelle Erfahrungen vor der Ehe keine Besonderheit, sondern eine Selbstverständlichkeit sind. Und zwar für beide Geschlechter.

Wie im fundamentalistischen Christentum und Judentum soll auch im fundamentalistischen Islam der Geschlechtsverkehr nur in der Ehe stattfinden. Alles andere sei Sünde und Grund genug, um in der Hölle zu schmoren.

Die größte Hürde, die wahre Revolution in der islamischen Welt in puncto Sexualität ist demzufolge, wenn der außereheliche Geschlechtsverkehr nicht mehr geächtet und mit allen Mitteln bekämpft würde. Wenn Sexualität zur Privatsache wird.

Diese beiden Welten, die pluralistische westliche und die konservativ muslimische, zusammenzubringen gehört zu den Herausforderungen der Integrationspolitik. Eine Wertevermittlung durch Integrationskurse, sowohl für Erwachsene als auch für Kinder, ist für unser Zusammenleben, für unsere gemeinsame Zukunft als plurale multikulturelle Gesellschaft unumgänglich. Es wird viel über Aufklärung und unsere Werte geredet, aber nicht wirklich erklärt, was damit gemeint ist. Auch urdeutsche Kinder oder Erwachsene wissen das nicht unbedingt.

Was uns in unserer modernen, offenen Gesellschaft selbstverständlich erscheint, muss (wieder) bewusst gemacht werden, muss im Unterricht und in Integrationskursen vermittelt werden. Auf diese Art und Weise kann auf beiden Seiten der Rassismus bekämpft und Vorurteile abgebaut werden.

Warum soll es nicht möglich sein, über muslimische Machokultur, über unterdrückte Sexualität und Frauenhass zu sprechen, ohne männliche Migranten aus dem Nahen Osten, aus Nordafrika und den Islam unter Generalverdacht zu stellen? Von Marokko bis Indonesien macht sich ein konservativer, fundamentalistischer Islam breit, deren Auswirkungen wir auch in Deutschland zu spüren bekommen, nicht nur durch die unübersehbare Zunahme von Kopftüchern und sonstigen Verhüllungen. Moralvorstellungen in Bezug auf das Leben von Frauen und Mädchen sind wesentliche Punkte auf der Agenda von Salafisten und anderen Fundamentalisten.

In diese Gemengelage kommen muslimische Flüchtlinge nach Europa, weil sie vor Krieg und Verfolgung flüchten, nicht weil sie eine neue Heimat suchen. Sie suchen Sicherheit in Deutschland. Was sie vorfinden ist eine Gesellschaft, die ihnen in vieler Hinsicht fremd ist. Sollte man ihnen das zum Vorwurf machen? Natürlich nicht. Sollte man von ihnen erwarten, dass sie von heute auf morgen zu säkular denkenden Demokraten werden, für die die Gleichberechtigung der Geschlechter eine verinnerlichte Selbstverständlichkeit ist? Natürlich nicht. Das braucht Zeit und intensiven Austausch.

Aber sie sollten wissen, dass Frauen keine Verfügungsmasse und Freiwild sind, wenn sie sich modern kleiden. Frauen stehen nicht zur freien sexuellen Verfügung, wenn sie kurze Röcke oder enge Hosen tragen. Frauen wollen nicht von fremden Männern begrapscht werden, wenn sie nachts allein oder mit Freundinnen unterwegs sind. Es hat auch in Deutschland lange gedauert, bis diese Erkenntnisse selbstverständlich für alle wurden, bis es nicht mehr hieß »Die hat Minirock getragen, die hat das doch provoziert!«. Von dieser Errungenschaft darf keinen Millimeter abgerückt werden.

Frauen sollten, aus welchen Gründen auch immer, nicht zu Sexualobjekten gemacht werden. Sexualisierte Werbung, halbnackte Frauen auf Werbeplakaten sind sexistisch und frauenfeindlich und gehören verboten. Sie sollten aber nicht deshalb verboten werden, weil muslimische Männer sich beim Anblick dieser Plakate in ihren religiösen Gefühlen verletzt fühlen, sondern weil die so abgebildete Frau herabgewürdigt und zum Objekt degradiert wird. Das Motiv für eine Handlung ist wichtig.

In den allermeisten muslimischen Familien herrscht nach wie vor das Bild vor, dass die jungen Männer voreheliche sexuelle Erfahrungen machen dürfen, während die Töchter bis zur Ehe ihre Jungfräulichkeit bewahren müssen. Die Frauen hüten das Haus, die Männer bewegen sich frei in der Welt. Die Frau ist der Innenminister, der Mann ist der Außenminister, heißt es lapidar.

Mit dem Arabischen Frühling wuchs in der arabischen Welt nicht nur die Hoffnung auf mehr Demokratie, sondern auch die Hoffnung der Frauen auf Gleichberechtigung. Darauf, dass Frauen endlich nicht nur auf dem Papier und im Gesetz, sondern auch in der Realität eine freie Stimme, eine freie Wahl haben würden. Dass sie über ihr Leben und ihren Körper selbst bestimmen könnten.

In der zweiten Woche der Arabellion schrieb mir eine Bekannte aus Kairo, dass sie unglaublich glücklich sei. Sie würde auf dem Tahrir-Platz zum ersten Mal erleben, dass Frauen und Männer Schulter an Schulter stehen, Frauen mit und ohne Kopftuch, Männern mit langen Bärten und ohne Bart, bunt gemischt. Dass sie dort Tage und Nächte gemeinsam ausharren würden, um ihre Stimmen für Freiheit und Demokratie zu erheben. Sie schrieb, dass sie sich zum ersten Mal als Frau ohne Kopftuch gleichberechtigt gefühlt habe, gleichberechtigt im eigenen Land, das sie nicht Richtung Westen verlassen wollte.

Doch ihre Hoffnung auf mehr Freiheit und Demokratie wurde enttäuscht. Die Proteste der Arabellion führten leider nicht zu einer echten Demokratie und zu einem positiven Wandel in der arabischen Welt. Die Rolle der Frau hat sich nicht verändert.

Es dauerte auch nicht lange, bis die ersten Meldungen über sexuelle Übergriffe und Vergewaltigungen an Demonstrantinnen die Runde machten. Frauen zu vergewaltigen oder sie sexuell zu belästigen, damit sie sich nicht politisch betätigen, ist eine berüchtigte Strategie autoritärer Systeme. So hält man Frauen davon ab, am öffentlichen Raum teilzuhaben. Frauen leben im Haus, Männer leben überall. So wollten und wollen es alle Fundamentalisten und Konservativen dieser Welt. Und so sind auch die Übergriffe in der Silvesternacht in Köln zu bewerten.

Immer wieder heißt es in der Debatte über den Islam die Feststellung, dass der Islam keine Reformation erlebt habe, dass es einen muslimischen Martin Luther bräuchte und dass das Zeitalter der Aufklärung an der islamischen Welt vorbeigegangen ist, dass es also auch einen Immanuel Kant bräuchte. Das ist alles richtig. Aber ein Wilhelm Reich oder Alfred Kinsey dürfte derzeit für die islamische Welt ebenso wichtig sein.

Ich habe hier nur männliche Namen aufgezählt, obwohl ich Feministin bin. Ich könnte weibliche Namen hinzufügen – Shere Hite, Eve Ensler, Nancy Friday, Erica Jong, Germaine Greer und nicht zuletzt Alice Schwarzer und Simone de Beauvoir –, Frauen, die Wesentliches zur sexuellen Revolution beigetragen haben. Aber dass positive Veränderungen, mehr Freiheit für Frauen ausschließlich durch Frauen erreicht werden kann, ist meines Erachtens eine Fehleinschätzung, der wir Feministinnen hin und wieder unterliegen. Frauen haben stets aufbegehrt und müssen aufbegehren, um Gleichberechtigung zu erlangen. Aber nur dann, wenn Männer sich an die Seite der Frauen gestellt haben, hat sich wirklich etwas verändert. Auch die sexuelle Revolution in den islamischen Gesellschaften muss von beiden Geschlechtern gleichermaßen gewollt, gefordert und umgesetzt werden.

Im Zusammenleben mit verschiedenen Kulturen und Religionen ist es wichtig die richtigen Signale zu setzen. Gegenseitiger Respekt bedeutet nicht, sich dem Diktat von Fundamentalisten zu unterwerfen, die sich im Hinblick auf freie und selbstbestimmte Sexualität von Frauen und Männern im siebten Jahrhundert befinden. Wir können und müssen verlangen, dass sich Menschen aus anderen Kulturen mit unseren Werten vertraut machen und sie respektieren.

Berlin, im März 2016

Einleitung

Meine muslimische Familie

Sexualität war und ist noch heute kein Thema, über das ich offen und ehrlich mit meinen Eltern sprechen könnte. Da geht es mir wahrscheinlich so wie der Mehrheit der Menschen auf diesem Globus, und zwar unabhängig von Geschlecht, Kultur und Religion. Vieles von dem, was ich als Muslimin erlebt habe, ähnelt dem, was Generationen von katholisch, evangelisch oder jüdisch erzogenen Mädchen und Frauen erlebt haben und vielfach heute noch erleben. Schließlich sind es meist ganz bestimmte Moralvorstellungen, die – von einer patriarchalischen Religion untermauert – die Sexualität von Frauen unterdrücken.

Ich möchte mit diesem Buch zeigen, dass es heute, trotz vergleichbarer Strukturen zwischen den verschiedenen patriarchalischen Religionen, in Bezug auf die sexuelle Selbstbestimmung des Individuums und die grundsätzliche Anerkennung des Rechts auf Sexualität durchaus gravierende Unterschiede gibt zwischen dem »Westen« auf der einen Seite und der »muslimischen Welt« auf der anderen Seite.

Meine Eltern sind gläubige und inzwischen praktizierende Muslime, sie sind Hadschi, das heißt, sie sind nach Mekka gepilgert. Meine Geschwister und ich haben keine streng religiöse, aber eine traditionell muslimische Erziehung genossen. Unsere Eltern haben uns in religiösen Dingen weder belehrt, noch haben sie uns fundamentale Zusammenhänge erklärt. Wir waren einfach Muslime, ohne nähere Erläuterung, was das bedeutet. Entsprechend war unser Alltag auch nicht religiös geprägt, zum Beispiel durch regelmäßiges Beten oder Fasten oder durch Moscheebesuche.[1] In meiner näheren Umgebung trug auch keine Frau ein Kopftuch. Sobald die Frauen in Deutschland ankamen, legten sie das Kopftuch ab. Daran schien niemand groß Anstoß zu nehmen, es wurde jedenfalls nicht darüber gesprochen, dass das schlimm sei.

Sehr oft gab es Situationen, in denen wir Kinder auf die Frage, warum dieses oder jenes bei uns anders sei als bei den Deutschen, von unseren Eltern, Verwandten oder Bekannten nur hörten: »Wir sind Türken, wir sind Muslime, das ist bei uns halt so.« Warum wir kein Schweinefleisch essen, warum türkische Mädchen keinen Freund haben dürfen, warum türkische Mädchen nicht in die Disco gehen dürfen, warum türkische Jungs kein deutsches Mädchen heiraten sollten – alles wurde mit einem schlichten »Das ist bei uns halt so« beantwortet.

Wir gehörten also zu den Familien, die nur Muslime waren, weil es Tradition in der Familie ist. Mit dem Muslimisch-Sein wurde allerdings ein ganz bestimmtes moralisches Leben verbunden. Dazu gehörten vor allem die Geschlechtertrennung und die Kontrolle der Sexualität. Die Bewertung von menschlichem Verhalten als ehrenhaft oder unehrenhaft war genauso wichtig wie die Einordnung vieler alltäglicher Dinge in Erlaubtes und Unerlaubtes. So war das Wort *ayıp, unanständig,* eines der Schlüsselwörter, wenn es darum ging, wie ich mich zu verhalten hatte. Was war *ayıp*, was nicht?

Für Mädchen war sehr vieles *ayıp*. Ein Mädchen saß zum Beispiel nicht mit übergeschlagenen Beinen, ein Mädchen saß sowieso nicht viel, sondern bediente, ein Mädchen sprach nicht einfach ungefragt los, und es sprach vor allem nicht in Gegenwart von Jungs, bei denen es sich um potentielle Heiratskandidaten handelte. Ein anständiges Mädchen schminkte sich nicht und lachte nicht laut in der Öffentlichkeit. Ein anständiges Mädchen aß kein Eis auf der Straße. Das öffentliche Eislecken war mir ziemlich lange unangenehm, es konnte nämlich als Anreiz für das andere Geschlecht gedeutet werden, wie so vieles andere auch. Zum Beispiel das Essen einer Banane.

Die deutsch-türkische Psychoanalytikerin Aydan Özdağlar, die seit 1984 praktiziert und viele Patientinnen und Patienten mit Migrationshintergrund behandelt, bestätigte mir, dass in der Erziehung der türkischen Mädchen *ayıp* immer noch eins der wichtigsten Worte ist. Statt auf die individuellen Bedürfnisse der kleinen Mädchen einzugehen, würden die Eltern von Anfang an Verbotstafeln mit der Aufschrift »Das gehört sich nicht« aufstellen. Das Kind bekomme keine Gelegenheit, eigene Erfahrungen zu sammeln, dürfe nicht selbst ausprobieren.

Bis zu meinem sechsten Lebensjahr hatte ich in Istanbul noch mit Jungen und Mädchen gemeinsam auf der Straße gespielt. Mit sechs Jahren kam ich nach Berlin und hörte ab diesem Zeitpunkt immer wieder: »Nein, das ist für Mädchen nicht erlaubt.« Ich durfte mich nicht weit vom Haus entfernen, nicht mit einer Clique umherziehen, und ab einem bestimmten Alter durfte ich auch nicht mehr mit Jungs spielen. Meine Eltern sagten es mir nicht direkt, aber sie schafften es dennoch, mir bereits in jungen Jahren ziemlich deutlich zu vermitteln, dass ich als Mädchen einen sexuellen Reiz auf das andere Geschlecht ausübte und mich deshalb nur sehr eingeschränkt in der Außenwelt bewegen durfte.

Als ich etwa fünfzehn war, verhinderte mein ältester Bruder, dass ich eine Hose bekam, die hinten einen Reißverschluss hatte (der letzte Schrei damals). Mir war sofort klar, dass es daran lag, dass mein Po dadurch zu sehr betont wurde. Aber niemand sprach das aus. Mein Bruder sagte nein, und meine Eltern gehorchten ihm. Sie fanden es gut, dass er auf die Ehre und Moral seiner Schwester achtete. Die deutschen Freundinnen meines Bruders trugen solche Hosen. Das war für ihn natürlich etwas anderes. Ich erinnere mich noch heute, wie sich damals die Scham einstellte, die mich lange begleiten sollte. Die Scham darüber, ein Mädchen zu sein.

Berlin 1968 – ein Riesenschock

Als meine Mama 1968 nach Berlin kam und wir Kinder ihr 1969 folgten, tobte gerade die sexuelle Revolution in Deutschland. Wir saßen mittendrin in der Revolte. Da gab es für meine Familie viele anschauliche Beispiele, warum wir, die Muslime, moralischer waren als die »Ungläubigen«, die Christen und Juden.[2]

Nachdem sich bei uns in der Straße auch noch eine Kommune niedergelassen hatte, schien alles verloren. Für meine Eltern war das ein Riesenschock. Da lebten mehrere Männer und Frauen zusammen, Kinder waren auch dabei, und alle liefen vorzugsweise nackt durch die Gegend. Man konnte sie sehen, weil sie in einer sogenannten Ladenwohnung lebten. Es gab ein riesiges Schaufenster, natürlich ohne Vorhang, so dass jeder hineinschauen konnte. Die Kommune hielt sich nicht lange; sicher hagelte es auch von vielen deutschen Nachbarn Protest. Meine Eltern wurden aber für die nächsten mindestens zwanzig Jahre in ihren Vorurteilen bestätigt: Die Deutschen sind sexuell verkommen, sie machen Partnertausch, feiern Orgien und kennen keine Moral.

Natürlich sprachen meine Eltern nicht offen mit uns Kindern darüber, was sie in sexuellen Dingen von den Deutschen hielten. Aber sie sprachen untereinander, und wir bekamen es mit. Mein eigener Eindruck von den Deutschen war ein ganz anderer. Ich erlebte weder unsere wunderbare deutsche Nachbarin, die uns sehr half, uns in dieser Gesellschaft zurechtzufinden, noch meine Lehrerinnen und Lehrer als sexuell verkommene Menschen. Auf mich wirkten sie ganz normal, und sie sprachen auch viel weniger oder überhaupt nicht über Dinge wie Ehre, Jungfräulichkeit, gute Frauen, schlechte Frauen und so weiter. Während es in meiner familiären Umgebung immer wieder darum ging, dass Mädchen und Frauen sich *namuslu*, ehrenhaft, zu verhalten hatten.

Weder in der Grundschule noch in der Oberstufe habe ich erlebt, dass deutsche Mädchen sich Gedanken darüber machten, ob ihr Verhalten ehrenhaft war. Sie hatten einfach nur Spaß daran, sich zu verlieben, waren todtraurig, wenn sie verlassen wurden, und ließen sich von ihren Freundinnen trösten. Sie mussten all das nicht verstecken, sie hatten keine Angst, ihren guten Ruf zu verlieren oder von ihren Eltern geschlagen zu werden. Wovor ich hingegen große Angst hatte. Besser gesagt, mein Ruf war mir eigentlich egal, aber ich hatte Angst vor den Strafen. Ich bekam ohnehin schon genug Schläge für angeblichen Ungehorsam und für Fehler, die ich gemacht hatte. Wobei mir die Schläge, die ich für unehrenhaftes Verhalten hätte bekommen können, noch unerträglicher erschienen als die alltäglichen Züchtigungen. Der Ton, in dem über unehrenhaftes Verhalten gesprochen wurde, verhieß nichts Gutes. Es könnte um mein Leben gehen, dachte ich.

Während die eine oder andere Klassenkameradin schon mit zwölf Jahren ihren ersten Freund hatte und die anderen Mädchen sich kichernd darüber austauschten, wen sie toll fanden, musste ich mich bemühen, solche Gefühle zu verbergen.

In der siebten Klasse hatte ich mich in einen Mitschüler verliebt. Es war ein deutscher Junge. Zuerst haben wir uns nur angeschaut, dann haben wir uns auch mal heimlich geküsst. Die Sache hielt aber nicht lange, weil der Junge sich auch außerhalb der Schule mit mir treffen wollte und ich nicht durfte. Wenn meine Eltern und mein älterer Bruder erfahren hätten, dass ich einen Jungen geküsst hatte, hätten sie mich wahrscheinlich von der Schule genommen und eingesperrt. Vielleicht auch nicht. Die Angst, die mir eingetrichtert wurde, sagte mir aber, dass sie es getan hätten.

Ein dreizehnjähriges muslimisches Mädchen schrieb mir kürzlich in einer E-Mail, es habe sich in einen Klassenkameraden verliebt und wisse nun nicht, wie es sich verhalten solle: »*Meine Religion verbietet das doch. Was soll ich machen? Ich schäme mich so. Bin ich eine schlechte Muslimin?*« Das Thema ist also noch immer aktuell.

Ich hatte Klassenkameradinnen, die sich mit ihren Freundinnen und Freunden nach der Schule im Park trafen. Hin und wieder wurde ich gefragt, ob ich auch mitkommen wolle. Nachdem ich mehrmals erklärt hatte, dass meine Eltern mir das nicht erlaubten, fragte mich niemand mehr. Noch nicht einmal Einladungen zum Geburtstag durfte ich annehmen. Der Grund für all diese Einschränkungen: Meine Eltern hatten Angst um meine Jungfräulichkeit. Jede Zusammenkunft von Jungen und Mädchen sahen sie ausschließlich in einem sexuellen Licht und verboten mir daher den außerschulischen Kontakt zum anderen Geschlecht.

Unter anderem aus Sorge um meine Unberührtheit durfte ich auch nicht mit auf Klassenfahrt gehen. Das wurde mir nicht nur von meinen Eltern, sondern vor allem von meinem ältesten Bruder verboten, von dem wir Geschwister wussten, dass er viele Mädchen küsste. Er sagte, er wisse, was auf Klassenfahrten so passiere. Damit war die Sache für mich gelaufen. Unter Klassenfahrt stellte ich mir fortan, genau wie meine Eltern, eine Orgie in Begleitung der Lehrer vor. Leider denken heute noch viele muslimische Eltern so.

Unendliche Scham

Schon als Kind war mir aufgefallen, dass es zwischen meinen Beinen einen Bereich gab, den es nach Ansicht mancher Menschen besser nicht geben sollte und über den man nicht sprach. Als ich mit neun Jahren meine erste Periode bekam, war ich geschockt und wusste nicht, was mit mir geschah, warum ich plötzlich blutete. Ich fühlte mich schuldig, dachte, ich hätte unwissentlich etwas getan, was ich besser nicht hätte tun sollen und was zu einer Verletzung geführt hatte. Meine Mutter ging nicht besonders sensibel mit dem Ereignis um. Sie gab mir vor Schreck eine Ohrfeige und zeigte mir dann, wo sie die Binden aufbewahrte. Sie erklärte mir noch, dass das jetzt jeden Monat passieren würde, und das war's. Ich konnte mich nie an sie wenden, wenn ich Schmerzen hatte oder mich für das Unerklärliche schämte, das mit mir geschah. Und ich schämte mich unendlich.

In der Schule konnte ich auch mit niemandem darüber sprechen. Für meine Klassenkameradinnen war Menstruation in dem Alter noch kein Thema. Mir war es peinlich, dass ich blutete. Ich versteckte es. Wenn wir Schwimmunterricht hatten, vergaß ich absichtlich meine Schwimmsachen, damit ich nicht erklären musste, warum ich nicht ins Wasser konnte. Ich bewegte mich auch ganz wenig, wenn ich meine Regel hatte, damit es nicht so stark blutete. Erst ein oder zwei Jahre später hatten wir in der Grundschule den ersten Aufklärungsunterricht und dann in der Mittelstufe den richtigen Sexualkundeunterricht. Mir hätte es sehr geholfen, wenn ich früher darüber informiert worden wäre, was so alles in meinem Körper passieren kann, weil ich ein Mädchen bin. Vor allem hätte mir geholfen, wenn ich mich nicht so unendlich dafür hätte schämen müssen, dass ich eine Vagina hatte, aus der etwas herauskam und in die auch etwas hineinkonnte. Die Sprachlosigkeit hat mich sehr gequält.

Ich schämte mich konsequenterweise auch, als meine Brüste anfingen zu wachsen. Am liebsten wollte ich sie verstecken, aber das ging nur sehr begrenzt. Ich hatte das Gefühl, als ob alle nur noch auf meine Brüste schauten.

Gleichzeitig hatte ich nicht den Eindruck, dass die Jungs um mich herum irgendein vergleichbares Schamgefühl besaßen. Im Gegenteil, viele von ihnen spielten ständig mit ihren Genitalien, als ob es das Normalste von der Welt wäre. Sie konnten vor einem stehen, einem in die Augen sehen und dabei an sich herumspielen. Sie konnten sich zu einem Familienfoto aufstellen und erst mal ihre Genitalien zurechtfummeln. Ich habe das gehasst und mich gefragt, was passieren würde, wenn ich unter meinen Rock greifen würde, während ich gerade mit jemandem rede. Da passte für mich etwas nicht zusammen. Ich verstand nicht, warum die Erwachsenen nicht eingriffen, warum sie nichts sagten. Ich sagte nichts, weil ich mich dafür schämte, dass ich mir das überhaupt ansehen musste.

Für die Jungs war es offensichtlich nicht *ayıp*, Genitalien zu haben, im Gegenteil, sie wurden sogar zur Schau gestellt, zum Beispiel bei der Beschneidung. Bei der Zeremonie dreht sich alles um den Penis des Jungen. Nach der Beschneidung liegt er in einem Bett, während um ihn herum gefeiert wird. Er trägt ein Gewand, das einem Nachthemd ähnelt, weil er mit dem beschnittenen Penis für einige Tage keine Hose tragen kann. Vor der Beschneidung tragen die Jungen Anzüge im Militärlook. Sie haben ein Zepter in der Hand und stecken in einer Uniform mit Schärpe. Meine drei Brüder wurden am selben Tag beschnitten. Es gibt ein Foto, das vor der Beschneidung aufgenommen wurde und auf dem sie in ihren Anzügen wie die Orgelpfeifen stramm nebeneinanderstehen. Meine Oma und meine Mutter liebkosten in den folgenden Jahren dieses Foto und nannten meine Brüder dabei ihre »kleinen Soldaten«.

Wieder ging für mich als Kind etwas nicht zusammen. Während die Genitalien der Mädchen mit Scham und Unreinheit in Verbindung gebracht wurden, wurde das Geschlechtsteil der Jungen beinahe angebetet, auch von den älteren Frauen. Mich trieb die Frage um, warum mein Geschlecht mehr Abwertung erfuhr als das Geschlecht meiner Brüder und Cousins. Aber natürlich erklärte mir das niemand. Ich fand es ungerecht, dass für uns alles *ayıp* und für die Jungs fast alles erlaubt war.

Für einen Jungen war es höchstens *ayıp*, wenn er in der Nase bohrte, in Gegenwart eines älteren Menschen rauchte oder es am nötigen Respekt fehlen ließ. Es gab Ohrfeigen, selbst noch für Volljährige, wenn sie beim Rauchen erwischt wurden, oder saftige Predigten, wie man sich gegenüber älteren Menschen zu verhalten hatte. Ich habe nie gehört, dass einer meiner Brüder oder Cousins mit einer ähnlichen Energie zusammengestaucht wurde, wenn er an seinen Genitalien spielte, was bei dem einen oder anderen wirklich sehr oft vorkam.

Wie in vielen anderen Sprachen auch, ist es in der türkischen Sprache schwierig, die weiblichen Geschlechtsorgane unbefangen beim Namen zu nennen. Meine Eltern haben mir nie gesagt, wie ich den Ort zwischen meinen Beinen bezeichnen konnte. Wir sprachen ja auch nie direkt darüber. Später habe ich mitbekommen, dass einige Menschen *orası*, »der Ort da«, sagten oder *aşağısı*, »da unten«.

Ich kann mich nicht erinnern, dass mir als Kind ein wie auch immer geartetes positives Interesse an meiner Vagina beigebracht worden wäre. Im Sinne von, dass ich da etwas Wertvolles, Schönes hätte, das ich kennenlernen sollte. Das Interesse beschränkte sich auf Grässlichkeiten, die passieren konnten. Und die Notwendigkeit, dafür Sorge zu tragen, dass meine intimen Körperteile stets gut versteckt waren.

Die Hygienekultur der Menschen aus der Türkei ist traditionell eine andere als die der Deutschen, das kann man ohne Wertung sagen. In der muslimischen Welt, wo es bereits seit dem achten Jahrhundert Seife gibt, wird seit jeher viel Wert auf

Sauberkeit und Körperpflege gelegt. In Westeuropa hingegen war bis ins 17. Jahrhundert die Auffassung verbreitet, sich mit Wasser und Seife zu waschen schade dem Körper, indem es ihn zum Beispiel für Krankheiten wie die Pest anfälliger mache. Zur muslimischen Hygienekultur gehört auch, dass Haare im Genitalbereich und unter den Achseln entfernt werden müssen und dass vor dem Gebet ein Waschritual stattfindet.

Die ersten sechs Lebensjahre verbrachte ich in Istanbul in so ärmlichen Verhältnissen, dass wir kein eigenes Bad hatten. Wir wurden von unserer Mutter entweder in einem Waschzuber gewaschen, oder wir gingen ins Hamam. Die Hamam-Besuche, die meist mehrere Stunden dauerten, waren für mich immer ein schönes Erlebnis, auch wenn mir das intensive Schrubben der Haut manchmal lästig war, weil es ganz schön weh tun konnte. Ich kann mich daran erinnern, dass wir natürlich nur unter Frauen waren. Und ich weiß noch, dass ich auch dort nie eine nackte Frau gesehen habe. Alle waren noch mit irgendetwas bekleidet. Entweder hatten sie BHs und Unterwäsche an, oder sie trugen einen speziellen Hamam-Umhang, einen *peştemal*. Sogar an solch einem Ort sah ich also keine nackten Frauenkörper. Nicht einmal den meiner Mutter.

1969 in Deutschland angekommen, hatten wir immer noch kein eigenes Bad. Die ganze Familie wusch sich in einer großen Plastikwanne. Wir hatten einen kleinen Wasserboiler, und zusätzlich wurde auf dem Herd Wasser heiß gemacht. Wenn sich die Eltern wuschen, wurde abgesperrt, wenn wir gewaschen wurden, nicht. Einige Jahre später hatten wir ein eigenes Bad mit einem Badeofen. Mir wurde beigebracht, dass es sehr wichtig ist, in kurzen Abständen den ganzen Körper zu waschen, auch unter den widrigsten Umständen. Das Peeling war ein wichtiger Bestandteil des Waschens. Die Katzenwäsche nur mit Waschlappen wurde nicht geduldet, da sie als unhygienisch galt. Der Dreck gehe nicht ab, wenn die Haut nicht ordentlich geschrubbt werde, sagte meine Mutter.

Als meine Brüste anfingen zu wachsen und ich meine ersten Schamhaare bekam, sollte meine Mutter mich, wie in muslimischen Familien oft praktiziert, nicht mehr nackt sehen. Ich schämte mich einfach zu sehr und sperrte sie beim Baden aus. Wenn sie ins Bad kam, um mir den Rücken zu schrubben, zog ich einen Bikini an.

Viele Jahre später war ich bei der Geburt von zwei Kindern meiner Schwester dabei, dennoch ging sie lange im Sportstudio nicht gerne mit mir unter die Dusche. Irgendwann habe ich sie darauf angesprochen, wir haben geredet, und sie hat nachgedacht. Inzwischen kann sie mit mir im großen Duschraum nackt duschen, und wir lachen darüber. Warum schämte sie sich vor mir? Wieso hat sie diese Scham in all den Jahren, die sie nicht mehr bei unseren Eltern lebte, nicht abgelegt? Viele muslimische Frauen haben extreme Probleme damit, anderen Frauen nackt zu begegnen. Sie gehen ins Sportstudio, duschen aber lieber zu Hause, weil sie sich nicht unbekleidet zeigen wollen. Mit meiner Schwester kann ich offen darüber sprechen. Sie bestätigt die Scham, die ihr anerzogen wurde.

Nun könnte man mir entgegenhalten, dass auch viele nichtmuslimische Frauen sich nur ungern nackt zeigen und zum Beispiel im Schwimmbad oder im Sportstudio am liebsten separate Dusch- und Ankleidekabinen benutzen. Darauf angesprochen, sagte einmal eine deutsche Bekannte zu mir: »Ich mag die Sportart des gemeinsamen Duschens einfach nicht.« Oh, dachte ich, tue ich meinen muslimischen Schwestern und meiner leiblichen Schwester unrecht? Nein, denn wenn die Erikas oder Helgas (so werden deutsche Frauen in der Türkei oft genannt) sich in der Kabine verstecken, hat das meist mehr mit ihrer Körperfülle zu tun als mit einem grundsätzlichen Schamgefühl.

In einer Folge der Fernsehsoap *Sex and the City* will Charlotte, eine der vier Protagonistinnen, das Handtuch in der Sauna nicht ablegen, weil sie ihre Oberschenkel zu dick findet.

Schließlich überwindet sie jedoch ihre Scham und entledigt sich des Handtuchs. Als dann eine andere Frau zu ihr sagt: »Ich gäbe alles für solche Brüste«, fühlt sich Charlotte glücklich, obwohl sie nackt ist.

Die Ayşes und Fatmas haben andere Gründe, warum sie sich vor anderen Frauen nicht nackt zeigen wollen. Es ist weniger die Scham wegen eines vermeintlich »deformierten«, nicht vorzeigbaren Körpers, der irgendwelchen Schönheitsidealen nicht entspricht, als vielmehr die Sorge, dass andere Frauen ihre Vagina und ihre Brüste überhaupt sehen könnten. Natürlich gibt es in islamischen Ländern inzwischen auch die Entwicklung, dass Frauen schlanke und vollkommene Körper haben sollten. Auch unter dem Schleier betreiben Frauen einen von Werbung geprägten Körperkult. Dieser Schritt kommt aber erst, wenn sich die Frauen als sexuelle Wesen wahrnehmen und als Körper, der von anderen bewertet wird.

Sexualität braucht Freiheit

Mit knapp achtzehn Jahren bin ich von zu Hause abgehauen, nicht nur, aber auch, um meine Sexualität leben zu können. Ich hatte nicht vor, täglich den Partner zu wechseln. Nein, ich war verliebt und wollte endlich meine Verliebtheit ganz normal ausleben. Schon gar nicht war ich sexbesessen. Ich wollte einfach frei sein. Frei leben, denken und fühlen. So fing meine sanfte sexuelle Revolution an.

Und ich hatte das Glück, dass mein erster Freund ein sehr vernünftiger und erfahrener deutscher Mann war, dem es in unserer Beziehung auch um mehr ging als nur um Sex. In den Jahren nach der Trennung von meiner Familie, während ich mit meinem Freund in verschiedenen Wohngemeinschaften lebte, baute ich meine Scham nach und nach ab. So richtig bewusst wurde mir das, als ich eines Tages in der Badewanne lag und ein Mitbewohner aus unserer WG ins Bad kam und sich auf die Toilette setzte, um zu pinkeln. Er sagte: »Hey, darf ich? Ich muss ganz dringend und kann nicht mehr warten, bis du rauskommst.« Ich sagte: »Klar, mach doch.« Als er fertig war, stand er auf und verließ das Bad mit den Worten: »Viel Spaß noch in der Wanne.« Er hatte meinen Körper überhaupt nicht beachtet, meine Nacktheit war etwas ganz Normales für ihn – und zu dem Zeitpunkt bereits auch für mich. Ein wunderbar befreiendes Gefühl.

Was die Sexualmoral anbelangte, lebte ich in zwei völlig verschiedenen Welten: in meiner eher prüden, sexualfeindlichen, auf die Ehre bedachten türkischen Sippe einerseits und in meiner entspannten, sexuell freien, auf den Kopf statt auf den Körper konzentrierten deutschen Welt andererseits.

Meine persönlichen Erfahrungen in diesen beiden Sphären sind sicher der Hauptgrund dafür, warum ich der Ansicht bin, dass es sich beim Thema Sexualität um die tiefste Kluft zwischen der muslimischen und der westlichen Welt handelt. Und diese Kluft hat viel mit den Machtverhältnissen zwischen den Geschlechtern zu tun. In der muslimischen Welt ist das Geschlechterverhältnis nicht nur von Ungleichheit, sondern auch viel mehr als im Westen von Gewalt geprägt: Mit Gewalt wird die weibliche Sexualität unterdrückt, mit Gewalt werden Frauen zwangsverheiratet, und mit Gewalt wird die Ehre der Männer geschützt, bis hin zum Ehrenmord.

Wenn ich mir die teils schockierten, teils ängstlichen Reaktionen anschaue, mit denen ich konfrontiert bin, seit ich dieses Buch schreibe, dann weiß ich, dass ich ziemlich nah dran bin an dem größten Konflikt, den wir überwinden müssen, um Frieden zwischen Muslimen auf der einen Seite und Christen und Juden auf der anderen Seite zu erreichen. Wir müssen über die sexuelle Selbstbestimmung des Individuums sprechen, also über das Recht von Frauen und Männern, ihre Sexualität unabhängig von ihrer Religion frei entfalten zu können.

Anhand des Umgangs mit der weiblichen Sexualität lässt sich meines Erachtens feststellen, wie weit eine Gesellschaft in puncto Geschlechterdemokratie gekommen ist. Wie die amerikanische Sexualwissenschaftlerin Shere Hite Ende der 70er Jahre im Vorwort zu ihrem Buch *Hite-Report. Das sexuelle Erleben der Frau* sagt: »*So wie wir ›Sex‹ definieren, ist er Teil eines gesamten gesellschaftlichen Bildes; die Stellung der Frau in der Sexualität spiegelt ihren Platz im Rest der Gesellschaft wider.*«[3]

Hatun S., die dreiundzwanzigjährige Kurdin, deren Ermordung durch einen Angehörigen der eigenen Familie im Februar 2005 bundesweit, ja, weltweit Schlagzeilen machte, soll kurz vor ihrem Tod im hitzigen Streit zu einem ihrer Brüder gesagt haben: »Ich ficke, mit wem ich will.«[4] Dieser Satz bringt meine ganze Motivation zum Ausdruck, dieses Buch zu schreiben. Denn immer noch nehmen sehr viele Menschen auf dieser Erde Anstoß daran, wenn eine Frau so etwas sagt.

Unzählige Frauen, die sich gegenüber ihren muslimischen Vätern, Brüdern, Müttern und sonstigen Verwandten auf diese oder ähnliche Weise geäußert haben, mussten dafür mit ihrem Leben bezahlen – unvorstellbar im Westen, wo man mit einer solchen Einstellung kaum noch jemanden aus der Reserve locken kann. Man erntet höchstens verständnisloses Schweigen. Warum kommt überhaupt jemand auf die Idee, so etwas auszusprechen? Das ist doch eine Selbstverständlichkeit. In der muslimischen Welt hingegen kommen Reaktionen wie: »Pass auf, was du sagst!« Oder: »Bist du lebensmüde?« Man muss Angst haben, als Islamfeind abgestempelt oder gar getötet zu werden. Es ist ein großes Tabu, auszusprechen, dass Männer und Frauen sich wünschen, Sex haben zu können, mit wem sie wollen.

Vor einiger Zeit saß ich mit vier türkischen Intellektuellen in einem Restaurant. Wir sprachen über Möglichkeiten der Zusammenarbeit und tauschten uns über unsere Ziele aus. Ich sagte, dass ich für die sexuelle Revolution im Islam kämpfen möchte. Einer der Männer meinte zunächst: »Nimm dir einen Strick!«, um mir dann später zu erklären, dass er es sich in seiner Position nicht leisten könne, über das Thema Sexualität und Islam zu sprechen, geschweige denn eine Seyran Ateş bei ihrer Forderung nach einer sexuellen Revolution im Islam zu unterstützen.

Dürfen westliche Frauen Sex haben, mit wem sie wollen, muslimische Frauen aber nicht? Und wenn das so ist, halten sich muslimische Frauen auch an diese Vorschrift? Nein, natürlich nicht. Die Folgen dieser heimlichen Auflehnung, wie Analverkehr zum Schutz der Jungfräulichkeit, Schwangerschaftsabbrüche und Hymenoperationen zur Wiederherstellung der Jungfräulichkeit, sind grausam und ganz sicher nicht gesund für eine Gesellschaft.

In den letzten Jahren – wir alle wissen, dass es mit den Anschlägen vom 11. September 2001 in New York zu tun hat – ist sehr viel über den Islam und seine Erscheinungsformen im Westen geschrieben worden. Dabei wurden nahezu alle Themengebiete intensiv bearbeitet, nur das Thema Islam und Sexualität fristet bisher ein Schattendasein in den entsprechenden Publikationen.

Der Wissensstand beziehungsweise der Umgang mit dem Thema entspricht ganz sicher nicht seiner Wichtigkeit. In der Lehre, egal ob bei Theologen, Islamwissenschaftlern, Soziologen oder Erziehungswissenschaftlern, ist – verkürzt gesagt – zu erfahren, dass der Islam eine eher sexualfreundliche Religion sei, im Gegensatz zum Christentum oder Judentum. Ich halte dagegen: Der Islam erlaubt Sexualität nur innerhalb der Ehe, vor allem für Frauen. Wenn eine Religion Sexualität außerhalb der Institution Ehe verbietet und die Einhaltung dieser Forderung mit massiven Repressalien durchsetzt, kann sie nicht sexualfreundlich sein.

Meine Eltern haben aus Liebe geheiratet. Meine Mutter war sechzehn, mein Vater siebzehn. Sie sind seit 1954 verheiratet und weitestgehend glücklich miteinander. Dennoch würde ich behaupten, dass sie sich anders entschieden hätten und ihr Leben anders verlaufen wäre, wenn es ihnen in ihrem Dorf gestattet gewesen wäre, in dem jugendlichen Alter, in dem sie sich damals befanden, ein Paar zu sein. Denn schließlich sind sie glücklich mit dem, was sie haben, weil sie etwas anderes nicht kennen. In Gesprächen mit meinen Eltern und anderen Angehörigen ihrer Generation habe ich erfahren, dass sie es bedauern, vor der Ehe nicht die Möglichkeit gehabt zu haben, Erfahrungen zu sammeln. Und sie begrüßen es, dass viele heute nicht mehr so früh heiraten.

Die Tatsache, dass sie keine Sexualität vor der Ehe leben durften, hat sie aber dazu verpflichtet, einander zu heiraten, und die Tatsache, dass eine Ehe auf ewig geschlossen wird, bewog sie, beieinanderzubleiben. Sie haben sich den Moralvorstellungen ihrer Zeit und ihrer Kultur entsprechend verhalten.

In meiner Jugend stellte ich mir vor, dass ich vielleicht einen Mann würde heiraten müssen, den ich nicht liebte, dass ich gezwungen wäre, mit einem Mann Sex zu haben, den ich nicht begehrte. Diese Vorstellung ekelte mich, und meine Befürchtungen kamen nicht von ungefähr. Viele Frauen und Männer aus meiner unmittelbaren Umgebung wurden gegen ihren Willen verheiratet. Was die Männer empfanden, weiß ich nicht, aber von den Frauen hörte ich nur schreckliche Dinge. Sie sprachen von Ohnmachtsanfällen in der Hochzeitsnacht, von mit Prügel erzwungenem Sex, von Analsex gegen ihren Willen. Diese Qualen wollte ich nicht erleben. Obwohl die Gefahr Gott sei Dank auch nicht bestand – meine Eltern hatten nicht vor, mich zur Heirat zu zwingen –, war ich erschrocken über die brutalen Traditionen meiner Kultur.

Ein türkischer Spruch fiel in diesem Zusammenhang oft: *Kız onu bir şey sanar, ama ilk gecede bıkar* – Die Jungfrau denkt, dass es etwas Besonderes ist, und hat schon in der ersten Nacht genug davon. Ich erinnere mich, dass auch meine Mutter diesen Spruch zitierte, wenn es wieder einmal um die Verheiratung einer Cousine ging, die »freiwillig« einer sogenannten arrangierten Ehe zustimmte, obwohl sie noch ein Kind war.

Seither sind viele Jahre vergangen, doch ich glaube, dass sich das sexuelle Erleben muslimischer Frauen – im Gegensatz zu dem vieler westlicher Frauen – bis heute nicht groß verändert hat. Damit meine ich insbesondere die Situation der Frauen in den westlichen Parallelgesellschaften, die von sehr traditionellen Familien kontrolliert und unterdrückt werden, sei es im Namen der Kultur, der Tradition oder der Religion. Eine Frau hat ehrenhaft und ihrer Natur entsprechend dem Manne untertan zu sein. Im Bett nimmt sich der Ehemann sein Recht, die Frau erfüllt ihre Pflicht.

Mit dem *Hite-Report* kam zum ersten Mal in dieser Form ans Tageslicht, dass die sexuelle Lust der Frauen im Westen vernachlässigt und unterdrückt wurde, mehr als die der Männer. Und genauso sieht es meiner Ansicht nach noch heute in der islamischen Welt aus. Jedoch ist dort der Mut, öffentlich darüber zu sprechen, nur schwach ausgeprägt. Außerdem hat die breite Masse noch nicht erkannt, dass sie überhaupt ein Problem im Bereich der Sexualität hat.

Hier und da wird die Sexualität im Islam, werden die sexuellen Befindlichkeiten der Muslime natürlich thematisiert. Aber in eher engen Grenzen. Die Angst, den Islam zu beleidigen, unzulässig zu verallgemeinern, alle Muslime zu kränken, ist riesengroß und weit verbreitet.

So schickt zum Beispiel Kaplan Omar, Autor des Buches *Sexualität im Islam und in der türkischen Kultur*, seinen Ausführungen »Eine Warnung« voran: Auf einer ganzen Seite entschuldigt und rechtfertigt er, warum er dieses Buch geschrie-

ben hat, und führt aus, was es alles nicht ist: »eine wissenschaft-
liche Abhandlung«, »ein Sachbuch«, »anti-religiös«, »religiös«,
»anti-islamisch«, »eine pro-islamische Propagandaschrift«.
Irritierend wirkt, dass er sogar schreibt: »Das Hauptthema ist
nicht die Religion oder spezifisch der Islam, sondern die Sexualität.« Man schaue genau hin: Das Buch trägt den Titel
Sexualität im Islam. Omar betont außerdem, dass das Buch
»nicht aus einer ›schmutzigen Phantasie‹« heraus entstanden
sei und dass er »kein schnelles Geld aus dem Thema ›Sex‹ zu
machen« beabsichtige.[5] So viel Vorsicht, so viel vorauseilender
Gehorsam bei einem Buch, das sich mit dem Thema Sexualität und Islam beschäftigt und in dem der Islam als sexualfreundlich dargestellt wird. Ein Buch, angefüllt mit Hadithen
– überlieferten Aussprüchen des Propheten Mohammed –, die
die Sexualmoral im Islam illustrieren.

Schon früh in meinem Leben habe ich die Überzeugung gewonnen, dass in meiner Umgebung viel zu wenig in aufgeklärter Art und Weise über Sexualität gesprochen wird, dass auch
muslimischen Männern und Frauen einiges erspart bliebe,
wenn sie mehr darüber wüssten und sich mehr austauschten.
Insofern begrüße ich jede Beschäftigung mit dem Thema, auch
wenn sie zunächst so übervorsichtig daherkommt wie das
Buch von Kaplan Omar. Meine Hoffnung ist, dass auch mittels
solcher Bücher eine Diskussion angeregt wird, die zu einer Veränderung der eigentlich unzumutbaren Verhältnisse führt.

Bei meinen Recherchen zu diesem Buch habe ich eine Vielzahl von Interviews mit (meist) muslimischen Frauen und
Männern zum Thema Sexualität im Islam geführt. Alle diese
Interviews sind inhaltlich in den Text eingeflossen, viele meiner Gesprächspartner zitiere ich wörtlich oder fasse ihre Aussagen mit eigenen Worten zusammen. Ein Großteil der Interviews wurde auf Band aufgezeichnet und, sofern auf Türkisch
geführt, von mir ins Deutsche übersetzt. Andere Aussagen liegen mir schriftlich vor, zum Beispiel in Form von E-Mails.

Angesichts der Brisanz des Themas war es nicht immer leicht, Interviewpartner zu finden, die bereit waren, offen über ihre Erfahrungen mit dem Thema Sexualität und Islam zu sprechen. Einige hatten Angst, sie könnten erkannt werden, andere wussten nicht, ob sie überhaupt in der Lage sein würden, etwas dazu zu sagen. Auch die Sorge, womöglich bei einer islamfeindlichen Äußerung ertappt zu werden, spielte eine Rolle bei der Zurückhaltung. Im Gespräch erwiesen sich manche dann als sehr locker und offen, andere wiederum waren eher verschlossen und äußerten sich kaum persönlich.

Um meine Gesprächspartner zu schützen, habe ich ihre Namen geändert. In einigen wenigen Fällen mache ich eine Ausnahme: Wenn eine Person in offizieller Funktion mit mir gesprochen hat oder wenn mir jemand ausdrücklich die Erlaubnis dazu gegeben hat, nenne ich den vollen Vor- und Zunamen.

Trotz der höchst unterschiedlichen Charaktere und des unterschiedlichen Bildungsgrades meiner Interviewpartner haben die zahlreichen geführten Gespräche meine These bestätigt, dass die islamische Welt eine sexuelle Revolution benötigt, um sich in einer globalen und offenen Weltgesellschaft behaupten zu können und als attraktive Religion Ansehen und Respekt zu erlangen.

Sexualität im Islam – Mythos und Realität

Gerade monotheistische Religionen scheinen sich vor allem in Abgrenzung zu anderen Religionen zu definieren. Sie tun das, um eine eigene Identität zu entwickeln, die sich deutlich von der anderer Religionen unterscheidet. So grenzt sich auch die islamische Welt gerne vom Westen ab, von den »Ungläubigen«, den Christen und Juden.

Im Hinblick auf alles Sexuelle wird der Westen als verroht und unmoralisch angesehen und im Gegenzug der Islam als die tugendhaftere, moralischere Religion dargestellt. Sicher hat dieser Wunsch nach Abgrenzung nicht nur religiöse Gründe, sondern es spielen auch nationalistische und rassistische Motive eine Rolle. In der Türkei beispielsweise existiert im Gegensatz zu Deutschland noch ein ausgeprägter Nationalstolz, der dazu führt, dass man sich über andere Nationen stellt, sich als etwas Besseres fühlt. Dies wiederum öffnet dem Rassismus Tür und Tor. So erfährt kaum eine Minderheit in der Türkei Anerkennung und Respekt. Im Gegenteil, es wird verlangt, dass sich jeder als Türke definiert und mit dem Türkentum identifiziert. In Deutschland ist diese Haltung bei sehr vielen jungen Menschen, deren Eltern oder Großeltern in der Türkei geboren wurden und die selbst hier zur Welt gekommen sind, besonders ausgeprägt. Da wird die Türkei als Heimat und das türkische Volk als das beste aller Völker betrachtet. Wenn sich diese arrogante Sicht dann noch mit religiösen Elementen mischt, entsteht eine schwer zu überwindende Mauer der Überheblichkeit.

Dennoch möchte ich behaupten, dass die religiösen Vorschriften und Traditionen im Islam ausschlaggebend sind für die ablehnende Grundhaltung gegenüber anderen Kulturen und Religionen. Und das, obwohl die meisten Muslime ihre Religion gar nicht gut genug kennen, um genau zu wissen, warum sie die Andersgläubigen als minderwertig betrachten. Als guter Nationalist stellt man eben seine Nation über alle anderen. Als guter Muslim lehnt man eben die anderen Religionen ab.

Bei fanatischen Juden oder Christen sieht das natürlich nicht anders aus. Sie hassen ihrerseits die Muslime, nur weil sie Muslime sind.

Im Zentrum der Abgrenzung der islamischen Welt vom Westen steht die Moral, genauer gesagt die Sexualmoral, wobei sich das Wertesystem der Muslime in erster Linie aus dem Koran und den Hadithen ableitet. Ein Hadith ist eine Überlieferung über das Leben und die Anweisungen des Propheten Mohammed. Vor allem handelt es sich bei den Hadithen um Verbote, Gebote und religiöse sowie moralische Warnungen. An ihnen sollen sich die Muslime orientieren. Vieles, was im Koran nicht geregelt ist, lässt sich in den Hadithen finden. Sie sind Teil der religiösen Gesetze und stehen nach dem Koran an zweiter Stelle. Allah und der Prophet Mohammed weisen den Weg, wie ein Mensch leben soll, um als gläubig, sittsam und moralisch gut zu gelten.

Aber nicht nur Fragen der Moral, sondern alle Lebensbereiche, bis hin zu Forschung und Wissenschaft, die Geisteswissenschaften sowieso, werden gemessen an Vorgaben aus dem Koran. Das Wort Gottes, das Gesetz der Muslime, hat auf fast alle Fragen des Lebens Antworten, und wo der Koran Fragen offenlässt, werden sie durch Hadithen und Interpretationen beantwortet. In Zweifelsfällen gibt es dann noch die Fatwas, islamische Rechtsgutachten zu Problemen, die im Koran oder in den Hadithen nicht direkt behandelt werden. Täglich werden unzählige Fatwas von Muslimen für Muslime produziert. Das Internet ist voll davon.

Eine tiefe Kluft

Nicht wenige Muslime gefallen sich darin, die westliche Kultur schlechtzumachen – sofern sie sie als Kultur überhaupt anerkennen. Dass sie viele Aspekte dieser Kultur insgeheim beneiden oder gar bewundern, steht auf einem anderen Blatt. So kommt es nicht selten vor, dass ein Türke sich anerkennend darüber äußert, wie ordentlich sich die Deutschen vor einem Schalter anstellen, während die Türken statt einer Schlange ein Wollknäuel bilden und am Ende Streit darüber ausbricht, wer als Nächster dran ist. Die Sauberkeit auf den Straßen westeuropäischer Städte wird immer wieder hervorgehoben, genauso wie die ausgeprägte Lesekultur. Der technische und wirtschaftliche Fortschritt und vor allem die hervorragende gesundheitliche Versorgung bleiben ebenfalls nicht unbemerkt. Oder man schaue sich die Markenkleidung an, die palästinensische Jugendliche tragen, während sie Steine werfen und dem Westen den Tod an den Hals wünschen.

Als ich das erste Mal mit meinem Vater aus den USA über den Atlantik hinweg nach Deutschland telefonierte, sagte er: »Diese Ungläubigen, was sie alles zustande bringen, ist unglaublich.« Es schwingt immer ein wenig Bewunderung in seiner Stimme mit, wenn er feststellt, wie viel weiter es die »Ungläubigen« gebracht haben. Auch wenn er es schade findet für uns Muslime.

Viele muslimische Frauen bewundern am Westen, dass die Gleichberechtigung so viel weiter gediehen ist als im Islam, dass die Frauen besser leben können, sich zumindest freier bewegen. Ganz besonders beneiden sie die sexuelle Freizügigkeit, die sexuelle Erfüllung, die man den westlichen Frauen zuschreibt.[1]

Die Tatsache, dass Muslime trotz aller Bewunderung nach außen hin immer wieder betonen, wie unmoralisch die westlichen Gesellschaften seien, zeigt, dass beim Thema Sexualität eine besonders tiefe Kluft zwischen der islamischen Welt und dem Westen besteht. Eine Kluft, die es zu überwinden gilt.

Wenn einem muslimischen Mädchen, das sich westlich kleidet, gesagt wird, du siehst ja aus wie eine deutsche Hure, dann spricht daraus große Verachtung für die Lebensweise der deutschen Frauen. Was denken solche Menschen dann erst über eine deutsche Frau, die unverheiratet ist und wechselnde Lebenspartner hat? Ist da noch eine Steigerung der Verachtung möglich? Wobei auch die Frage zu klären wäre, warum leichte, lockere Bekleidung für Frauen, also fast alles außer Burka und Tschador, überhaupt als westlich bezeichnet wird. Ist modern gleich westlich? Kann sich ein islamisches Land nicht modern entwickeln?

Im Prinzip natürlich schon, doch mit religiöser Sittenpolizei und Schleierzwang wird das kaum gehen. Die Abschaffung dieser beiden Hindernisse und die Anerkennung des Rechts auf sexuelle Selbstbestimmung würden die islamische Welt grundlegend verändern und zeigen, dass Islam und Modernität sich nicht widersprechen.

Doch wenn diese Kluft nicht überwunden wird, wird sich die islamische Welt dauerhaft gegen eine Annäherung an die demokratische, globalisierte Welt wehren, aus Angst um die Sexualmoral der Muslime, vor allem der weiblichen. Eine Demokratie kann man aber nicht nur mit den männlichen Mitgliedern einer Gesellschaft aufbauen. Wenn die islamische Welt wirklich und wahrhaftig an einer Demokratisierung ihrer Gesellschaften interessiert ist, geht das nur über die Anerkennung der Gleichberechtigung von Mann und Frau, was eng mit der sexuellen Selbstbestimmung der Frauen verbunden ist. Solange die islamischen Länder sich – unter Nutzung technischer Neuerungen des Westens, der Ungläubigen! – rückwärts ins siebte Jahrhundert bewegen, das Jahrhundert Mohammeds, während der Westen gleichzeitig voranschreitet, kann es keine gemeinsame Weltpolitik geben.

Islamischen Politikern fehlt vielfach die Überzeugung, dass Politik und Religion zu trennen sind. Die religiös begründete Sexualmoral hindert sie daran, eine moderne demokratische Gesellschaft zu schaffen. Dabei schwanken sie zwischen ihrer eigenen Doppelmoral – nach außen hin islamisch, nach innen dem westlichen Leben zugetan – und dem streng moralischen Leben, das das Volk angeblich verlangt, hin und her. In ihren Köpfen herrscht die Vorstellung, dass der Islam, anders als andere Religionen, Sexualität nicht verabscheut, sondern begrüßt, dass Sexualität nicht unterdrückt, sondern gelebt werden muss, aber auch, dass Sexualität eher ein männliches Privileg ist und Frauen sich zu fügen haben. Ausschlaggebend für ihr politisches Handeln ist immer: Was sagt der Koran, was sagen die Hadithen zum Thema Sexualität? Und: Sind wir noch Muslime, wenn wir uns moralisch dem Westen annähern?

Geschlechtsverkehr gleich Ehe

Der Islam verbietet Sexualität nicht per se, im Gegenteil, vielfach wird betont, Sexualität sei ein menschliches Bedürfnis wie Essen und Trinken. Demgegenüber steht allerdings, dass Sexualität nur in der Ehe gelebt werden soll. Da unterscheidet sich der Islam kaum von den meisten anderen Religionen. Bezeichnend ist jedoch, dass im Koran die Ehe oder Heirat mit Geschlechtsverkehr gleichgesetzt wird. Denn *nikah*, die arabische Bezeichnung im Koran, steht sowohl für Ehe als auch für Geschlechtsverkehr.[2] Eine Bezeichnung für Sex existiert im Arabischen nicht.[3]

Damit wird klargestellt, wohin Sexualität gehört: Die reine, saubere Form des Geschlechtsverkehrs hat ihren Platz einzig und allein in der Ehe. Wenn Sexualität außerhalb der Ehe stattfindet (*zina*, Unzucht), ist das nicht nur eine Sünde, die durch Reue und Buße wiedergutgemacht werden könnte, sondern ein Verbrechen, das nach islamischem Recht bestraft werden muss.

Im März 2009 wurden eine Neunzehnjährige und ihr einundzwanzig Jahre alter Freund in Afghanistan öffentlich hingerichtet, weil sie gegen den Willen ihrer Familien heiraten wollten. Die Liebenden waren zuvor weggelaufen, wurden aber von der Familie der Frau gefasst und den Taliban übergeben. Die machten kurzen Prozess. Drei Mullahs erstellten schnell ein Rechtsgutachten, eine Fatwa, wonach den beiden jungen Menschen unsittliches Verhalten in Form sexueller Handlungen außerhalb der Ehe vorgeworfen wurde. Anschließend erschoss man sie vor der Moschee. Der Gouverneur der Region bezeichnete die Hinrichtung als »Beleidigung für den Islam«.[4] Ich finde es sehr interessant, dass so etwas als Beleidigung für den Islam bezeichnet wird, jedoch niemand etwas dagegen unternimmt. Ganz im Gegensatz zu den weltweit Millionen Muslimen, die auf die Straße gingen und Fahnen verbrannten, als der Islam sich durch die berühmten dänischen Mohammed-Karikaturen beleidigt fühlte.

In Wirklichkeit war und ist diese Hinrichtung keine Beleidigung des Islam. Sie ist ein Produkt des Islam. In dem Bestreben, nach religiösem Verständnis rein zu sein und rein zu bleiben, gehen orthodoxe Muslime über Leichen. Und sie rechtfertigen ihr Handeln durch ihre Auslegung des Korans und der Hadithen. Sie verstehen den Islam so, wie sie ihn uns vorleben: nach unserer Auffassung bestialisch, unmenschlich und gewalttätig, nach ihrer Auffassung moralisch, sittlich und rein, ganz im Sinne Allahs.

Von der Bedeutung der Reinheit

Die Gegenpole Reinheit und Unreinheit sind im Islam von großer Wichtigkeit, wobei davon ausgegangen wird, dass der Mensch im Urzustand rein ist. Diese Reinheit kann er aber jeden Moment verlieren. Deshalb muss er sich vor äußeren Einflüssen in Acht nehmen, die ihn unrein machen könnten. Zu Unreinheit führen alltägliche Dinge wie Körperausscheidungen jeder Art. In islamischen Ländern befinden sich deshalb zum Beispiel in den Toilettenschüsseln Vorrichtungen, aus denen in Höhe des Afters Wasser austritt, wie bei einem Bidet. Ausscheidungsspuren lediglich mit Toilettenpapier zu beseitigen, genügt nicht. Einem besonders strenggläubigen Muslim reichen nicht einmal feuchte Toilettentücher. Er würde sich niemals sauber und rein fühlen, wenn er sich nicht richtig waschen könnte.

Eine ältere Tante von mir, die vor einigen Jahren das erste Mal nach Deutschland kam, war entsetzt, als sie unsere Toilette sah. Sie fragte, wie das gehen solle, wenn es in der Nähe der Toilettenschüssel kein Wasser gebe. Das Waschbecken war ihr zu weit weg. Wir stellten einen Eimer Wasser und einen kleinen Schöpfbecher neben die Toilette. Da war sie beruhigt.

Bei den Frauen gilt natürlich die Menstruation als unrein. Das ist in anderen Religionen nicht anders. Die Frau wird in ihrer Gebärfähigkeit genauso verehrt wie verachtet. Das monatliche Blut der Frau als Ausdruck ihrer Sexualität ängstigt den Mann. Der Muslim, der rein bleiben will, muss sich von Menstruationsblut fernhalten. Sexualität während der Regel ist für den strenggläubigen Muslim im Grunde undenkbar, er würde sich ekeln. Natürlich gibt es dennoch muslimische Männer, die auch während der Menstruation mit ihren Frauen oder Freundinnen schlafen und keinen Ekel dabei empfinden. Das entspricht aber nicht der islamischen Vorstellung von Reinheit.

Für beide Geschlechter gilt der Sexualakt zwar als etwas Schönes, aber danach ist man nach muslimischer Auffassung unrein. Die Ejakulation führt definitiv zu Unreinheit und muss relativ schnell beseitigt werden. Wobei Unreinheit nicht so verstanden werden darf, dass man etwas Schlimmes getan hat, dessen Spuren man entfernen muss, sondern es geht lediglich darum, den Körper durch Waschung zu säubern, um den Zustand der Reinheit wiederzuerlangen.[5]

Mohammed als Vorbild

Wer sich mit dem Thema Sexualität und Islam beschäftigt, stößt irgendwann unweigerlich auf die These, dass der Islam, im Gegensatz zu den anderen Schriftreligionen, doch eigentlich eher lustbejahend und sexualfreundlich sei, die islamische Welt also eine Welt voller Sinnesfreuden. Eine der Ursachen für dieses Bild mag sein, dass (nach unserem Wissensstand) Mohammed im Gegensatz zu Jesus ein sehr ausgiebiges Sexualleben hatte und seine sexuellen Vorlieben und Aktivitäten auch überliefert wurden.

In der Hadithsammlung des bedeutenden islamischen Gelehrten al-Buhari (gest. 870) heißt es über den Propheten Mohammed: »*Im Laufe des Tages konnte er innerhalb kurzer Zeit alle seine Frauen besuchen. Es waren neun oder elf. Man fragte sich, wie er überhaupt dazu fähig war. Wir sagten uns, daß er die Kraft von dreißig Männern haben müßte.*«[6] Und an anderer Stelle: »*Anas (…) berichtet: Gewöhnlich wohnte der Prophet (…) in einer Nacht allen seinen Frauen bei. Und er hatte neun Frauen.*«[7]

Ob und wie Jesus seine sexuellen Bedürfnisse ausgelebt hat, ist kein wesentlicher Bestandteil der christlichen Religion. Bei den Muslimen sieht das anders aus. Sie sollen Mohammed nacheifern, auch in Bezug auf ihre Sexualität. Daraus ergibt sich unter orthodoxen Muslimen beispielsweise die absurde Vorstellung, sie müssten sich während des Beischlafs an Vorgaben halten, die Mohammed auch so gemacht haben soll. Mohammeds Sexualleben als muslimisches Kamasutra.

Die Vorbildfunktion des Propheten ergibt sich aus dem Koran: »*Ihr habt im Gesandten Gottes ein schönes Vorbild, (und zwar) für jeden, der auf Gott und den Jüngsten Tag hofft und Gottes viel gedenkt.*«[8]

Man darf nicht unterschätzen, welchen Einfluss die Tatsache, dass über das Sexualleben des Propheten so viel und so ausführlich berichtet wurde und wird, innerhalb der Religionsgemeinschaft entwickelt, selbst unter nicht praktizierenden Muslimen. Mohammed schwebt als Mann, an dem sich die Männer messen, immer über der Gemeinschaft. Allerdings nicht nur als jemand, der mehrere Frauen in einer Nacht befriedigen konnte, also als eine Art sexueller Kraftprotz, sondern auch als der liebevollste Liebhaber, den man sich vorstellen kann. Denn alles, was er tat, tat er vollkommen.

Die syrische Schriftstellerin Salwa Al Neimi schildert in ihrem Roman *Honigkuss,* der 2007 im Libanon erschien und wegen seiner erotischen Freizügigkeit für großes Aufsehen in der muslimischen Welt sorgte, wie sich Mohammeds Vorbild im Liebesleben ihrer verheirateten Protagonistin und deren Geliebtem, dem »Denker«, niederschlägt:

»*Und wenn er mich dann küsste, drang seine Zunge tief in meinen Mund ein.* ›*Es gefällt mir‹, sagte ich, ›dass du die Gebote des Propheten befolgst.‹ Wie heißt es bei ihm?* Keiner von euch soll über seine Gattin wie ein Stück Vieh herfallen. Lasst den Kuss und das Gespräch euer Mittler sein. *Und Aischa, die Lieblingsfrau des Propheten, sagte:* Wenn der Gesandte Gottes eine von uns Frauen küsste, sog er an ihrer Zunge. *Bin ich nicht die rechtmäßige Tochter eines solchen Erbes? Daran sollte ich auch*

den Denker gemahnen. Dabei hatte er es nicht nötig, an sein
Erbe erinnert zu werden – in solchen Dingen war er ein muster-
gültiger Muslim. So wie ich eine mustergültige Muslima war.«[9]

Das Bild, das Salwa Al Neimi hier von ihrer Romanheldin zeichnet, entspricht nicht unbedingt dem Bild der prüden, asexuellen, verschleierten Muslimin, das sich im Westen zunehmend verfestigt und das nicht immer die ganze Wirklichkeit widerspiegelt. Natürlich gibt es überall auf der Welt Frauen, die Spaß am Sex haben und ihre Sexualität frei und selbstbestimmt leben – darunter selbstverständlich auch Musliminnen[10] –, doch wenn wir uns die gesellschaftliche Realität in den meisten islamischen Ländern oder auch in den muslimischen Communitys im Westen anschauen, ahnen wir, dass es sich bei der namenlosen Erzählerin im Roman *Honigkuss* eher um eine Ausnahme handelt.

»Wie schwarz und weiß«

Die dem Bild vom sexualfreundlichen Islam widersprechende Vorstellung, Islam und Sexualität seien unvereinbare Gegensätze, haben aber nicht nur Westler. In den ausführlichen Gesprächen zu diesem Buch habe ich meine muslimischen Interviewpartnerinnen und -partner immer zuerst gefragt: »Was fällt Ihnen ganz spontan ein, wenn Sie an Islam und Sexualität denken?« Hier ein paar typische Antworten:

»Das klingt wie ein Widerspruch, wie schwarz und weiß, wie bitter und süß.«

»Islam und Sexualität ist tabu, das passt nicht zusammen.«

»Ich denke sofort an das eherne Gesetz: ›Erst nach der Heirat!‹ Ich weiß gar nicht mehr, wer mir das gesagt hat, aber jeder kennt es, es schwebt über allem, bestimmt alles.«

»Mein erster Gedanke lautet: Der Islam ist ein fast komplett auf Sexualität aufgebautes System von religiösen Regeln.«

»Sex gehört zwar zum Leben dazu, so gibt es im Islam zum Beispiel kein Zölibat, trotzdem ist das Thema stark tabuisiert. Man spricht nicht darüber. Besonders seit dem Beginn der Re-Islamisierung in den 80er Jahren werden alle immer prüder. Früher war das nicht so schlimm.«

Ich habe auch Klara, eine deutsche Lehrerin, die viele Jahre in Ländern mit islamischer Kultur gelebt hat und sich zurzeit in den Vereinigten Arabischen Emiraten aufhält, nach ihren spontanen Gedanken und Gefühlen zum Thema Sexualität und Islam gefragt. Ihre Antwort erhielt ich per E-Mail. Um es mit den Worten meines Vaters auszudrücken: Den Ungläubigen sei Dank, dass sie uns das Internet gebracht haben.

Klara schreibt: *»Zuerst empfinde ich als Frau, die aus dem liberalen Deutschland kommt, ein körperliches Gefühl der Enge. Wie etwas, das gelebt werden will, aber nicht gelebt werden darf. Dann empfinde ich eine Art Explosion, als wenn die jahrelang unterdrückten Gefühle und Gelüste auf einmal herausbrechen, quasi überschießen und nicht mehr in normale Bahnen zurückfinden. Vom Verstand her betrachtet liegt es daran, dass Sexualität, so wie ich sie in den Emiraten praktiziert vorfinde, von einer unglaublichen Doppelmoral getragen ist.«*

Natürlich wäre es unsinnig zu behaupten, in der islamischen Welt gebe es keinen Sex, oder zumindest keinen tollen, lustvollen Sex. Es trifft aber zu, wenn man feststellt, dass Sexualität im Islam extrem unterdrückt wird. Vor allem die Sexualität der Frauen.

Fragt man danach, warum das so ist, erhält man von offizieller muslimischer Seite zumeist die Antwort, das habe keineswegs religiöse, sondern kulturelle Gründe. Auf diese Weise wird der Islam »reingewaschen« und die Verantwortung einzelnen Kulturkreisen zugeschoben – als ob man Religion, Kultur und Traditionen streng voneinander trennen könnte. In islamischen Kulturen, so heißt es, sei es schlicht Tradition, dass Männer die aktive Rolle beim Sex übernehmen und Frauen lediglich die passive Rolle zugestanden wird. Jeder Katholik müsste hier aufspringen und rufen: Bei uns auch! Wessen Kultur ist es also, dass Männer oben liegen und Frauen unten?

So ist das halt bei uns, beharren Muslime und führen das Sexualverhalten des Einzelnen auf Bräuche zurück, die einem kollektiven Verhalten entsprungen sein sollen. Solchen Erklärungen begegne ich bei Veranstaltungen und Gesprächen mit islamischen Verbandsvertretern und -vertreterinnen immer wieder. Die Kultur sei schuld daran, wenn es den Frauen schlechtgehe. Die Religion sei frei von menschenverachtenden, frauenverachtenden Überzeugungen und Vorschriften. Im Gegenteil, sie schütze die Frauen sogar. Letzteres hört man vor allem von Kopftuchträgerinnen. Das Kopftuch zum Beispiel sei ein solcher Schutz. Damit werde den Männern signalisiert, dass die betreffende Frau sexuell nicht zur Verfügung steht.

Außerdem wird immer wieder betont, im Koran stehe, dass die Frauen von ihren Ehemännern gut behandelt werden sollen – angeblich ein weiterer Beweis für die Frauenfreundlichkeit des Islam. In diesem Zusammenhang wird gern folgender Ausspruch des Propheten angeführt: »*Der Hochgebenedeite sagte auch: ›Den vollkommensten Glauben besitzt derjenige, der sich am liebevollsten gegen seine Frauen benimmt.‹ Ferner sagte er: ›Die besten von euch sind diejenigen, die ihre Frauen am besten behandeln, und ich behandle meine Frauen am besten von euch allen.‹*«[11]

Dass in diesen Sätzen bereits eine frauenverachtende Haltung steckt, wird geflissentlich übersehen. Denn wieso steht da, dass ein Muslim sich seiner Frau gegenüber gut zu verhalten hat und bei Wohlverhalten mit dem Siegel »guter Muslim« ausgezeichnet wird? Warum heißt es nicht, dass ein Mann seine Frau gut zu behandeln hat *und umgekehrt*. Die alleinige

Ausrichtung auf das Verhalten des Mannes gegenüber der Frau zeigt bereits ihre Unterlegenheit, ihre Minderwertigkeit. Sei gut zu deinem Haustier!

Nicht selten hören Frauen, deren Ehemann fremdgeht, von ihren Schwiegermüttern oder Freundinnen: »Wenn du eine gute Ehefrau gewesen wärst, hätte er nicht zu anderen Frauen gehen müssen.« Somit stehen muslimische Frauen vor der gleichen Herausforderung wie die meisten ihrer Geschlechtsgenossinnen überall auf dieser Welt. Sie müssen sich fragen: Wie aktiv darf ich im Bett sein, wie passiv muss ich sein? Wie kann ich meinen Partner sexuell befriedigen? Die Krux an der Sache ist, dass Sexualität im Islam noch dermaßen tabuisiert wird, dass die Mehrheit der muslimischen Frauen im Grunde gar nicht weiß, wie eine lustbetonte Sexualität aussieht, geschweige denn, wie sie sich von der lästigen Pflicht, den Mann zu befriedigen, befreien kann.

Salwa Al Neimis experimentierfreudige Romanheldin kommt durch die heimliche Lektüre arabischer Erotikklassiker auf den Geschmack, wobei sie sich ausschließlich an männlichen Beschreibungen von lustvollem Sex oder an allgemeinen Wahrheiten zur männlichen Sexualität orientiert. Sie sinniert zum Beispiel: »*Bei Ibn al Azrak heißt es: ›Jede Leidenschaft, der sich der Mann hingibt, erhärtet sein Herz – nur nicht der Beischlaf.‹ Grund genug für mich, darauf bedacht zu sein, mir mein weiches Herz zu erhalten.*«[12]

Dass in dem Roman keine Schriften von Frauen zitiert werden, die zum Beispiel beschreiben, wie sie den Penis ihres Liebhabers berühren oder welche Stellung ihnen am besten gefällt, dürfte daran liegen, dass keine vergleichbare ältere Literatur aus weiblicher Feder existiert. Genauso wenig wie es Texte gibt, in denen aus der Perspektive von Mohammeds Frauen über deren Sexualität und den Umgang mit dem anderen Geschlecht berichtet wird. Alles, was wir erfahren, ist aus der Sicht Mohammeds geschrieben.

Der Mythos vom
sinnenfreudigen Islam

Der im Westen teils noch verbreitete Mythos, in der islamischen Welt sei das Thema Sexualität positiv besetzt, hat nichts mit den rechtfertigenden Bekundungen heutiger offizieller Islamvertreter zu tun und schon gar nichts mit der Lebenswirklichkeit der Mehrheit der Muslime, sondern ist am ehesten in den Köpfen von Asienreisenden und Orientliebhabern entstanden. Gewiss haben die Geschichten aus 1001 Nacht und auch das eine oder andere literarische Werk aus dem Orient ihren Beitrag dazu geleistet. Zum Beispiel *Der duftende Garten* von Scheich Mohammed al-Nafzawi, ein Werk aus dem 16. Jahrhundert, in dem es gleich im Vorwort heißt: »*Gepriesen sei Gott, der die höchste Wonne für die Männer durch die Scheiden der Frauen geschaffen hat und für die Frauen durch die Penisse der Männer. Die Scheide findet weder Befriedigung noch Frieden, noch Ruhe, außer wenn sie der Penis durchdringt, und der Penis nicht, außer vermittels der Scheide.*«[13]
Aber das sind Randerscheinungen, Bücher, die nur von wenigen Muslimen gelesen wurden und werden. Und die ganz sicher keinen befreienden Einfluss auf das sexuelle Leben der Mehrheit der Menschen hatten.

Hauptquelle für den Mythos vom sinnenfrohen Islam dürften Berichte aus alten Zeiten sein, an die sich heute kaum noch jemand erinnert. Damit meine ich die vielen Publikationen von Orientreisenden über das Osmanische Reich mit seinen ausgiebigen Feiern, seinen Bauchtänzerinnen, seinen sagenumwobenen Harems.

Die Menschen, die aus dem Westen kamen, meist aus betuchten Familien, berichteten über das, was sie unterwegs gesehen hatten. Im 18. und 19. Jahrhundert sahen die aus Europa stammenden weißen Männer und Frauen aber nur ihresgleichen, also die gesellschaftliche Oberschicht. Am Leben der einfachen Familien konnten sie kaum teilhaben. Und auch das wahre Leben der Frauen musste ihnen verborgen bleiben, denn ein Schleier lag über den Frauen. Ein Schleier, der die Phantasie anregte.

Aus dieser Zeit gibt es eine Vielzahl von Erfahrungsberichten und Romanen, in denen der Orient gezeichnet wird als »Ort, an dem man eine sexuelle Erfahrung suchen konnte, die in Europa nicht erhältlich war. Fast kein europäischer Schriftsteller, der über den Orient schrieb oder ihn in der Zeit nach 1880 bereiste, nahm sich von dieser Suche aus.«[14] Wonach man suchte, waren: »unermüdliche Sinnlichkeit, unbegrenztes Verlangen, tiefe Energien«.[15]

Menschen mit Sinn für Ästhetik und Sinnlichkeit, die sich im prüden Europa eingeengt fühlten und der Doppelmoral überdrüssig waren, sahen den Orient als eine Welt voller Gerüche, Farben und schöner Frauen. An der Oberfläche mag das gestimmt haben, doch unter dieser Oberfläche herrschte die gleiche Doppelmoral und Unterdrückung der Sinne wie im Westen.

Der befremdlichste und zugleich faszinierendste Ort für den Orientreisenden war der Harem, an ihm entzündeten sich seine Phantasien. Wie es dort wirklich war, erschloss sich einem Westler wahrscheinlich nie. Die Frauen im Harem waren weder glücklich und klaglos unterwürfig, noch behandelten sie einander stets gut.

Die marokkanische Soziologin Fatima Mernissi räumt in ihren Büchern mit den idyllisierenden Bildern vom lustvollen Haremsleben auf. Sie schreibt, der westliche Betrachter sehe den »Harem als ein sinnliches Wunderland der Erotik, in dem machtlose, nackte Frauen klaglos eingesperrt waren. Das aber ist eine Fehlinterpretation. Muslimische Künstler scheinen, was den Harem als Quelle erotischer Beglückung betrifft, realistischer gewesen zu sein. Sogar in ihren Phantasien, die sie in Miniatur-

malerei, Legenden oder der Literatur zum Ausdruck bringen, ge-
hen sie von Frauen aus, die sich der Ungleichheit in der Institu-
tion des Harems vollkommen bewußt und deshalb kaum daran
interessiert sind, die Wünsche der sie gefangen haltenden Män-
ner zu erfüllen.«[16]

Auch heute noch übt der Orient auf viele Nordeuropäer
einen ähnlichen Reiz aus. Spannend finde ich dabei die Frage,
wer das verklärte Bild verbreitet. Wer hat die wunderschönen
Rundungen der Bauchtänzerinnen vor Augen und träumt von
einer Nacht im Harem, wenn er über Islam und Sexualität
nachdenkt? Mir fällt dabei hauptsächlich der westliche Mann
ein, der gerne mal zugreifen würde bei der unerlaubten Frucht.
Fatima Mernissi, die selbst in einem Harem aufgewachsen ist,
erlebt immer wieder, dass westliche Männer sie auf eine ganz
bestimmte Weise anlächeln, wenn sie ihre Herkunft erwähnt.
Zunächst wunderte sie sich darüber, doch inzwischen ist sie
sicher, dass das geheimnisvolle Lächeln mit Sex zu tun hat, mit
Phantasien, die so gar nicht ihren eigenen Erfahrungen im Harem entsprechen.[17]

Wenn überhaupt, so gilt die These vom sinnenfreudigen Islam nur für Männer. Ihnen ist es laut Koran erlaubt, bis zu vier
Frauen zu »besitzen«, und im Paradies werden sie dann angeblich auch noch von zweiundsiebzig Jungfrauen erwartet. Aber
ist das ein Beweis für Sinnenfreude, wenn es immer nur um
die Lust eines der beiden am Sex Beteiligten geht? Wohl eher
nicht. Zu einem späteren Zeitpunkt werden wir zudem sehen,
auf welche Weise islamische Moralvorstellungen auch die sexuelle Selbstbestimmung des Mannes massiv einschränken.

In meinen Gesprächen mit Menschen aus der muslimischen
Welt fragte ich auch danach, ob sie die These bestätigen könnten, der Islam befürworte die Sexualität, sei eine sinnliche
Religion. Die meisten meiner Interviewpartner, vor allem die
aus »bildungsfernen« Schichten, konnten mit dem Mythos
nichts anfangen oder hatten noch nie davon gehört, dass

Sexualität im Islam angeblich positiv bewertet wird. Bei den »gebildeten« Menschen sah das teils anders aus. Zumindest diejenigen, die sich mit islamischen Schriften und dem Koran beschäftigen, argumentierten so, wie es auch die meisten Vertreter muslimischer Verbände tun: Der Islam lehne Sexualität nicht ab, Sexualität sei im Islam für beide Geschlechter etwas Schönes.

Daisy Khan, die Direktorin der American Society for Muslim Advancement, erklärte in einem Interview mit mir, der Islam betrachte Sexualität als gottgegebenes Recht eines jeden Menschen, nicht als körperliche Krankheit oder Sünde, wie manch andere Religion es tue. Im Gegenteil, im Islam gelte Sexualität als eine der Freuden, die einen im Paradies erwarteten, man bekomme dadurch einen »Vorgeschmack auf das Paradies«. Die Anziehung zwischen Mann und Frau sei etwas Natürliches. Und damit die Menschen ihre Sexualität ausleben könnten, würden sie darin bestärkt zu heiraten.[18]

Der Berliner Psychotherapeut Jad Jiko erklärt den in meinen Augen wesentlichen Unterschied zwischen Islam und den anderen Religionen so: »*Der Sex im Islam ist ein Abbild der göttlichen Macht und des göttlichen Willens; er ist eine Leihgabe einer besonderen lustvollen Fähigkeit, die den Frauen und Männern anvertraut wird, und zugleich ein Auftrag, der ausgeführt werden soll.*«[19] Sexualität erhält im Islam dadurch einen hohen Stellenwert. Der Mensch, der sich seinen Gelüsten hingibt, entfernt sich nicht von Gott, sondern kommt ihm sogar näher.

Der Knackpunkt an dieser Vorstellung ist natürlich, dass die zumindest in der Theorie positiv bewertete Sexualität ausschließlich innerhalb eines festgelegten institutionellen Rahmens erlaubt ist und auch ansonsten in vielerlei Hinsicht durch religiöse Vorschriften und Verbote reglementiert wird. Nicht nur Sex außerhalb der Ehe ist untersagt, sondern zum Beispiel auch Homosexualität. Abgesehen davon sieht die Realität in den meisten muslimischen Ländern anders aus, als sie nach »offizieller« Darstellung aussehen sollte. Zelal, die teils in der Türkei, teils in Deutschland aufgewachsen ist, antwortete auf meine Frage nach dem angeblich positiven Bild von Sexualität im Islam: *» Was ausgelebt wird, ist eher umgekehrt. Da wird Sexualität eher als etwas Schmutziges empfunden und auch so dargestellt.«*

Extreme Sexualisierung

Betrachten wir die heutige muslimische Welt, so müssen wir feststellen, dass sie einerseits gekennzeichnet ist durch ein hohes Maß an Sexualisierung, andererseits durch fehlende Sinnesfreude. Was zunächst wie ein Widerspruch erscheint, ist es bei genauerer Betrachtung nicht, denn das Sexuelle ist im Hintergrund zwar stets präsent, aber das hat nichts mit positiver Sinnlichkeit zu tun. Stattdessen wird immer nur das Negative gesehen, zum Beispiel die Gefahren für die Jungfräulichkeit oder die Familienehre, weshalb es gilt, jegliche sexuelle Regung (außerhalb der Ehe) bereits im Keim zu ersticken. So dient die Verhüllung von Frauen durch Kopftuch, Tschador oder Burka in erster Linie dazu, die Sexualität von Frauen zu beschränken bzw. ihre Wirkung auf Männer einzudämmen. Die Geschlechtertrennung – in Saudi-Arabien, Pakistan oder Afghanistan werden Frauen fast vollständig aus dem öffentlichen Leben ausgeschlossen – hat ebenfalls einzig den Zweck, Sexualität zu unterdrücken. In Wirklichkeit hat die Geschlechterapartheid aber genau den gegenteiligen Effekt: Dort, wo Männer und Frauen sich begegnen, tun sie das in einer sexuell extrem aufgeladenen Atmosphäre.

Die übertriebene Sexualisierung fängt schon bei den Kindern an. Vor allem Mädchen erfahren bereits in frühen Jahren, dass sie zwischen den Beinen etwas haben, wofür sich Jungen interessieren und das sie deshalb verbergen und schützen müssen. Die Scham ist allgegenwärtig, ständig heißt es »Bedecke deine Scham«, »Sei nicht schamlos« usw. Den Mädchen wird damit die Unbefangenheit im Umgang mit ihrem Körper und mit dem anderen Geschlecht genommen. Oft vermuten Erwachsene bei Kindern auch sexuelle Motive, obwohl die damit noch gar nichts anfangen können. Nurgül, eine junge Deutsche mit türkischen Wurzeln, erzählte mir, wie sie als Kind von ihrer Mutter ständig misstrauisch verfolgt wurde, wenn sie aus dem Haus ging. Die Mutter unterstellte ihr bei den harmlosesten Gängen, sie wolle sich heimlich mit jemandem treffen. Dadurch, dass ihre Sexualität indirekt fortwährend im Raum stand, kam Nurgül auf erotische Gedanken und Ideen, die sie nach eigener Einschätzung von allein so früh sicher nicht entwickelt hätte.

Wie weitgehend die Angst muslimischer Eltern vor den Folgen der oft noch gar nicht erwachten Sexualität ihrer Kinder auch in den deutschen Alltag eingreift, zeigt das Beispiel Schule.

Während es vielen westlich geprägten Eltern bei der Schulauswahl in erster Linie um die Ausbildung ihrer Kinder und um deren berufliche Chancen geht, steht bei muslimischen Eltern oft der Wunsch im Vordergrund, dass ihre Kinder möglichst wenig westlichen Einflüssen ausgesetzt sind. Und da geht es nicht, wie man meinen könnte, vorrangig um das Religiöse, also darum, dass die Jungen und Mädchen im Islam unterrichtet und gefestigt werden. Nein, vorrangig geht es um die Unterdrückung sexueller Regungen. So erklärte in einem Fernsehbeitrag über islamische Schulen in Deutschland eine Mutter auf die Frage, warum sie ihre Tochter auf eine konfessionelle Schule schicke, sie wolle nicht, dass das Mädchen mit sechzehn Jahren schon einen Freund habe, so wie die deutschen Mädchen.

Die meisten muslimischen Kinder und Jugendlichen gehen jedoch zwangsläufig auf staatliche Schulen, wo sie mit moralischen Vorstellungen konfrontiert werden, die denen ihrer Eltern widersprechen. In der Schule kommen die Geschlechter zusammen, ohne Zugriffsmöglichkeit einer islamischen Moralinstanz. Nicht von ungefähr spielen sich muslimische Jungs deshalb zuweilen als solche Instanz auf. Sie pöbeln Mädchen an, die kein Kopftuch tragen oder ihrer Meinung nach zu westlich gekleidet sind. Mitunter werden sie auch handgreiflich. Wenn ein muslimisches Mädchen es dann auch noch wagt, offen eine Liebesbeziehung mit einem deutschen Mitschüler zu leben, kann man ihr nur wünschen, dass sie ein entsprechend liberales Elternhaus hat und die Rückendeckung ihrer Schulkameradinnen. Sonst läuft sie Gefahr, als Hure verschrien und von der muslimischen Gemeinschaft ausgeschlossen zu werden.

Was nicht bedeutet, dass muslimische Jugendliche keine sexuellen Kontakte pflegen, nicht flirten und küssen. Natürlich tun sie das, aber eben heimlich und in ständiger Angst vor Entdeckung. Denn wenn die engen Grenzen der Moral überschritten werden, drohen harte Strafen, besonders den Mädchen.

So wachsen auch die Nachkommen der muslimischen Zuwanderer in Europa mit der Vorstellung auf, sie müssten sich vom Westen abgrenzen, weil der Westen unmoralisch sei. Dabei erleben die meisten Heranwachsenden ihr westliches Umfeld gar nicht so sexualisiert, wie die Eltern es darstellen. Dadurch entsteht mitunter Orientierungslosigkeit oder Irritation bei den Kindern und Jugendlichen, wie ich aus eigener Erfahrung weiß. Ich schämte mich zum Beispiel dafür, dass die Erwachsenen um mich herum über deutsche Frauen sprachen, als wären sie allesamt Huren. Ich hätte ihnen gerne gesagt, dass sie ein falsches Bild von den Deutschen hatten. Dazu fehlte mir aber der Mut, denn sie schienen sich in ihrem Urteil so sicher zu sein.

Ein dreizehnjähriges muslimisches Mädchen erzählte mir kürzlich von ähnlichen Gefühlen. Sie höre zu Hause, dass die deutschen Mädchen unmoralisch erzogen würden. In der Schule erlebe sie ihre deutschen Schulkameradinnen aber als ganz normal. Dennoch wollten manche muslimischen Cliquen nichts mit ihren deutschen Mitschülern zu tun haben. Natürlich gibt es auch deutsche Familien, die es nicht gerne sehen, wenn ihre Kinder mit »Ausländern« spielen, aber diese religiöse »Staatenbildung« auf dem Schulhof scheint mir noch einmal eine andere Qualität von Abgrenzung zu sein, fast schwerer zu überwinden als der Rassismus auf beiden Seiten.

Wo die Geschlechter zusammenkommen, kann sexuelle Spannung entstehen, die wiederum zu sexuellen Handlungen führen kann. Das ist zunächst als wertfreie Feststellung gar nicht mal falsch. Die Frage ist nur, wie diese Spannung bewertet und gelebt wird. Mohammed soll laut einer Überlieferung gesagt haben: »*Ein Mann befindet sich nie allein mit einer Frau, ohne dass nicht der Teufel sich als dritter zu ihnen gesellt.*«[20] Sehr viele Muslime kennen diesen Ausspruch, auch diejenigen, die sonst nicht viel über das wissen, was im Koran oder in den Hadithen so steht. Sie wissen, dass es immer eine »Gefahr« bedeutet, dass immer ein »Unfall« geschehen kann, wenn die Geschlechter zusammenkommen. Vor allem, wenn nicht verwandte Unverheiratete allein miteinander sind, was nach einer anderen Überlieferung verboten ist: »*Der Mann darf sich nicht allein mit einer Frau befinden, es sei denn, er gehört zu den Männern, die sie nicht heiraten dürfen (wie Vater, Sohn usw.). Die Frau darf mit keinem Mann reisen, es sei denn, er gehört zu denen, die sie nicht heiraten dürfen.*«[21]

Nun sind die Kinder und Jugendlichen in der Schule natürlich nicht allein miteinander, sondern stehen unter der Aufsicht von Lehrpersonal. Da es aber in der Regel westliches Lehrpersonal ist, wittern viele muslimische Eltern trotzdem Gefahr. Die deutschen Lehrer gelten als zu freizügig in sexuellen Dingen. Sex lauert überall. Wenn sexuelle Selbstbestimmung mit ständiger sexueller Aktivität verwechselt wird, verwundert das nicht.

Diese sexualisierte Betrachtung des Lehrpersonals zeigt sich nicht zuletzt darin, dass deutsche Lehrerinnen von Schülern mittlerweile ganz selbstverständlich als Schlampen oder Huren bezeichnet werden, wenn sie von ihrer Autorität Gebrauch machen.

Auch der schulische Schwimmunterricht ist vielen muslimischen Eltern ein Dorn im Auge. Sie sehen eher die sexuelle Begierde, die durch die Betrachtung nackter Körper ausgelöst werden könnte (dabei sind die Kinder nicht nackt, sondern tragen Badeanzüge oder Badehosen), als die Tatsache, dass die Kinder dort schwimmen lernen, immerhin eine potentiell lebensrettende Fähigkeit.

Es versteht sich von selbst, dass der Sexualkundeunterricht ebenfalls abgelehnt wird. Dort lernen die Kinder etwas kennen, was man ihnen lieber vorenthalten möchte, damit sie nicht auf »dumme« Gedanken kommen. Als ob allein schon das Wissen um körperliche Vorgänge ein ansonsten schlummerndes Wollen wecken müsste.

Wenn muslimische Eltern ihren Kindern nicht vermitteln, dass die Geschlechter sich auch ganz ohne Sexualisierung begegnen können, ist es umso wichtiger, ihnen diese Erfahrung in der Schule zu ermöglichen. Entsprechend ist zu begrüßen, dass deutsche Gerichte ihre bisherige Rechtspraxis verändern und Anträgen auf Befreiung vom Sexualkundeunterricht immer seltener stattgeben. In einer Presseerklärung des Hamburger Verwaltungsgerichts aus dem Jahr 2004 heißt es beispielsweise: »*Eine verantwortungsvolle Schulerziehung darf nicht übersehen, dass die Kenntnis der menschlichen Sexualität Voraussetzung ist für ein verantwortungsbewusstes Verhalten sich selbst, seinem Partner, der Familie und der Gesellschaft gegenüber.*«[22]

Weiter heißt es in dem Urteil: »*Die Relevanz der Sexualität und der sexuellen Aufklärung sowohl für das Individuum als auch für die Gesellschaft begründen ein berechtigtes Interesse an einer die elterliche Erziehung ergänzenden Behandlung des Themas im schulischen Unterricht.*«[23]

Besonders groß ist die Sorge vieler muslimischer Eltern, wenn ihre Töchter auf Klassenfahrt gehen, denn dort ist eine Kontrolle praktisch unmöglich. Um auf Nummer sicher zu gehen, wird die Teilnahme oft einfach verboten.

Lehrer und Lehrerinnen berichten, dass die Zahl der Mädchen, die nicht mitfahren dürfen, mit jedem Jahr steigt. Es gibt aber leider keine Untersuchungen darüber, wie viele muslimische Schülerinnen betroffen sind: Das Problem ist bekannt, wird aber nicht erforscht. Lieber verschließt man die Augen davor. Der Politik scheint es auch recht zu sein, wenn die Zunahme solcher Fälle nicht dokumentiert wird, denn sonst müsste man akut handeln. Da man aber kein Konzept, keine wirklich gute Idee hat, wie mit solchen Eltern, mit diesem Problem umzugehen ist, hofft man einfach darauf, dass sich die Sache von selbst erledigt.

Interessant – und symptomatisch für die westliche Haltung gegenüber dem Islam – ist die Reaktion der Schulen. Viele wollen einfach ihre Ruhe haben. Sie lösen das Problem ganz unspektakulär, indem das betroffene Mädchen einfach nicht mitfährt. Zuweilen fehlt Schulleitern auch schlicht der Mut, sich gegen die Eltern zu stellen, weil sie nicht wissen, welche Reaktion sie heraufbeschwören, wenn sie darauf bestehen, dass das Mädchen an der Klassenfahrt teilnimmt. Mitunter zeigen sich die betreffenden Familien schon im Vorfeld verbal oder körperlich offen aggressiv, wie mir Schulleiter sowie Lehrer und Lehrerinnen berichten. Hinzu kommt die verbreitete diffuse Furcht vor »den Muslimen«: Man weiß ja, wozu sie fähig sind. Sie schmeißen Bomben und töten (nicht nur) Ungläubige. Einige wenige Muslime, die all diese Dinge tatsächlich tun, verursachen Angst und schüren Vorurteile gegenüber allen Muslimen. Denn im Ergebnis ist es egal, wie viele Muslime tatsächlich gewaltbereit sind. Es steht ihnen nicht auf der Stirn geschrieben, und am Ende hat man nichts davon, wenn man weiß, dass die Mehrzahl der Muslime friedlich ist. Denn tot ist tot.

Wenn Schulleiter oder Lehrer mit einer sehr konservativen muslimischen Familie konfrontiert sind, das betreffende Mädchen sogar Kopftuch trägt, ist es besonders schwierig für sie, eine Position einzunehmen, die sich gegen die Eltern richtet. Dennoch gibt es immer wieder engagierte Pädagogen, die sich davon nicht abschrecken lassen.

Ein Lehrer erzählte mir von einem Mädchen, das aus einem islamischen Land stammt, aber die deutsche Staatsangehörigkeit hat. Dieses Mädchen konnte er gegen den Widerstand ihrer traditionell muslimischen Familie mit auf Klassenfahrt nehmen. Zuerst wurden die Eltern samt Kopftuch tragender Tochter zu einem Gespräch in die Schule einbestellt, wo reichlich Tränen flossen und der Lehrer sich fragen lassen musste, wie er der Familie so etwas antun könne. Danach folgte ein angekündigter Besuch zu Hause. Während der Pädagoge im Beisein des Mädchens sowie ihres jüngeren Bruders im Wohnzimmer mit dem Vater sprach, blieb die Mutter die ganze Zeit über in der Küche, ließ ihre Töchter jedoch diverse Speisen für den Besucher auftragen. Erst am Schluss tauchte sie halb verschleiert im Flur auf, sichtlich verunsichert durch die zum Abschied gereichte Hand des Lehrers, die sie dann nur widerstrebend ergriff. Sachlichen Argumenten für die Teilnahme ihrer Tochter an der Berlinreise, die die Schüler mit demokratischen Institutionen vertraut machen sollte, zeigten sich die Eltern nicht zugänglich. Erst die Ankündigung des Lehrers, dass er eine offizielle Rechtsauskunft einholen und gegebenenfalls die Presse auf den Fall aufmerksam machen werde, führten schließlich dazu, dass das Mädchen in letzter Minute doch noch die Erlaubnis erhielt mitzufahren. Man kann über die (wie mir der Lehrer versicherte, nicht ernstgemeinte) Drohung mit der Presse natürlich geteilter Meinung sein, aber wenn man bedenkt, dass viele Lehrer in ähnlichen Situationen gar nichts tun, um den Mädchen zu ihrem guten Recht zu verhelfen, erscheint sein Vorgehen vielleicht in einem anderen Licht.

An diesem Beispiel fällt – abgesehen von dem hartnäckigen Widerstand der Familie – auf, welch eine extreme Sexualisierung hier stattfindet. Der Lehrer besucht die Familie, um über die Klassenfahrt zu sprechen, und die Mutter verbirgt sich die ganze Zeit in der Küche. Die Hand reicht sie ihm nur zögerlich, denn das Händeschütteln mit dem anderen Geschlecht ist, wie jede andere Berührung zwischen unverheirateten Männern und Frauen, nach dem Verständnis mancher Muslime im Islam unerwünscht. In einem Rundbrief der Deutschen Muslim-Liga heißt es dazu: »*Wir glauben, dass wir dem Beispiel des Propheten (…) am besten folgen, wenn wir Händeschütteln und Berührungen unter normalen Umständen vermeiden und uns dies nur dann zubilligen, wenn wir sicher vor Versuchung sind (…).*«[24] Welche Versuchung wird hier wohl gemeint sein?

Manche Schulen setzen die Forderung, dass alle Schüler und Schülerinnen, auch die muslimischen, an den Klassenfahrten teilnehmen sollen, auf rechtlichem Weg durch. Doch in der Mehrzahl der Fälle wird eine individuelle Lösung gesucht. Oft bemüht man sich darum, die Eltern oder auch die Brüder zu überzeugen, indem man ihnen zum Beispiel versichert, ein besonders wachsames Auge auf das Mädchen zu haben. Es werden die Schlafräume beschrieben oder Fotos gezeigt, auf denen zu sehen ist, dass Jungen und Mädchen streng voneinander getrennt schlafen. Es soll sogar Eltern gegeben haben, die sich das Schullandheim angeschaut haben, um sicherzugehen, dass die Jungen nachts nicht in die Räume der Mädchen gelangen können.

So löblich das Engagement einzelner Lehrerinnen und Lehrer für ihre muslimischen Schülerinnen sein mag, erscheint es mir auf Dauer wenig hilfreich, den betroffenen Familien allzu viele Zugeständnisse zu machen. Man gibt den Forderungen von Vätern und Brüdern nach, um zu erreichen, dass das eine oder andere Mädchen mitfahren kann. An den Strukturen ändert sich mit dieser Strategie jedoch nichts. Im Gegenteil, sie werden dadurch eher noch gefestigt. Wenn muslimischen Eltern versichert wird, man werde die Jungfräulichkeit der Tochter genauso hüten, wie die Eltern es tun, akzeptiert man außerdem, dass das muslimische Mädchen kein Recht auf Gleichbehandlung hat. Das halte ich für ein falsches Signal.

Die Schule ist für viele junge Muslime der einzige Ort, an dem sie eine andere Sexualmoral als zu Hause und einen lockereren Umgang mit dem anderen Geschlecht kennenlernen können. Deshalb halte ich es für außerordentlich wichtig, dass man ihnen dort beibringt, was es heißt, Bürger eines freiheitlich-demokratischen Rechtsstaats zu sein. Beispielsweise bedeutet es nämlich, dass sie nicht mit Bestrafung rechnen müssen, wenn sie ihre Sexualität ausleben. Wir als Gesellschaft haben die Pflicht, auch diesen Jugendlichen die Möglichkeit zu bieten, sich unter Wahrnehmung all ihrer Persönlichkeits- und Freiheitsrechte zu entwickeln. Wir müssen ihnen vermitteln, dass niemand das Recht hat, sie zu bestrafen, geschweige denn zu töten, wenn sie sich verlieben und vor der Ehe Geschlechtsverkehr haben.

Drakonische Strafen

In einigen islamischen Ländern muss jeder, der es wagt, außerhalb der Ehe Sexualität zu leben und dabei erwischt wird, damit rechnen, ausgepeitscht, gesteinigt, getötet zu werden. Das gilt vor allem für Frauen, in Fällen von Ehebruch oder homosexuellen Handlungen kann es aber auch Männer treffen. Selbst eine Vergewaltigung kann dem unschuldigen Opfer zum Verhängnis werden, sein Todesurteil bedeuten.

Ein besonders drastischer Fall ereignete sich kürzlich in Somalia. Ein dreizehnjähriges Mädchen, das angegeben hatte, von drei Männern brutal vergewaltigt worden zu sein, wurde wegen außerehelichen Geschlechtsverkehrs zum Tod durch Steinigung verurteilt. Das Urteil der islamischen Miliz soll laut Amnesty International in einem Stadion vor tausend Zuschauern vollstreckt worden sein.[25]

Sosehr ein solches Vorgehen erschreckt, muss man leider sagen, dass dieses Mädchen nicht das erste Opfer einer derartigen Rechtsprechung ist, und wahrscheinlich wird sie auch nicht deren letztes Opfer sein. Trotz der zahlreichen Medienberichte schaut die Weltöffentlichkeit insgesamt noch zu sehr weg, als dass sich schnell etwas an diesen Zuständen ändern lassen würde.

Aber wir brauchen gar nicht in ferne Länder zu schweifen, um auf diese extremste Form von Gewalt gegen Frauen zu stoßen. Auch in Europa ist es unter traditionell muslimischen Familien nichts Ungewöhnliches mehr, Ehefrauen oder Töchter mit dem Tode zu bestrafen, wenn sie abweichend von der muslimischen Sexualmoral leben wollen. Erinnern wir uns nur an die Ehrenmorde an der dreiundzwanzigjährigen Kurdin Hatun S. aus Berlin und der sechzehnjährigen Afghanin Morsal O. aus Hamburg; bei beiden war es der Bruder, der sie wegen ihres »westlichen Lebensstils« tötete.

Wie so oft, wenn wieder einmal eine muslimische Frau in Deutschland im Namen der Ehre sterben musste, wurde ich auch in diesem Fall von verschiedenen Medien um ein Interview gebeten. Und wieder musste ich erklären, dass es ein Unterschied ist, ob ein eifersüchtiger deutscher Ehemann seine Frau tötet, weil er die Trennung nicht erträgt, oder ob ein Bruder seine Schwester wegen ihres »zu westlichen« Lebensstils umbringt. Bei dem deutschen Mann handelt es sich um eine sogenannte Beziehungstat, die sich aus dem früheren Liebesverhältnis erklären lässt, eine gesellschaftlich kaum zu steuernde psychische Ausnahmesituation. Der Ehrenmord hingegen ist die Konsequenz eines religiös motivierten Wertesystems, und es gibt zumeist mehrere an der Tat mehr oder weniger direkt Beteiligte.

Wie sich die Sexualunterdrückung auswirkt

Die Unterdrückung der Sexualität in der islamischen Welt wirkt sich auf vielerlei Weise verhängnisvoll aus. Geschlechtertrennung, Jungfernkult (sprich: der Zwang zur Heirat, sobald man Sexualität leben will), das Verbot, Angehörige einer anderen islamischen Ausrichtung (Aleviten gegen Sunniten oder Schiiten) oder einer anderen Kultur oder Religion zu heiraten, die Praxis der Zwangsehe – all das führt dazu, dass sich Sexualität nicht natürlich entfalten kann und es auf Dauer zu psychischen Problemen wie Impotenz, Depression, Pädophilie, dem verstärkten Auftreten von Sodomie und ganz allgemein zu einer erhöhten Gewaltbereitschaft kommen kann. Die patriarchalisch-religiösen Verhältnisse rufen dieses psychische und physische Elend hervor, reproduzieren es und verstärken es massiv. Gleichzeitig werden die Probleme im allgemeinen Bewusstsein verdrängt. Sogar wenn vor aller Augen Ungeheuerliches geschieht.

Eine Deutsche, die mit einem Türken verheiratet ist und in der Türkei lebt, berichtete mir im Januar 2009 in einer E-Mail: »*Da Sie gerade ein Buch über Sex und Islam schreiben, muss ich Ihnen erzählen, was ich vorgestern gehört habe. Eine Freundin von mir wohnt in einer kleinen Stadt am Meer. Hinter ihrem Haus sind Felder, auf denen Schafe gehalten werden. Kürzlich ging es einigen Schafen sehr schlecht, und ein Tierarzt wurde geholt. Er fand in einem der Schafe neun Kondome!*«

Auf meine Nachfrage, wie denn die Menschen in der Umgebung ihrer Freundin auf diese Nachricht reagiert hätten, antwortete sie: »*Es ist nur der Tierarzt gekommen. Sonst ist nichts passiert. Als klar war, woran es lag, dass es den Schafen schlechtging, war offenbar alles in Ordnung.*« Dann berichtete sie mir noch, der Mann einer österreichischen Freundin von ihr sei lange Fernfahrer gewesen und habe schon vor mehr als zwanzig Jahren erzählt, Türken trieben es mit Schafen. Einmal habe er so einen Vorfall gefilmt, da seien die Männer über ihn hergefallen, hätten ihn geschlagen und ihm die Filmkamera gestohlen.

Unterdrückte Sexualität sucht sich solche Ventile. Es können aber auch Bordellbesuche oder Sexpartys in verborgenen Privathäusern sein. Oder Pornographie im Internet. So bereitet der türkischen Politik erhebliches Kopfzerbrechen, dass Google-Trends, ein Service der Suchmaschine Google, 2006 bekanntmachte: »*Nirgendwo auf der Welt wird so oft im Internet nach Kinderpornographie gesucht wie in der Türkei.*«[26] Auf einer Rangliste mit Städten, in denen einschlägige Suchbegriffe nachgefragt wurden, stünden auf den ersten fünf Plätzen ausschließlich türkische Städtenamen.

Jeden Freitag finden sich die »anständigen« Muslime dann wieder zum Gebet zusammen. Männer und Frauen selbstverständlich getrennt, damit – so die übliche Begründung – die

Männer nicht bei der Konzentration gestört werden. Man könnte auch sagen, damit der muslimische Mann im Gebetsraum nicht den Reizen der Frau erliegt und vielleicht ganz unkontrolliert sexuell erregt wird.

Dadurch, dass auch in der Moschee Geschlechtertrennung herrscht, wird meines Erachtens selbst noch der Gottesdienst sexualisiert. Wieso kann ein Muslim nicht einmal an einem sakralen Ort, an dem er sich ganz dem Glauben an Allah hingeben sollte, seine sexuellen Phantasien im Zaum halten, wenn das andere Geschlecht sichtbar anwesend ist? Ist das nicht eine Beleidigung für alle muslimischen Männer, denen damit unterstellt wird, außerstande zu sein, ihre Triebe zu kontrollieren? Einerseits ja, andererseits ist es ein bekanntes Phänomen, dass Geschlechtertrennung und Unterdrückung der Sexualität dazu führen, dass Sexualität untergründig immer und überall eine Rolle spielt.

Ein anderer Aspekt, den es im Zusammenhang mit den Folgen der Sexualunterdrückung zu beleuchten gilt, ist die oft unbefriedigende, frustrierende, nicht selten auch von Gewalt geprägte Sexualität in Zwangsehen. Wenn zwei Menschen zwangsverheiratet werden, dient das in erster Linie nämlich dazu, der Sexualität, bevor sie »ausbricht«, einen legitimen Rahmen zu geben.

Wenn man sich seinen Ehepartner nicht selbst aussuchen kann, ist es kaum verwunderlich, dass die Chemie nicht stimmt, gerade in sexueller Hinsicht. Denn Zwangsheirat bedeutet in letzter Konsequenz, dass man Sex mit jemandem haben soll, den man vorher nie gesehen hat oder ausdrücklich nicht wollte. Viele Frauen lassen in dieser Situation einfach alles über sich ergehen, bis hin zur Vergewaltigung. Mit den Jahren werden sie depressiv oder entwickeln andere psychisch bedingte Krankheiten. Ich habe in den letzten fünfundzwanzig Jahren mit vielen Frauen gesprochen, die zwangsverheiratet wurden, auch über Sexualität. Für dieses Buch habe ich zusätzlich einige aktuelle Interviews geführt. Am Ende habe ich mich aber entschlossen, keine O-Töne aus diesen besonders schwierigen, belastenden Gesprächen zu verwenden. Einige der Frauen, die mit mir offen über die jahrelangen Vergewaltigungen durch ihre Ehemänner gesprochen haben, wollten auch nicht, dass ich das Gesagte wiedergebe. Sie hatten große Angst, dass ihre Männer oder andere Familienangehörige sie wiedererkennen könnten. Aber brauchen wir überhaupt Zitate von den betroffenen Frauen? Können wir uns nicht auch so vorstellen, was es bedeutet, gegen den eigenen Willen Sex zu haben, immer und immer wieder vergewaltigt zu werden? Können wir uns nicht vorstellen, dass jahrelanger ungewollter Geschlechtsverkehr für die Gesundheit – nicht nur für die Seele, sondern auch für den Körper – schädlich ist?

Offensichtlich gibt es im Westen tatsächlich Menschen, die sich das nicht vorstellen können, denn immer wieder werde ich in Gesprächen über Zwangsheirat mit dem Argument konfrontiert, die Liebesehen im Westen seien doch auch nicht viel glücklicher als die Zwangsehen, was man an den hohen Scheidungsraten im Westen ablesen könne. Ein Argument, das in meinen Augen absurd ist, denn es besteht ja wohl ein Riesenunterschied zwischen einer Ehe, die in beiderseitiger Liebe, mit Schmetterlingen im Bauch und allen möglichen anderen chemischen Reaktionen im Körper freiwillig geschlossen wird und dann vielleicht nach Jahren auseinanderbricht, und einer Verbindung, bei der man in der Hochzeitsnacht auf einen Menschen trifft, den man ekelhaft findet, den man nicht riechen mag und mit dem man sich im günstigsten Fall im Laufe der Zeit mühsam arrangiert.

Für den Mann bedeutet Zwangsheirat nicht selten, dass der Sex in der Ehe sich kaum vom recht einseitigen Sex mit Prostituierten unterscheidet. Das klingt vielleicht nicht ganz so dramatisch, dürfte aber wohl auch nicht unbedingt das sein, was die meisten Männer sich erträumen. Impotenz und andere psychische Probleme wie Depressionen können die Folge sein. Die meisten zwangsverheirateten Männer versuchen jedoch durch ein Doppelleben mit einer anderen Frau, einer Geliebten, einen Ausgleich zum frustrierenden Eheleben zu schaffen. Das gelingt denjenigen gut, die dem Modell im Prinzip zustimmen. Eine Ehefrau, damit die Familie zufrieden ist, und eine Frau für die schönen Stunden, für sich selbst. Zwangsverheirateten muslimischen Frauen steht diese Option in aller Regel nicht zur Verfügung.

Es ist an der Zeit, die Frage nach dem sexuellen Erleben von Frauen und Männern in der islamischen Welt zu stellen und die Ergebnisse öffentlich zu machen, so wie es in den 70er Jahren des vergangenen Jahrhunderts unter anderem Shere Hite für die westliche Welt getan hat. Denn Muslim zu sein bedeutet weder, dass verheiratete Männer und Frauen per se eine befriedigende Sexualität haben, noch bedeutet es, dass es kein Bedürfnis nach Sexualität außerhalb der Ehe gibt. Wenn muslimische Familien sich über den Westen stellen und sagen, ihre Töchter seien im Gegensatz zu den deutschen Mädchen hochanständig, weil sie vor der Ehe keine Freundschaften mit Jungs eingingen, drücken sie damit indirekt auch aus, dass ihre Töchter vor der Ehe keinen Sex brauchen oder wollen.

Als einer der Brüder der getöteten Morsal O. nach der Verurteilung des Bruders schrie: »Scheiß Deutschland«,[27] und: »Ihr habt mir meine Familie genommen«,[28] dann drückte er damit wohl aus, dass afghanische Mädchen seiner Meinung nach eigentlich solche Flausen nicht im Kopf haben, sondern der Westen sie ihnen in den Kopf setzt. Ähnlich argumentieren auch Vertreter muslimischer Verbände oder Imame bei Predigten in der Moschee. Haltet eure Kinder fern von den unmoralischen Deutschen, sonst werden eure Töchter zu Huren. In einigen Kreisen in Hamburg kursiert das – aus der Luft gegriffene! – Gerücht, Morsal O. habe »angeschafft«.

Innerhalb der muslimischen Gemeinschaft wird nicht selten

nach einer Rechtfertigung gesucht, warum der Bruder die Schwester umgebracht hat. Wenn man keine findet, wird geschwiegen. Es wird darüber geschwiegen, dass man die sexuelle Selbstbestimmung der Frau einfach nicht akzeptieren kann.

Und die Kulturrelativisten im Westen unterstützen diese fatale Haltung noch, wenn sie den Begriff Ehrenmord in Anführungszeichen setzen und behaupten, die Ehrauffassung der Muslime in Bezug auf Sexualität habe nichts mit den Morden an den weiblichen Familienmitgliedern zu tun. Der Begriff sei falsch, wie überhaupt alles falsch sei an der Debatte. Sie führe nur zur Stigmatisierung der »armen Migranten«, die im Grunde nichts anderes lebten als deutsche Familien auch: Pubertätsschwierigkeiten und Eltern-Kind-Konflikte, mehr sei da nicht.

Eine Frage der Auslegung?

Ein Einwand, der häufig in kontroversen Diskussionen zum Thema Islam und Sexualität vorgebracht wird, ist der, dass die islamische Religion unterschiedlich interpretiert werden könne. Mit diesem Argument soll vereinzeltes Fehlverhalten oder sollen Fehlentwicklungen in manchen Ländern erklärt und entschuldigt werden.

Ja, es stimmt, der Islam ist vielfältig auslegbar, was sich unter anderem darin zeigt, dass sehr viele unterschiedliche Ausprägungen existieren. Beispielsweise gibt es den sunnitischen, den schiitischen und den alevitischen Islam, und das ist nur eine sehr grobe Einteilung. Von Nordafrika bis Indonesien begegnen uns noch unzählige andere Ausrichtungen.

Wenn nun aber erklärt wird, bei genauer Betrachtung und »richtiger« Interpretation des Korans sowie der Überlieferungen des Propheten Mohammed hätten Mann und Frau dieselben Rechte, kann ich dem nicht mehr zustimmen. Untermauert wird diese These meist mit der vielzitierten Gleichwertigkeit von Frau und Mann vor Allah. In einer Schrift des Deutschsprachigen Muslimkreises Karlsruhe e. V., die den Titel *25 Fragen zur Frau im Islam* trägt, wird versucht, westliche Vorurteile über unterdrückte, verschleierte Musliminnen abzubauen. Auf die Frage »Sind Mann und Frau im Islam gleichberechtigt?« heißt es dort: »*Im Islam geht es darum, unter Berücksichtigung der Verschiedenheit der Geschlechter Gerechtigkeit zwischen beiden herzustellen. Daher hat Gott Mann und Frau bestimmte Rechte und Pflichten zugewiesen, die ihrer jeweiligen Natur gerecht werden. Wenn sie sich jedoch von ihrer Natur entfernen, kommt dies einer Gleichmachung nahe. Vor Gott sind beide gleich. Aber in ihrer Beziehung zueinander sind die jeweiligen Rechte des einzelnen unterschiedlich (...)*«[29] Die Gleichwertigkeit vor Gott lässt sich also keineswegs auf eine Stufe mit westlichen Vorstellungen von Gleichberechtigung stellen, auch wenn viele Muslime nicht müde werden, uns zu erzählen, wie gut es den Frauen im Islam neben ihren Männern geht.

Gerne wird in diesem Zusammenhang das Verhältnis des Propheten zu seiner Lieblingsfrau Aischa herangezogen. Im *Buch der Ehe* des persischen Theologen Abu Hamid Muhammad al-Ghazali (gest. 1111) heißt es zum Beispiel: »*So wird berichtet, dass der Hochgebenedeite öfters mit Aischa um die Wette lief, den einen Tag überholte sie ihn, den andern Tag überholte er sie.*«[30] Als richtige Interpretation verstehen diejenigen, die den Islam durch die weltweite Kritik ungerecht behandelt sehen, dass man die schönen Dinge, wie hier beschrieben, weitergibt und erzählt. Gerade diese beliebte Textstelle zeigt aber, dass es so einfach und so eindeutig nicht ist. Denn der Anfang des Abschnitts, in dem das Wettlaufen als Liebesbeweis für die eigene Frau dargestellt wird, klingt weniger nett gegenüber

dem weiblichen Geschlecht: »*Der Mann soll nicht nur das Un-
angenehme von den Frauen ertragen, sondern auch mit ihnen
scherzen, kosen und tändeln, denn solches haben die Frauen
gern. Auch der hochgebenedeite Gottgesandte pflegte manchmal
mit seinen Frauen zu scherzen und in seinem Tun und Gebaren
auf ihr geistiges Niveau herabzusteigen.*«[31] Und als Nächstes
wird von dem Wettlauf berichtet.

Natürlich gibt es auch Interpretationen der muslimischen
Schriften, die formal näher an eine Definition herankommen,
wie zum Beispiel der gutgemeinte Hinweis, dass nirgends geschrieben steht, ein Muslim müsse unbedingt eine Jungfrau
heiraten. Oder: Die Tatsache, dass Aischa die einzige Jungfrau
unter den Ehefrauen des Propheten gewesen sei, sei so zu verstehen, dass Frauen nicht unbedingt als Jungfrauen in die Ehe
gehen müssten. Aber auch diese Interpretationen hinken. Da
außerehelicher Verkehr im Islam nicht erlaubt ist, darf das
Mädchen oder die Frau vor der Ehe keinen Sex haben. Was im
Umkehrschluss natürlich bedeutet, dass sie bis zur Ehe Jungfrau bleiben muss.

Manch ein Islamwissenschaftler entdeckt im Koran und in
den Überlieferungen sogar eine aufgeklärte Sexualmoral. So
zum Beispiel der populäre Religionsphilosoph und Politiker
Yaşar Nuri Öztürk, der für den liberalen Islam in der Türkei
steht. Er streitet vehement für die Demokratie und für Frauenrechte und beruft sich dabei stets auf den Koran. Zum Beispiel
vertritt er die These, der Koran schreibe den Frauen keineswegs
vor, dass sie ein Kopftuch tragen müssen. Auch lehnt er die in
manchen islamischen Staaten noch übliche Steinigung als
Strafe für außerehelichen Geschlechtsverkehr *(zina)* ab.[32] Bei
einer Veranstaltung 2001 in Berlin habe ich Herrn Öztürk zum
Thema Homosexualität und Islam befragt. Da hörte bei ihm
die Liberalität allerdings auf. Er sagte, Homosexualität sei das
Abartigste, was die Menschheit je hervorgebracht habe.

Ich glaube an die Reformfähigkeit des Islam, ich glaube

daran, dass die Muslime Einigkeit darüber herstellen können, wie der Koran, die Hadithen und die Interpretationen zeitgemäß auszulegen sind. Ich bestreite aber, dass der Koran in seiner Urfassung so auslegbar ist, dass unter dem Strich muslimische Frauen und Männer dieselbe sexuelle Erfüllung genießen dürfen. Um dieses Ziel zu erreichen, bedarf es einer Reform, die die bestehenden Strukturen verändert. Der Jungfrauenkult und die allein Männern erlaubte Polygamie sind nur zwei Beispiele für Regelungen, die vollständig abgeschafft und durch zeitgemäße Vorgaben für eine freie, selbstbestimmte Sexualität beider Geschlechter ersetzt werden müssen. Denn welche Interpretation des Korans man auch immer zugrunde legt: Die Frau hat das Nachsehen, der Mann darf sich austoben. Am deutlichsten wird das beim Thema Polygamie. Wie sehr man sich auch anstrengt, man wird im Koran keinen Beleg dafür finden, dass Frauen theoretisch das Recht zusteht, mehrere Ehemänner zu haben. Von der Praxis will ich gar nicht erst sprechen, da wird Polygamie natürlich ausschließlich von Männern gelebt.

Die 68er – Im Westen
viel Neues

Da die islamische Welt sich so vehement vom angeblich verrohten, sittenlosen Westen abgrenzt, ist es unumgänglich, sich die westliche Sexualmoral einmal genauer anzuschauen. Haben Millionen Muslime recht, wenn sie den Westen moralisch verurteilen? Ist es demzufolge vielleicht sogar verständlich, wenn sie ihre Töchter und deren jungfräuliche Seelen und Körper vor westlichen Einflüssen schützen wollen? Wenn sie nicht wollen, dass ihre Söhne »freizügige« westliche Freundinnen oder gar Ehefrauen haben?

Will man den Westen und seine aktuelle Sexualmoral verstehen, muss man zunächst einen Blick auf die Zeit vor 1968 werfen. Nur so lässt sich begreifen, warum die sexuelle Revolution notwendig war und was sie gebracht hat. Nur so können wir verstehen, wie dringend die muslimische Welt ebenfalls eine sexuelle Revolution braucht.

Das folgende Zitat illustriert anschaulich, welchen Wert eine Frau auch im Westen einmal hatte: »*Wir müssen die Keuschheit der Frau als höchstes völkisches Gut schätzen und pflegen, denn in der Keuschheit der Frau ist die einzige sichere Bürgschaft dafür gegeben, dass wir wirklich die Väter unserer Kinder sein werden, dass wir für unser eigenes Blut schaffen und uns mühen. Ohne diese Bürgschaft aber keine Möglichkeit eines gesicherten, innigen Familienlebens, dieser unentbehrlichen Grundlage für das Gedeihen von Volk und Staat. (...) Darin und nicht in selbstsüchtiger Willkür des Mannes ist es begründet, dass Gesetz*

und Sitte strengere Anforderungen an die Frau bezüglich Keusch-
heit vor der Ehe und Treue in der Ehe stellen, als an den Mann.
Es steht bei ihrer Ungebundenheit viel mehr auf dem Spiele als
bei seiner.«[1]

Wohlgemerkt, es handelt sich hier nicht um ein Zitat aus
einem islamischen Manifest oder um eine Sure des Korans,
sondern um das Gedankengut des österreichischen Medizi-
ners Max von Gruber. Sein an ein allgemeines Publikum ge-
richtetes Buch *Hygiene des Geschlechtslebens,* aus dem das Zitat
stammt und von dem im deutschsprachigen Raum mehrere
Hunderttausend Exemplare verkauft wurden, erschien zuerst
1903 und wurde bis in die 50er Jahre des 20. Jahrhunderts immer wieder nachgedruckt – obwohl man eigentlich annehmen
müsste, dass es nach dem Ende der Nazizeit schon allein wegen seiner rassisch-völkischen Tendenzen nicht mehr hätte
publiziert werden dürfen.

Das »lebhafte Gefühl von Bangigkeit«,[2] mit dem Max von
Gruber das Buch zur Veröffentlichung freigibt, wie er in der
Einleitung schreibt, und die Dringlichkeit, mit der er den Leser
bittet, »es vorsichtig zu bewahren, damit es nicht Unberufenen
in die Hände falle«, zeigten, wie schwierig es damals auch im
Westen war, über die »heikelsten Dinge« offen zu sprechen.
Diese Warnungen klingen kaum anders als die eingangs zitier-
ten vorsichtigen Bemerkungen Kaplan Omars im Vorwort zu
seinem knapp hundert Jahre später erschienenen Buch über
die Sexualität im Islam.

Wenn wir über die Sexualmoral in der islamischen Welt
sprechen, sollten wir also nicht den Eindruck erwecken, als sei
die heutige Lebensrealität der Muslime etwas, was es im Westen niemals gegeben habe. Die Zwangsverheiratung, die unter
anderem der Verhinderung von weiblicher Sexualität vor der
Ehe dient, ist da ein perfektes Beispiel. Noch bis ins 19. Jahrhundert wurden auch unter Christen und Juden im Westen
Zwangsehen geschlossen.[3] Heute wird aber keine Beratungs-

stelle in Deutschland von einem christlichen oder jüdischen Mädchen aufgesucht, weil deren Familie beabsichtigt, sie gegen ihren Willen zu verheiraten. Heute kommen hauptsächlich Musliminnen sowie Roma- und Sinti-Mädchen.

Die verklemmten 50er Jahre

In den 50er Jahren des vergangenen Jahrhunderts war Sexualität in Deutschland und anderen Ländern Europas ein großes Tabuthema. Darüber sprach man nicht. Schon gar nicht innerhalb der Familie. Und diese Sprachlosigkeit lässt Rückschlüsse auf die gelebte Sexualität zu. Der Beischlaf unter Eheleuten wurde sicher nicht zufällig »eheliche Pflicht« genannt. Die Freude am sexuellen Akt dürfte eher bescheiden gewesen sein. Frauen durften Sex nicht genießen, das war Männersache – wobei wir uns aus heutiger Sicht fragen dürfen, wie lustvoll der Sex unter diesen Bedingungen für die Männer war.

Die christliche Sexualmoral ließ jedoch nichts anderes zu. Sexualität fand, wenn überhaupt, hinter sehr gut verschlossenen Türen statt, und gesprochen wurde darüber höchstens im Beichtstuhl, voller Scham und Schuldgefühle. Die 50er Jahre waren, zumindest in Westdeutschland, eine Zeit des wirtschaftlichen Aufschwungs, aber auch der Restauration. Die Frauen wurden zurück an den Herd geschickt, und die Kirchen verstärkten ihren politischen und gesellschaftlichen Einfluss. Besonders die restriktive Sexualmoral der katholischen Kirche erlebte im Adenauer-Deutschland eine neue Blüte.[4]

Viele Frauen, die in den 50er und 60er Jahren ihre Jugend erlebt haben, erklären heute, dass sie kaum aufgeklärt und sehr verklemmt waren. Eine meiner deutschen Gesprächspartnerinnen meinte, wenn sie sich Bilder von früher anschaue, habe sie das Gefühl, dass sie mit siebzehn so brav und unschuldig ausgesehen habe wie heutige Zehn- oder Elfjährige. Wenn solche jungen Frauen dann an einen Partner gerieten, der Sexualität genauso verkrampft anging, war ein erfülltes Liebesleben kaum möglich.

Diese Frauen sind die jetzigen Mütter und Großmütter, und wenn sie erzählen, fühle ich mich an die vielen türkischen, kurdischen, muslimischen Frauen erinnert, die heute immer noch genauso leben.

Vor- und außerehelicher Geschlechtsverkehr wurde in den 50er Jahren als unanständig angesehen. Ein Kuss konnte zur Verlobung, der erste Sex zur Heirat verpflichten. Eine Frau sagte zu mir: »*Das war ganz normal. Wenn man angefasst wurde, hat das in die Ehe gemündet*«, und mit Anfassen meinte sie keineswegs Geschlechtsverkehr. Für sie und die meisten Frauen in ihrer Umgebung war es nämlich wichtig, als Jungfrau in die Ehe zu gehen.

Frauen, die damals unehelich schwanger wurden, wurden nicht selten von ihren Familien verstoßen. Viele von ihnen nahmen sich aus Scham und Angst das Leben. Bis weit in die 70er Jahre noch mussten westdeutsche Frauen nach Holland fahren, um einen Schwangerschaftsabbruch vorzunehmen.

Frauen im Westen sehen es dank der sexuellen Revolution inzwischen als selbstverständlich an, dass ihnen eine freie und selbstbestimmte Sexualität zugestanden wird. Viele können sich gar nicht mehr vorstellen, dass es Zeiten gab, in denen der Ehemann nicht danach fragte, ob seine Partnerin Lust beim Sex empfindet, sondern sie an ihre ehelichen Pflichten erinnerte, wenn sie keine Lust hatte, mit ihm zu schlafen. Und die meisten Menschen fanden das damals ganz normal.

Gesetz und Moral

Sexualität war in den 50er Jahren aber nicht nur ein gesell-schaftliches und religiöses Tabu. Auch das Gesetz hatte einen wesentlichen Anteil an der Erhaltung der vorherrschenden Se-xualmoral. So wurde zum Beispiel bis zur großen Strafrechts-reform 1969 wegen »Kuppelei« bestraft, wer anderen Gelegen-heit zu »Unzucht« (außerehelichem Geschlechtsverkehr) gab. Im Strafgesetzbuch hieß es: »*Wer gewohnheitsmäßig oder aus Eigennutz durch seine Vermittlung oder durch Gewährung oder Beschaffung von Gelegenheit der Unzucht Vorschub leistet, wird wegen Kuppelei mit Gefängnis von nicht unter einem Monate bestraft; auch kann zugleich auf Geldstrafe, auf Verlust der bür-gerlichen Ehrenrechte sowie auf Zulässigkeit von Polizeiaufsicht erkannt werden.*«[5]

»Schwere Kuppelei« wurde noch ungleich härter bestraft: »*Die Kuppelei ist, selbst wenn sie weder gewohnheitsmäßig noch aus Eigennutz betrieben wird, mit Zuchthaus bis zu 5 Jahren zu bestrafen, wenn (...) der Schuldige zu der verkuppelten Person in dem Verhältnis des Ehemanns zur Ehefrau, von Eltern zu Kin-dern, von Vormündern zu Pflegebefohlenen, von Geistlichen, Lehrern oder Erziehern zu den von ihnen zu unterrichtenden oder zu erziehenden Personen steht.*«[6]

Eltern konnten mit bis zu fünf Jahren Haft bestraft werden, wenn sie ihren minderjährigen, unter einundzwanzig Jahre alten Kindern erlaubten, im eigenen Haus Sex zu haben. Ho-mosexualität unter männlichen Erwachsenen stand bis 1969 ebenfalls unter Strafe, danach nur noch die »Unzucht« mit Minderjährigen. Erst seit März 1994 werden einvernehmliche homosexuelle Handlungen nicht mehr bestraft.[7]

Interessant ist, dass Sexualdelikte damals nicht als Straftaten gegen die sexuelle Selbstbestimmung gewertet wurden, son-dern als Vergehen gegen die sittliche und moralische Ordnung. Bei einer Vergewaltigung war demnach nicht die betroffene Frau das Opfer, sondern die Gesellschaft und deren Moralvorstellungen. Das Strafgesetzbuch führte die betreffenden Delikte unter der Kategorie »Straftaten gegen die Sittlichkeit« auf; 1973 wurde dieser Abschnitt in »Straftaten gegen die sexuelle Selbstbestimmung« umbenannt, ein Riesenfortschritt.

In der Türkei war die rechtliche Situation bis zur großen Strafrechtsreform im Jahr 2004 ähnlich wie früher in der Bundesrepublik. So wurde zum Beispiel von einer Bestrafung abgesehen, wenn der Vergewaltiger sein Opfer heiratete. Dieser Paragraph ist inzwischen abgeschafft. Die Vergewaltigung wird jedoch nur bestraft, wenn das Opfer sie anzeigt und den Antrag auf Verfolgung stellt. Vergewaltigung ist in der Türkei, anders als in Deutschland, kein Offizialdelikt, also keine Straftat, die von Amts wegen und ohne Rücksicht auf den Willen des Verletzten staatlich verfolgt wird. So werden Opfer sehr oft von Verwandten gedrängt, den Täter zu heiraten und/oder keine Anzeige zu erstatten.

An der rechtlichen Einordnung von Sexualstraftaten, deren Opfer in den meisten Fällen Frauen und Mädchen sind, lässt sich der gesellschaftliche Status des weiblichen Bevölkerungsteils ablesen. So kann Rechtsprechung ein Gradmesser dafür sein, wie eine Gesellschaft sich zur freien und selbstbestimmten Sexualität ihrer weiblichen Mitglieder stellt. Betrachten wir die rechtliche Situation der westdeutschen Frauen in den 50er Jahren, so zeigt sich, dass sie sich kaum von der muslimischer Frauen heute unterscheidet.

In anderen Rechtsgebieten sah es nicht besser aus. Bis 1957 durften Frauen in Deutschland ohne Erlaubnis ihres Ehemannes keine Erwerbstätigkeit aufnehmen. Ein ohne Erlaubnis geschlossener Arbeitsvertrag konnte vom Ehemann fristlos gekündigt werden. 1958 änderte sich dieser Zustand, allerdings nur marginal. Gemäß § 1356 des Bürgerlichen Gesetzbuches war die Frau fortan »*berechtigt, erwerbstätig zu sein, soweit dies mit ihren Pflichten in Ehe und Familie vereinbar*« war. Der Ehemann konnte den Arbeitsvertrag nur noch kündigen, wenn das Familienleben seiner Meinung nach unter der außerhäuslichen Arbeit litt. Erst 1977 wurde auch diese Regelung abgeschafft, wodurch die Frauen weitere Rechte erhielten, die sie von ihren Ehemännern unabhängig machten.

Dass Mädchen früher auch nicht die gleichen Bildungschancen hatten wie Jungen, ist bekannt. Bis Anfang des 20. Jahrhunderts konnten junge Frauen nicht studieren. Ihre höhere Bildung erlangten sie auf dem Lyzeum, auf dessen Lehrplan vornehmlich »frauenspezifische« Fächer wie Religion, Hauswirtschaft und Handarbeit standen. Der Abschluss des Lyzeums berechtigte, anders als der Abschluss am regulären Jungengymnasium, nicht zum Besuch einer Hochschule.

Noch bis in die 60er Jahre gingen viele Jungen und Mädchen in der Bundesrepublik auf getrennte Gymnasien. Sofern Mädchen überhaupt aufs Gymnasium geschickt wurden, denn mehrheitlich wurden sie nach wie vor nicht auf einen qualifizierten Beruf, sondern auf ihre Rolle als Ehefrau und Mutter vorbereitet.

Nicht wenige der genannten moralischen und rechtlichen Eckpfeiler der Nachkriegszeit, an erster Stelle der restriktive Umgang mit der Sexualität, finden sich heute als ideologisches Gerüst der muslimischen Welt wieder.

Offenkundig handelt es sich hier um eine zeitversetzte Entwicklung. Der Westen ist weiter, auch wenn viele Menschen inzwischen vergessen zu haben scheinen, wie es dort in den 50er Jahren noch aussah und warum die 68er-Revolte eine Befreiung darstellte. Damit aus dem moralisch rigiden Nachkriegsdeutschland eine offene Gesellschaft mit größtmöglicher Freiheit für das Individuum werden konnte, war eine sexuelle Revolution notwendig. Diese Revolution hat es in der islamischen Welt noch nicht gegeben. Wenn der Islam die Schallmauer zur Moderne durchbrechen will, muss dort ebenfalls eine sexuelle Revolution stattfinden und das Geschlechterverhältnis neu gestaltet werden. Der Westen hat diese Entwicklung auch nicht einfach so vollzogen. Sie ist das Ergebnis eines komplexen gesellschaftlichen Prozesses.

Die sexuelle Revolution

Die sexuelle Revolution im Westen wurde maßgeblich angestoßen und vorangetrieben durch die 68er-Studentenbewegungen, die gegen starre Strukturen in der Gesellschaft, gegen den Vietnamkrieg, gegen eine rigide Sexualmoral und in Deutschland vor allem auch gegen die fehlende Aufarbeitung des Nationalsozialismus protestierten. Junge Deutsche, die in den 40er Jahren geboren wurden, wollten endlich wissen, was die eigenen Eltern und Großeltern im Zweiten Weltkrieg getan hatten. Sie verlangten Aufklärung, denn sie ahnten, dass das Schweigen über die Hitler-Zeit nicht nur mit Scham und schlechtem Gewissen zu tun hatte, sondern nicht selten auch mit einer Art innerem Exil. Schließlich war der Nationalsozialismus nur möglich, weil eine Vielzahl von Menschen an ihn geglaubt hatte. Und diese Menschen warfen ihre nationalsozialistischen Ideale nicht von heute auf morgen über Bord.

Es war eine Generation herangewachsen, die den eigenen Eltern misstraute, die den älteren Generationen generell misstraute. Ein Slogan der 68er brachte diese Haltung auf den Punkt: »Trau keinem über dreißig.«

Zudem fühlten sich die jungen Menschen in ihren vermeintlich heilen Familien eingeengt und frustriert, weil ihre Eltern nicht in der Lage zu sein schienen, das Leben zu genießen. Ganz deutlich zeigte sich das an der prüden Sexualmoral. Die 68er wollten eine eigene, freie Sexualität leben und sich nicht mehr von der Gesellschaft, von ihrer sozialen Umgebung kontrollieren lassen.

Der Sommer 1967, der Höhepunkt der Hippiebewegung in den USA, wurde bezeichnenderweise »Summer of Love« genannt. Slogans wie »Make Love, Not War« schwappten über den großen Teich und erreichten Europa in Windeseile.[8]

Für meine Eltern waren alle langhaarigen, linken Deutschen damals Hippies. Sie waren ja auch gerade rechtzeitig von Istanbul nach Deutschland gekommen, um die gesellschaftlichen und moralischen Umbrüche mehr oder weniger live mitzuerleben. Aber sie begriffen nicht, was die Leute da machten. Sie dachten, das wäre hier schon immer so gewesen, die Deutschen wären einfach ungezügelter. Der Begriff »modern« war für meine Eltern denn auch gleichbedeutend mit sexueller Freizügigkeit. Was im Grunde vielleicht gar nicht so falsch ist. Auch wenn die Freizügigkeit damals längst nicht so weit ging und längst nicht so verbreitet war, wie meine Eltern sich das vorstellten. Ich habe mit einigen älteren Deutschen gesprochen, die sagten: »Die sexuelle Revolution, die ist an mir vorbeigegangen.« Aber in den Kommunen, die sich gebildet hatten und von denen auch viele anatolische Gastarbeiter gehört und das eine oder andere gesehen hatten, schien man sich von morgens bis abends ausschließlich sexuell zu betätigen.

Nur wenige Menschen, die in dieser Zeit aus den Anwerbeländern nach Europa kamen, mischten in der 68er-Bewegung mit. Die muslimischen Türkinnen und Türken, die sich in irgendwelchen Kommunen austobten, kann man sicher an einer Hand abzählen, vielleicht auch an zwei Händen, aber mehr waren es bestimmt nicht. Die Schriftstellerin Emine Sevgi Özdamar hörte ich bei einer Lesung über ihre persönlichen Erfahrungen in dieser Zeit erzählen. Sie gehört wohl zu den wenigen »Gastarbeiterinnen«, die die sexuelle Revolution so bewusst wahrgenommen haben. In ihren Büchern schildert sie auch Erlebnisse aus dieser Zeit.

Die 68er begehrten also auf, gegen sexuelle Bevormundung und Unterdrückung. Alles, was man ihnen über Sexualität beigebracht hatte, wurde hinterfragt, Verbote, Drohungen, Warnungen und Strafen wurden nicht mehr einfach hingenommen. Die unterdrückten sexuellen Gelüste verlangten danach, ausgelebt zu werden, während die Eltern nach wie vor darauf beharrten, dass Sexualität vor der Ehe tabu sei. In einem Interview mit der Bundeszentrale für politische Bildung im März 2008 sagte Martin Goldstein, der ursprüngliche »Dr. Sommer« aus der Jugendzeitschrift *Bravo*: »*Was man bis dahin in Bezug auf Sexualität lernte, waren nichts weiter als Drohungen und Warnungen. Möglichst nichts tun, alles später. Und was du tust, ist falsch, ist Sünde, macht krank, macht dich schwul, du kriegst keine Kinder mehr, findest keinen Partner und wirst ein unglückliches Leben führen. Das war alles eine reine Drohbotschaft.*«[9]

Als selbstverständlich galt, dass die Mädchen sich ihre Jungfräulichkeit zu bewahren hatten. Bei den Jungs war man etwas entspannter, wenn sie vor der Ehe Sex hatten. Wer keine Freundin hatte, mit der er die ersten sexuellen Erfahrungen machen konnte, ging zu einer Prostituierten. Man sprach nicht darüber, aber es wurde stillschweigend akzeptiert.

Auch Selbstbefriedigung war in den Augen der Eltern eine sträfliche Tat. Vorstellungen wie: Masturbation macht krank, schwächt die sexuelle Kraft des Mannes und kann die Potenz gefährden, saßen tiefverwurzelt in den Köpfen vieler Menschen. Rückenmarkschwund ist die Krankheit, die im Zusammenhang mit dem Thema Selbstbefriedigung wohl am häufigsten Erwähnung fand. Hier ging es zwar mehrheitlich um Männer oder Jungs, da ihnen eher eine aktive Sexualität zugestanden wurde, aber auch die Töchter sollten tunlichst die Hände über der Bettdecke lassen. Sich selbst anzufassen war unter allen Umständen untersagt.

Shere Hite zitiert in ihrem Report eine Interviewpartnerin, die als junges Mädchen heftige Schuldgefühle beim Masturbieren empfand, weil sie glaubte, es sei eine Sünde gegen Gott. Ausgerechnet ein Geistlicher befreite sie schließlich von ihren Gewissensplagen: »*Seitdem ich elf war, hatte ich beim Masturbieren immer Schuldgefühle und immer Angst, dabei erwischt zu werden. Mit neunzehn (...) dachte ich, das kann doch keine Sünde sein. Ich fühlte mich immer viel besser danach, und ich tue weder mir noch anderen damit weh. Deshalb kann es Gott nicht mißfallen. Deshalb ging ich zu einem alten und sehr strengen Pfarrer zur Beichte und fragte um Rat. Zu meiner Überraschung und Erleichterung sagte er, daß es keine Sünde sei und daß alle Frauen und Männer es täten. Nach dem neuesten Stand der Psychologie wisse man, daß es eine psychische und physische Notwendigkeit erfülle. Deshalb sei es normal und natürlich (...) Danach quälte ich mich nicht mehr.*«[10]

Beim Thema Orgasmus sah es teilweise nicht anders aus. Kaum zu glauben, was Martin Goldstein in besagtem Interview dazu erklärte: »*Ich habe noch damals in einem Buch gelesen, dass der Orgasmus für eine Frau schädlich sei. Jede Frau sollte gefälligst dafür sorgen, dass sie keinen Orgasmus bekommt.*« Auch heute noch sorgen einige, hauptsächlich ostafrikanische Kulturen dafür, dass Frauen keinen sexuellen Höhepunkt erleben können, indem sie ihren Töchtern die Genitalien verstümmeln. Diese Genitalverstümmelung wird zurzeit mehrheitlich von Muslimen praktiziert und unter Berufung auf den Islam religiös legitimiert.

Dabei gibt es im Koran keine Belege für ein derartiges Vorgehen. Lediglich in den Hadithen finden sich Stellen, die entsprechend interpretiert werden können. Dort heißt es, Mohammed habe diese vorislamische Tradition zwar eigentlich abschaffen, aber deren Anhänger nicht verärgern wollen. Deshalb habe er eine Beschneiderin gebeten, nicht alles wegzuschneiden, sondern lediglich ein wenig an der Oberfläche zu schneiden – die sogenannte »Prophetenbeschneidung«. Eine komplette Beschneidung, die dazu führt, dass die Frau keinen

Orgasmus mehr hat, wäre mit dem Islam tatsächlich nicht vereinbar, da ausdrücklich auch die Frau in der Ehe sexuelle Freuden erleben soll. Unter anderem dürfte dies der Grund dafür sein, dass islamische Gelehrte in Somalia 2005 eine Fatwa gegen die Frauenbeschneidung verfassten und veröffentlichten.

Alles in allem erinnert die Art der Aufklärung, die jungen westlichen Menschen noch in den 60er Jahren zuteilwurde, doch sehr an das, was die Mehrheit der jungen Muslime heute zu hören bekommt: Sexualität vor der Ehe ist verboten, jegliches Gefühl in der Richtung muss unterdrückt werden.

Der Tabubruch der 68er bestand nicht allein darin, dass sie anfingen, über Sexualität zu sprechen. Nein, sie lebten ihre Bedürfnisse auch aus, und zwar teilweise durchaus exzessiv. Kommunen wurden gegründet, in denen es nur ein Bett für alle gab. Man hatte Sex und sprach öffentlich darüber, wie viel Spaß es machte. Dennoch wäre es falsch, die 68er insgesamt als sexsüchtige Generation darzustellen. Ihre Art, über Sex zu reden, war den meisten Menschen einfach nur fremd. Sie waren es nicht gewöhnt, außerhalb ihrer Schlafzimmer mit dem Thema konfrontiert zu werden. Ältere Damen (über dreißig!) erklärten Sex vielfach zu einer »Schweinerei«. Da kamen irgendwelche jungen, hübschen Mädels, die sich in der Öffentlichkeit oben ohne zeigten und einfach erklärten, Sex mache Spaß. Was für ein Unsinn!

Die männlichen Protagonisten der 68er haben diese Zeit sicher anders erlebt als die weiblichen. Der eine oder andere Sprachführer war wohl mehr an seiner ganz persönlichen Selbsterfahrung interessiert als an politischen Zielen. So fühlten sich einige Frauen nach einer Weile eher benutzt als gleichberechtigt im Kampf gegen die veralteten Traditionen. Der legendäre Tomatenwurf von Frankfurt wurde zur Wende in der gemeinsamen politischen Bewegung. Beim Bundeskongress des Sozialistischen Deutschen Studentenbundes (SDS) im Jahr 1968 kam es zu einem Eklat, als die männlichen Delegierten sich weigerten, eine Rede von Helke Sander, der Sprecherin des »Aktionsrates zur Befreiung der Frau«, zu diskutieren, in der diese den Genossen vorgeworfen hatte, die Frauendiskriminierung zu ignorieren. Als die männlichen Delegierten ungerührt zur Tagesordnung übergehen wollten, warf eine andere Delegierte, die damals hochschwangere Berliner Romanistikstudentin Sigrid Rüger, drei Tomaten in Richtung Vorstandstisch.[11] Als Folge des Tomatenwurfs gründeten sich verschiedene »Weiberräte« und Frauengruppen. Es war die Geburtsstunde der zweiten Welle der deutschen Frauenbewegung.

Oswalt Kolle und
das *Wunder der Liebe*

Geprägt wurde der Begriff »sexuelle Revolution« von dem Psychoanalytiker Wilhelm Reich. 1945 veröffentlichte er in Amerika das Buch *The Sexual Revolution*, das in Deutschland erstmals 1936 unter dem Titel *Die Sexualität im Kulturkampf* erschienen war; die deutsche Neuauflage von 1966 trug dann den Titel *Die sexuelle Revolution*. Reich lieferte darin die theoretische Basis für die sexuellen Befreiungsbestrebungen der 68er, denn es ging ihm um die gesellschaftlichen Folgen der Unterdrückung vitaler sexueller Impulse. Eine gehemmte Sexualität führe zu Aggression und Frustration und fördere die Empfänglichkeit für diktatorische Systeme. Kein Wunder, dass diese Theorie in der Nachkriegsgeneration geradezu Kult wurde.

Eine weitere Galionsfigur der sexuellen Revolution in Deutschland dürfte der bereits erwähnte Mediziner und Religionslehrer Martin Goldstein alias Dr. Sommer sein. In der Zeit von 1969 bis 1984 beantwortete er intime Fragen zum

Thema Liebe, Sex und Zärtlichkeit in für damalige Verhältnisse ungewohnter, von vielen Erwachsenen als skandalös empfundener Offenheit. Mit dem Aufklärungsbuch *Anders als bei Schmetterlingen* hatte er bereits 1967 für Furore gesorgt.

Besonders bahnbrechend waren dann aber die Aufklärungsfilme des Oswalt Kolle, die zwischen 1968 und 1972 in den Kinos liefen. Niemand sprach die Dinge so deutlich aus, wie er es tat. Er war der Aufklärer der Nation, der die Menschen zu mehr Phantasie in den Schlafzimmern aufforderte.

In dem Film *Das Wunder der Liebe*[12] zeigte er, was kein anderer vor ihm gezeigt hatte: Menschen aus Fleisch und Blut, die über Sex reden und sich sexuell betätigen, jedenfalls andeutungsweise, schließlich sollten es keine pornographischen Filme sein. Noch heute gilt Oswalt Kolle als *der* Sexualaufklärer der 68er. Seine Aufklärungsfilme wurden international zum Erfolg. Weltweit sollen 140 Millionen Menschen die Filme gesehen haben.

In Deutschland sagte man: »Was für die Kleinen Frau Holle, ist für die Erwachsenen Oswalt Kolle.«

Kolle erklärte, Sex sei zu wichtig, um in den abgedunkelten Schlafkammern der Wohnungen eingesperrt zu werden. Zwar sei im Grunde jeder mit seiner Sexualität allein, aber wenn ein Partner dazukomme, müsse miteinander geredet werden. Dabei unterschied Oswalt Kolle zwischen Liebe und Sex. Während man Liebe nicht lernen könne, sagte er, komme es beim Sex darauf an, sich so ausgiebig wie möglich zu informieren und immer neu dazuzulernen.

Mit seinen Aufklärungsfilmen verstieß Kolle deutlich gegen die damals herrschenden Moralvorstellungen. So war die Nation denn auch geteilter Meinung. Die Filme wurden nicht nur als Segen gesehen, sondern auch als pornographisch bewertet, als unnützes Zeug, als jugendgefährdend und schädlich für die Gesellschaft.

Was Oswalt Kolle in Deutschland zunächst nicht zeigen

durfte, zeigte er erst mal in anderen Ländern, zum Beispiel in Holland, wo seine Arbeit als wichtig für die »Volksgesundheit« eingestuft und von der Steuer befreit wurde. So ist es wohl kein Zufall, dass er heute in Holland lebt.

Trotz aller Kritik nahm eine beachtliche Zahl von Menschen Kolles Ratschläge und Tipps ernst, setzte sie um und fand dadurch zu einer erfüllteren Sexualität.

Unverheiratete junge Frauen durften in den 60er Jahren keine eigene Wohnung beziehen, nicht spät nach Hause kommen und auch keinen Freund haben, bei dem sie übernachteten. Und dann kam Oswalt Kolle und erzählte, es sei ganz natürlich, wenn junge Menschen ihre sexuellen Gelüste auslebten. In seinen Filmen zeigte er, wie sie es machen konnten, um Spaß dabei zu haben. Das war eine Sensation.

Plötzlich wurden auch immer mehr Ehen mit der Begründung geschieden, dass die Frau ein unerfülltes Sexualleben habe. Frauen brachten es fertig, zu einer Anwältin oder einem Anwalt zu gehen, sich über ihr unbefriedigendes Liebesleben zu beklagen und dabei sogar Worte wie Orgasmus in den Mund zu nehmen.

Natürlich war dieser Veränderungsprozess alles andere als einfach für die Gesellschaft. Es musste Abschied genommen werden von alten Vorstellungen über Ehe und Liebe, und dabei wurde sicher in manchen Fällen das Kind mit dem Bade ausgeschüttet. Wer wollte die Zweisamkeit, die Partnerschaft, die in der Institution Ehe möglich war und ist, verdammen? Wer die auf Liebe basierende Treue und Monogamie grundsätzlich ablehnen? Da hat man im Zuge der sexuellen Revolution manchmal zu viel des Guten getan. Aber ist das nicht verständlich, wenn man den Ausgangspunkt bedenkt, die religiös begründete restriktive Sexualmoral, die keinen Spaß beim Sex vorsah, die vorschrieb, dass nur in der Ehe Sexualität gelebt werden durfte, und die eine Scheidung als Sakrileg betrachtete, weil die Ehe angeblich heilig war? Erst dadurch, dass man sich von diesen rigiden Moralvorstellungen abwandte, wurde das dringend notwendige Gespräch über sexuelle Befriedigung oder eben fehlende sexuelle Befriedigung möglich. Im Ergebnis haben seit der sexuellen Revolution sicher mehr Menschen Spaß beim Sex als vorher.

In Kolles Filmen wurde gelehrt, dass Sex auch den Frauen Spaß machen sollte. In einer Zeit, in der eine extrem prüde Sexualmoral vorherrschte, hat er die Menschen dazu gebracht, über etwas zu reden, worüber sie gerne reden wollten, sich aber nicht trauten. Er hat das Schweigen gebrochen und erreichte damit Millionen. Das ist sein größtes Verdienst. Wenn die Aufklärungsfilme uns heute auch ein wenig oberflächlich und im Hinblick auf das Frauenbild rückständig erscheinen mögen, sollte nicht unterschlagen werden, dass Kolle zu den Zeitgenossen gehört, die gesellschaftlich etwas zum Positiven verändert haben.

An dieser Stelle sei aber auch die Tatsache erwähnt, dass sich inzwischen eine Form von Sexualität entwickelt hat, die in ihrer angeblichen Freizügigkeit ebenso krank ist und krank macht wie die unterdrückte Sexualität. Eltern, die mit ihren Kindern Pornos schauen, sind da nur ein Beispiel. Anfang 2007 stand im *Stern* ein aufschlussreicher Artikel zu dem Thema: Unter der Überschrift »Voll Porno. Wenn Kinder nicht mehr lernen, was Liebe ist« schrieb der Journalist Walter Wüllenweber über Eltern, die sich mit ihren Kindern Hardcore-Filme ansehen, über Vierzehnjährige, die sich zum Gruppensex treffen und deren Idole von Vergewaltigung singen. Seine Bilanz: »*Ein Teil der Gesellschaft driftet ab in die sexuelle Verwahrlosung.*«[13]

Wenn Oswalt Kolle heute Interviews gibt, klingt er manchmal etwas enttäuscht und weist darauf hin, dass Sexualaufklärung nach wie vor ein wichtiges Thema sei. In der *Bravo* würden immer noch die gleichen Fragen gestellt wie früher, und wenn Jugendliche von einem Fernsehteam befragt würden, wie Kinder entstehen, stotterten sie herum und hätten große Mühe, den Vorgang korrekt zu beschreiben.

Aufklärung wird heute vielfach medial vermittelt, wodurch Fernsehen, Internet usw. einen nicht zu unterschätzenden Einfluss auf das Sexualleben der oft jugendlichen Zuschauer haben. Wenn ich mir den medialen Umgang mit Sexualität anschaue, finde ich aber leider kaum das wieder, was Oswalt Kolle seinerzeit mit seinen Filmen bewirkt hat. Er hat die Menschen sachlich informiert und ihnen nahegebracht, dass Sex Spaß machen kann. Vieles von dem, was heute im Fernsehen gezeigt wird, hat wenig mit Spaß zu tun. Eher mit Angst, mit käuflicher und gewaltbetonter Sexualität. Eine ganze Musikrichtung (Porno-Rap oder wie auch immer sie bezeichnet wird) scheint sich ausschließlich darauf spezialisiert zu haben, sexuelle Gewalt zu verherrlichen.

Kampf den Autoritäten

Neben der restriktiven Sexualmoral sagten die 68er auch einer falschen Autoritätshörigkeit den Kampf an. Aus eigener leidvoller Erfahrung kannten sie den autoritären Erziehungsstil, der in Elternhaus und Schule praktiziert wurde und in dem es in erster Linie um Machtausübung und kritiklose Unterordnung der Jungen unter die ältere Generation ging. Ziel war die Lenkung des unterlegenen Kindes durch die Erwachsenen. Diese stellten die Regeln auf, erteilten Befehle und wachten über die Einhaltung ihrer Anordnungen. Das Kind hatte zu gehorchen und keine Fragen zu stellen. Das war fast schon militärischer Drill. Dass der Gegenentwurf der 68er, die antiautoritäre Erziehung, sich nicht unbedingt als ideale Alternative herausstellte, steht auf einem anderen Blatt.[14]

Wenn ich mir den in der muslimischen Welt vorherrschenden Erziehungsstil anschaue, finde ich genau das wieder, wogegen die westliche Jugend in den 60er Jahren aufbegehrt hat. Ich selbst bin mit der Vorstellung groß geworden, dass man ältere Menschen ehrt, ihnen fortwährend Respekt zollt (auch wenn sie Fehler machen) und ihnen gehorcht, denn sie wissen alles besser und treffen alle Entscheidungen. Kinder verstehen nichts und haben keine Rechte. Wer sich nicht an Regeln und Anordnungen hält, wer aufmüpfig ist oder Widerworte gibt, bekommt Schläge. Meine Kindheit liegt nun einige Zeit zurück, doch die Masse der muslimischen Kinder, die heute aufwachsen, werden noch genauso erzogen. Mag sein, dass Gewalt als Erziehungsmittel in einem Land wie der Türkei mittlerweile kritisch betrachtet wird. In den meisten islamischen Ländern ist Gewalt jedoch nach wie vor ein elementares Instrument bei der Kindererziehung.

Die 68er haben dagegen gekämpft, dass Erwachsene Disziplin und Unterordnung mit Drohungen und Strafen durchsetzten. In der islamischen Welt gehört dieses autoritäre Vorgehen noch ganz selbstverständlich zum familiären und schulischen Alltag. In mindestens fünfzig Prozent der Familien geht das sogar so weit, dass die Eltern über den Ehepartner ihrer Nachkommen entscheiden. Und da den Kindern absoluter Gehorsam beigebracht wird, sind nur wenige in der Lage, sich dem zu widersetzen.

Widerstand erfordert enorm viel Kraft, denn die Gesellschaft drum herum erkennt die autoritären Strukturen weiterhin als gültig an. Das Aufbegehren gegen Autoritäten, sei es der Staat oder seien es Familienmitglieder, vor allem natürlich Vater und Mutter, hat in der islamischen Welt noch keinen politischen Charakter im Sinne der 68er. So bleiben Unterwerfung und Gehorsam bei sehr vielen Muslimen ein Leben lang bestehen.

Doch statt die unterdrückenden Autoritäten im Islam in Frage zu stellen, bekämpfen viele junge Muslime den Westen.

Auf ihn projizieren sie ihren Hass und ihre Wut, Gefühle, die sie sich ihren eigenen Leuten gegenüber verbieten. Sie führen den Kampf – mit vorgeschobenen politischen Argumenten – lieber stellvertretend mit einer anderen Autorität als mit den eigentlichen »Gegnern«. Ihre Erziehung gründet dermaßen auf Angst, dass ihnen der Mut fehlt, gegen die ältere Generation Widerstand zu leisten. Die Gefahr, aus der *Umma*, der Gemeinschaft, ausgeschlossen zu werden, ist groß. Und ohne die *Umma* ist der Muslim allein, verlassen, bedeutungslos. Dieser Kampf gegen den Westen wird die jungen Menschen aber natürlich nicht von den Fesseln befreien, die ihnen ihre eigene Gesellschaft und Religion anlegt.

Es gibt zwar auch junge Muslime, die innerhalb der islamischen Gemeinschaft aufzubegehren versuchen, doch ihr Widerstand unterscheidet sich stark von dem der »ungezogenen« jungen 68er, denen es gelungen ist, die westlichen Gesellschaften zu verändern. Der einzelne Muslim schafft vielleicht seine ganz persönliche Revolution, befreit sich von den ihn einengenden moralischen Zwängen und wird zum Individuum innerhalb der auf einem ausgeprägten Wir-Gefühl basierenden muslimischen Gemeinschaft, aber eine regelrechte Bewegung, deren erklärtes Ziel es ist, die muslimische Gesellschaftsordnung zu verändern, gibt es noch nicht. Bisher wird nur der Westen heimlich kopiert, zuweilen sogar sehr unheimlich heimlich, wenn man zum Beispiel an die vielen (Sex-)Partys und Saufgelage im Iran und Saudi-Arabien, Ägypten, Tunesien und sogar Pakistan denkt, von denen immer wieder glaubhaft berichtet wird.

Noch sind die meisten »kritischen« muslimischen Stimmen auch darauf bedacht, das Image des Islam zu verbessern und sich vom Westen abzugrenzen. Die Vorstellung, dass alles besser wäre, wenn nur der »wahre« Islam gepredigt und gelebt würde, ist weit verbreitet und verhindert, dass eine Revolution im Sinne der 68er angestoßen wird. Eine Revolution, die in der

Reform des islamischen Glaubens und im Widerstand gegen islamische Fundamentalisten münden müsste.

Ein nicht unwesentlicher Aspekt beim Aufstand der 68er gegen die Autoritäten war auch die Abwendung von den Kirchen, vor allem vom Dogmatismus der katholischen Kirche. Die katholische Kirche wurde zum Sinnbild für Prüderie und Unterdrückung der Sexualität. Seither hat sich innerhalb der christlichen Kirchen einiges verändert, vor allem durch Druck von »unten«, doch besonders die offizielle katholische Lehre ist nach wie vor geprägt von strengen Hierarchien, Autoritätsgläubigkeit und Sexualfeindlichkeit – warum sonst sollte den Geistlichen das Zölibat vorgeschrieben sein?

Die Autoritätshörigkeit der islamischen Welt zeigt sich in vielen Bereichen. In der Türkei werden Akademiker zum Beispiel gerne als *Hocam*, mein Lehrer, bezeichnet. Mitunter findet sich diese Anrede auch in politisch linken Kreisen, die Respekt und Anerkennung, gleichzeitig aber auch Unterwürfigkeit gegenüber ihren Wortführern oder ganz allgemein studierten Menschen zum Ausdruck bringen. Ich selbst empfinde Unbehagen, wenn mich jemand mit der Anrede *Hocam* begrüßt oder wenn mir die Frage gestellt wird, wie ich als jemandes *Hocam* über etwas denke.

In deutschen Schulen und Universitäten wird diese Unterwürfigkeit nicht mehr gelehrt. Ein Erfolg der 68er. In der Türkei wird sie jedoch vom ersten Schultag an gepflegt. Der tägliche Fahnenappell ist ein Instrument, um die Autoritätsverhältnisse von Anfang an klarzumachen.

Viele Gastarbeiterkinder, die in den 70er Jahren als »Kofferkinder« zwischen der Türkei und Deutschland hin und her geschickt wurden, berichten von der Schwierigkeit, sich in der autoritären türkischen Schule zurechtzufinden. Nicht selten wurden sie von Lehrern beschimpft (»Du glaubst wohl, weil du aus Deutschland kommst, kannst du dir das hier erlauben?«) und mit Prügel bestraft. Auch wenn man ein türkisches Krankenhaus betritt, fühlt man sich gegenüber den Ärzten und dem Pflegepersonal ganz schnell sehr klein. Die Autorität ist regelrecht mit Händen zu greifen. Patienten verhalten sich am besten still und unterwürfig, damit ihnen geholfen wird.

Um die Gesellschaft in der islamischen Welt zu verändern, um sie zu öffnen für die Aufklärung, die sexuelle Revolution und die Moderne, bedarf es ebenso wie im Westen einer kritischen Auseinandersetzung mit den Autoritäten. Die islamische Welt erlaubt jedoch keine Kritik. Weder an der Politik, noch am Staat, noch an der Religion. Die Menschen werden nicht zu kritischen, sondern zu unkritischen Geistern erzogen.

Was uns die sexuelle Revolution gebracht hat

Die sexuelle Revolution von 1968 hat im Westen die gesamte Gesellschaft aus den Angeln gehoben, alte Autoritäten entmachtet und die Gesellschaftsordnung verändert. Der repressive Umgang mit Sexualität und die damit einhergehende unerträgliche Doppelmoral wurden entlarvt und öffentlich angeprangert. Man sprach laut aus, was allen bewusst war, dass nämlich die sexuelle Lust sich nicht entfalten kann, solange die Religion als Sitten- und Moralwächter auftritt. Zumal nach christlicher Auffassung der Geschlechtsakt ursprünglich nur der Fortpflanzung dienen sollte.

Die Zeiten, in denen sich die Mehrheit der Bevölkerung an der kirchlichen Sexuallehre orientierte, sind im Westen weitgehend überwunden. Doch selbst dort, wo junge Menschen wieder freiwillig jungfräulich in die Ehe gehen, ist das sexuelle Erleben nicht vergleichbar mit der Prüderie und Sexualunterdrückung in der islamischen Welt. Die Muslime hatten noch keinen Oswalt Kolle und, viel wichtiger, noch keinen Wilhelm Reich. Über Sexualität wird noch nicht offen und ehrlich gesprochen.

Im Verborgenen findet sie natürlich in all ihren Facetten statt, und muslimische Frauen reden untereinander teils sogar sehr pornographisch über Sex, wie ich selbst erlebt habe. Einmal, ich war gerade zwanzig, saß ich in einer Runde türkischer und kurdischer Frauen im Alter zwischen dreißig und vierzig Jahren. Sie waren alle verheiratet und hatten Kinder. Ganz unvermittelt fingen sie an, sich detailliert über die erotischen Wünsche ihrer Ehemänner auszutauschen. Ich wurde verlegen, es war mir peinlich. Als sie dann darüber diskutierten, welches Gemüse sich am besten zur Selbstbefriedigung eignet, war ich in einer neuen Welt angekommen. Dass Musliminnen mit Kopftuch so offen und teils drastisch über Sex redeten, verblüffte mich. Inzwischen erfuhr ich von etlichen meiner Interviewpartnerinnen, dass sie in jungen Jahren ähnliche Gespräche unter erfahreneren Frauen mithörten. Es scheint also keine Ausnahme zu sein.

Aber nach außen zeigt sich ein anderes Bild. Es herrscht eine Stimmung wie während der 50er Jahre im Westen. Wobei es mir manchmal so vorkommt, als sei die Doppelmoral in der islamischen Welt schlimmer, als sie im Westen jemals war. Denn der Islam ist auf andere Weise sexualfeindlich. Dadurch, dass Sexualität als natürliches Bedürfnis anerkannt wird, wird im Grunde die Lust geweckt, nur um dann unterdrückt zu werden. Das ist so, als würde man einem Kind ein Eis unter die Nase halten und ihm dann erklären, das sei etwas, was es noch nicht haben dürfe.

Bei den Christen wurde und wird die Lust auf Sexualität durch die Religion nicht ausdrücklich geweckt. Kaum jemand spricht über das Sexualleben von Jesus. Das Sexualleben des Mohammed mit seinen vielen Frauen, die er täglich beglückt haben soll, weckt bei den Gläubigen andere Phantasien, wie mir etliche meiner muslimischen Interviewpartner und -partnerinnen bestätigten, als ich sie nach dem Einfluss von Mohammeds überliefertem Sexualleben auf ihr eigenes Geschlechtsleben fragte.

In den 60er Jahren gingen in Europa Tausende Studenten auf die Straße und protestierten. Sie hatten ihre Galionsfiguren, sie hatten ihre klaren (und teilweise unklaren) Ziele, und mit allem, was sie angestoßen haben, ist diese Bewegung unter dem Namen »68er« in die Geschichtsbücher eingegangen. Die positiven wie negativen Folgen der gesellschaftlichen Umwälzungen werden bis heute diskutiert und sorgen immer wieder für Kontroversen. Eine der häufigsten Fragen lautet, ob diese Bewegung nötig war. Ob wir nicht auch ohne sie in der Moderne angelangt wären, in einer offenen Zivilgesellschaft. Viel wird diskutiert, und noch viel mehr wird geschrieben.[15] In den letzten Jahren ist zu beobachten, dass zunehmend der Versuch unternommen wird, pauschal mit den 68ern abzurechnen und ihnen die Schuld an allerlei gesellschaftlichen Problemen zuzuschieben. Mag sein, dass einige das vermissen, was im Zuge der gesellschaftlichen Umwälzungen verlorengegangen ist oder verdrängt wurde, zum Beispiel die traditionelle Familie. Aber eine pauschale Verurteilung der 68er finde ich armselig.

In Deutschland muss eine neue Wertedebatte geführt werden. Die Ironie ist, dass Muslime den Anstoß für diese Debatte geben, indem sie mit mittelalterlichen Traditionen und Werten die westlichen Gesellschaften herausfordern. Sie konfrontieren den Westen mit ihrem Frauen- und Männerbild, überhaupt mit einem Menschenbild, das nicht zur Moderne passt. Die Menschenwürde wird plötzlich unter kulturrelativistischen Aspekten neu definiert. Über Themen wie die Anerkennung von Autoritäten, Respekt, Gewalt, Ehre, Jungfräulichkeit, Familie und Kindererziehung wird unter neuen/alten Vorzeichen diskutiert.

Im Grunde geht es allen an diesem Dialog Beteiligten um

Freiheiten und Werte. Wie diese jeweils zu definieren sind, ist jedoch heftig umstritten. So fordern zum Beispiel sowohl die Vertreter des Westens (in erster Linie Politiker und Repräsentanten der Kirchen) als auch muslimische Verbandsvertreter die Einhaltung der Religionsfreiheit. Für die einen bedeutet Religionsfreiheit das, was sich im liberalen Westen über lange Zeit entwickelt hat, nämlich der Respekt vor anderen Religionen und das Recht, nicht an Religionen zu glauben. Für die meisten Muslime steht Religionsfreiheit hingegen lediglich für die Verteidigung ihrer eigenen Religion. Mag sein, dass das mit der Geschichte des Islam zu tun hat, der sich von Anbeginn an gegen das Judentum und das Christentum durchsetzen musste. Man darf gerade mit Blick auf die Entstehungsgeschichte des Islam nicht vergessen, dass er sich mit der Vorgabe gegründet hat, die anderen Religionen seien nun überflüssig geworden.

Die Einwanderung von Menschen aus anderen Kulturen mit anderen Religionen hat zu einer Neuordnung der europäischen Gesellschaften und in der Folge zum Nachdenken über die eigene Mehrheitskultur geführt. Beim Vergleich mit den »anderen« fällt auf, dass Muslime religiöser sind, dass sie ihren Familien gegenüber loyaler sind und eine enge Zusammengehörigkeit pflegen. Das verunsichert den Westen, und manch einer sieht im Gemeinschaftssinn der Muslime einen Ansatz zur Überwindung der zunehmenden sozialen Kälte in den westlichen Gesellschaften.

Bei dieser einseitigen, verklärten Sicht wird natürlich übersehen, dass man sich mit der Zuwendung zum Islam wieder die alten Fesseln der Doppelmoral und sexuellen Unfreiheit anlegen würde. Ganz abgesehen von der Unterdrückung und Missachtung der Frauen. Der Westen muss sich entscheiden, wie wichtig ihm die Menschenrechte und die Werte sind, auf denen sie beruhen. Der Westen muss sich entscheiden, ob die Menschenrechte universell sind.

Ein Vergleich des Eigenen mit dem Fremden ist in der Regel gesund und kann zu Offenheit und gesellschaftlichem Fortschritt führen. Er führt aber zur Errichtung einer unüberwindlichen Mauer, wenn die Angst vor dem Fremden überwiegt und das Eigene im Fremden nicht entdeckt wird, wie bei den meisten Muslimen, oder wenn die Kritik am Eigenen selbstzerstörerische Züge annimmt, wie bei einem Teil der westlichen Bevölkerung.

So werden die 68er nun auch für die sinkenden Geburtenraten, den Bildungsnotstand und vor allem für den Werteverfall der westlichen Gesellschaften verantwortlich gemacht. Unreflektiert wird auf eine Zeit und seine Protagonisten eingedroschen, als hätten sie uns mehr genommen als gegeben. Bei der einen oder anderen Kritik ist nicht zu überhören, dass derselbe Geist dahintersteckt, der damals nicht mitmarschieren mochte, der sich schon damals als politischer Gegner der 68er positioniert hat. Sicher gibt es auch einige namhafte Protagonisten aus jener Zeit, die sich nun selbst an den Pranger stellen und sogar teilweise berechtigte Kritik üben an der Arroganz der 68er.

Wie jede politische Bewegung haben die 68er nicht alles perfekt gemacht, und der eine oder andere hat sicher seinen ganz persönlichen Narzissmus ausgelebt und gepflegt. Doch die westliche Gesellschaft wäre nicht die offene und liberale Gesellschaft, die sie heute ist, wenn es die 68er nicht gegeben hätte. Die ehemaligen Protagonisten müssen nur noch lernen, dort, wo sie falschlagen oder übertrieben haben, Kritik anzunehmen, und die nachfolgenden Generationen bei der Korrektur der gemachten Fehler zu unterstützen. Schließlich sind ihnen die meisten Menschen dankbar, dass sie den Westen von der Prüderie und lähmenden Sprachlosigkeit über alles Sexuelle befreit haben. Und viele 68er sollten sich, wenn sie sich plötzlich zu Verteidigern des Islam, des Kopftuchs etc. aufspielen, einmal fragen, ob sie damit nicht versuchen, ihren eigenen Kampf gegen die katholische Kirche wiedergutzumachen.

Insofern hat uns die 68er-Bewegung mitsamt der sexuellen Revolution einen gesellschaftlichen Fortschritt beschert, der einen Quantensprung darstellt. Nur dass die islamische Welt daran noch kaum Anteil hat. Das wird ganz deutlich, wenn wir im Folgenden die Lebensrealität muslimischer Frauen und Männer betrachten.

Frauen im Islam – Unterdrückt, verachtet, als Sexualobjekt begehrt

Wenn wir uns das Leben der Frauen in der islamischen Welt anschauen, tun sich Abgründe der Unfreiheit auf, die wir uns im Westen kaum mehr vorstellen können. Dreh- und Angelpunkt im Leben einer muslimischen Frau ist die Ehe, also die Verbindung mit einem Mann und die Sorge für die gemeinsamen Kinder. Der vorherrschenden islamischen Lehre zufolge liegt darin die Bestimmung der Frau. Der Mann wird als Familienoberhaupt angesehen, dessen Aufgabe es ist, die Familie zu versorgen. Die Frau soll ihrem Mann dabei treu und widerspruchslos zur Seite stehen.

In dem Buch *Frauen im Islam,* verfasst von Hadayatullah Hübsch, einem zum Islam konvertierten ehemaligen Aktivisten der 68er-Bewegung und heutigen Imam einer Frankfurter Moschee, lesen wir: »*Zur Pflicht der Ehefrau gehört es, das Haus zu einem irdischen Paradies zu machen, in dem der Mann wie sie selbst ›Erquickung‹ findet (…). Dazu gehört es, dass die Frau auch in schwierigen Zeiten treu an der Seite des Mannes bleibt und ihrem Unmut nicht nach außen hin Ausdruck gibt.*«[1]

Mit dieser Ansicht steht Hadayatullah Hübsch nicht allein da. In der vom Deutschsprachigen Muslimkreis Karlsruhe herausgegebenen Schrift *25 Fragen zur Frau im Islam* heißt es: »*Der Frau obliegt es, ihren Mann zu beraten und zu unterstützen, um gemeinsame Entscheidungen zu fällen. Die Frau ist die Person, welche die Kinder empfängt, in sich trägt, gebiert, stillt und erzieht; sie trägt die Hauptverantwortung für das Wohl der Kinder. Dies ist ihre wichtigste Aufgabe.«*[2]

Ehetauglichkeit

Es gibt reichlich gelehrte Literatur zu dem Thema, welche Eigenschaften eine muslimische Frau zur guten Ehefrau machen. Und was sie zu tun habe, um als ehrenhafte Frau Respekt und Anerkennung zu verdienen.

Abu Hamid al-Ghazali, der wichtigste sunnitische Theologe des 12. Jahrhunderts, führt in dem für heutige Islamgelehrte nach wie vor wegweisenden *Buch der Ehe* auf beinahe zwanzig Seiten aus, welche Voraussetzungen eine Frau erfüllen muss, um überhaupt eine Ehe eingehen zu können.[3] Die Anforderungen, die an einen Mann gestellt werden, passen auf eine knappe Seite. Dort heißt es lediglich, der Vertreter der Frau möge dafür Sorge tragen, dass er sie nicht an einen brutalen Mann gibt: »›*Ehe ist eine Knechtschaft*‹, sagt der Hochgebenedeite Prophet, ›*es achte darum ein jeder darauf, wohin er seine Tochter gibt*‹.«[4]

Die Frau muss laut al-Ghazali zwei Arten von Hindernissen überwinden, um als Ehefrau in Betracht zu kommen. Zunächst müssen die Voraussetzungen vorliegen, welche die Ehe rein rechtlich erlauben; davon gibt es insgesamt neunzehn. Ehehindernisse können zum Beispiel sein, dass die Frau bereits verheiratet ist oder dass der betreffende Mann sie bereits dreimal verstoßen hat.

Hat eine Frau diese rechtlichen Hürden genommen, muss in einem nächsten Schritt festgestellt werden, ob sie auch genügend positive Eigenschaften mitbringt. Diese brauche sie, damit die Ehe eine Chance habe, glücklich zu werden, schreibt al-Ghazali. Man beachte: Die Frau ist verantwortlich dafür, ob sich das Eheleben glücklich gestaltet. Ähnliches habe ich schon in meiner Jugend und auch später von meinen Mandantinnen immer wieder gehört. Es liegt an der Frau, wenn eine Ehe scheitert oder unglücklich ist. Darauf berufen sich Schwiegermütter und Schwiegerväter noch heute.

Insgesamt werden acht Eigenschaften und Voraussetzungen genannt, die eine gute Ehefrau mitbringen sollte: Religiosität, einen guten Charakter, Schönheit, ein mäßiges Brautgeld – auf diese finanzielle Zuwendung des Bräutigams, auch Morgengabe genannt, hat jede Braut ein Anrecht –, des Weiteren Fruchtbarkeit, Jungfräulichkeit, eine gute Herkunft und keine zu nahe Verwandtschaft mit dem Bräutigam.[5]

Der Jungfrauenwahn

Unter den aufgeführten Eigenschaften scheint mir die Jungfräulichkeit diejenige zu sein, um die in der Gemeinschaft der Muslime noch heute am meisten Aufhebens gemacht wird – mit teils verheerenden Folgen. Dabei hat die Unberührtheit der Frau zu Lebzeiten des Propheten Mohammed vielleicht gar keine so große Rolle gespielt wie heute. Schließlich war nur eine seiner etwa fünfzehn Ehefrauen zum Zeitpunkt der Eheschließung noch Jungfrau. Alle anderen waren verwitwet oder geschieden, also bereits defloriert. Mohammed habe sie geheiratet, um ihnen »Schutz« zu bieten, als sie plötzlich ohne Ehemänner dastanden. So sehen es die meisten Muslime. In den vielen Mohammed-Biographien wird dies jedoch nur bedingt bestätigt. Mohammed ist die meisten Ehen offenbar aus strategischen Gründen eingegangen, also um den Islam zu verbreiten und gegnerische Stämme zu beruhigen – es heißt, Frauen seien ihm beispielsweise als Kriegsbeute übergeben oder geschenkt worden, um seine Gunst zu gewinnen[6] –, aber wohl auch, weil er die Frauen liebte.

Seine Lieblingsfrau Aischa heiratete Mohammed, als sie erst sechs Jahre alt war, und als sie neun war, entjungferte er sie. So steht es mehrheitlich geschrieben.[7] Erst von dem Zeitpunkt an soll er die Jungfräulichkeit als eine wichtige Eigenschaft der Frau bezeichnet haben. Mohammed soll auch gesagt haben, dass jeder Mann in den Genuss einer Jungfrau kommen sollte, weil es der größte Genuss sei, eine unberührte Frau zu entjungfern. Und in der Hadithsammlung von al-Buhari wird folgende Begebenheit geschildert: »*Aisha (…) berichtet: Ich sagte: ›O Gesandter Gottes (…), angenommen, du machst in einem Tal Rast, in dem ein Strauch ist, von dem die Tiere schon gefressen haben, und ein zweiter Strauch, der noch unberührt ist! An welchem dieser Sträucher läßt du dein Kamel weiden?‹ Der Prophet (…) erwiderte: ›An dem unberührten Strauch!‹*«[8]

Wenn heute in islamischen Ländern neunjährige Mädchen verheiratet werden – teilweise legal, teilweise illegal und ohne offizielle Trauung –, dann wissen wir, dass das auf die Ehe des Propheten mit Aischa zurückzuführen ist. Im Westen gilt so etwas als Pädophilie und wird strafrechtlich verfolgt, in einigen islamischen Ländern glaubt man, für diese Tradition Rückendeckung von höchster Stelle zu haben. Wobei nicht verschwiegen werden sollte, dass die Mehrheit der Menschen in der muslimischen Welt diese Praxis inzwischen als rückständig empfindet und deshalb ablehnt.

Es bleibt festzuhalten, dass Mohammed die Jungfräulichkeit nirgendwo ausdrücklich als Gebot oder Pflicht formuliert, sondern lediglich als Präferenz. Auch im Koran findet sich keine Stelle, in der explizit steht, dass eine Frau als Jungfrau in die Ehe gehen soll. Allerdings wird Keuschheit gefordert, und Geschlechtsverkehr außerhalb der Ehe ist untersagt. Damit wird die Frau indirekt, aber ziemlich unmissverständlich dazu angehalten, vor der Ehe ihre Jungfräulichkeit zu schützen.

Im Übrigen wird die Jungfräulichkeit durch den Umstand, dass muslimischen Männern als Belohnung für besonders gottgefälliges Leben im Himmel zweiundsiebzig *Huris* (Jungfrauen) versprochen werden, zu einer Besonderheit: »*Darin (in den Gärten) befinden sich, die Augen niedergeschlagen, weibliche Wesen, die vor ihnen (den Männern im Paradies, denen sie nunmehr als Gattinnen zugewiesen werden) weder Mensch noch Dschinn entjungfert hat. (...) Sie sind so strahlend schön, wie wenn sie Hyazinth und Korallen wären.*«[9]

Im Koran finden die *Huris* an neun Stellen Erwähnung. Wobei betont werden muss, dass auch dieser Punkt unter Islamgelehrten nicht unumstritten ist. Während die einen aus den arabischen Wörtern *hur*, *huriya* und *huriyat* die Bedeutung Jungfrau herauslesen, sagen andere, dass es eigentlich *al-hur* heißt, also »blendend weiß«, was nichts mit Jungfrauen zu tun habe.

Die Zahlenangabe zweiundsiebzig findet sich im Koran nicht. Es ist eine angenommene Zahl, deren Herkunft sich nicht genau nachvollziehen lässt. Sie scheint eher eine magische Qualität zu besitzen, die zum Ausdruck bringt, dass es »viele, reichlich« *Huris* sind.

Eine Besonderheit der *Huris* ist, dass ihre Jungfräulichkeit stets erneuert wird.[10] Das heißt, dem gläubigen Muslim werden im Paradies Geschlechtspartnerinnen versprochen, deren Jungfräulichkeit sich nach jeder Entjungferung von selbst wiederherstellt. Zynisch könnte man sagen: wie im Diesseits, wenn sich die entjungferten Frauen vor der Hochzeitsnacht das Hymen wiederherstellen lassen.

Ob den besonders gläubigen und gottgefälligen Mann im Paradies tatsächlich zweiundsiebzig Jungfrauen erwarten, darüber streiten sich die Gelehrten. Um zu einer befriedigenden Antwort zu gelangen, bemühen sich Islamwissenschaftler mit allen Mitteln, den Koran richtig auszulegen. Die »syro-aramäische Lesart« ist eine dieser Deutungsvarianten, und zum

Thema Jungfrauen im Paradies leistet sie einen nicht unbedeutenden Beitrag. Der unter dem Pseudonym Christoph Luxenberg veröffentlichende Forscher, der versucht, die Koransprache wissenschaftlich zu entschlüsseln, hält es für möglich, dass arabische Philologen und Exegeten manches falsch gelesen oder missdeutet haben. Im Hinblick auf die Jungfrauen habe das dazu geführt, dass abendländische Koranübersetzer – für die deutsche Sprache wird Rudi Paret genannt –, den entsprechenden Koranvers 44 : 54 unbeanstandet wie folgt wiedergegeben hätten: »*Und wir geben ihnen großäugige Huris als Gattinnen ...*«[11] Bei anderen Koranübersetzern, zum Beispiel bei Khoury, ist von »Partnerinnen« die Rede.

Luxenberg schreibt dazu: »*Aus der nachfolgenden philologischen Erörterung wird dieser Vers in syro-aramäischer Lesart so zu verstehen sein: ›Wir werden es ihnen unter weißen, kristall(klaren) (Weintrauben) behaglich machen.‹*«[12] Dieser Lesart zufolge wären die *Huris* lediglich ein Sinnbild für Wohlbefinden und Behaglichkeit. Und die mit zweiundsiebzig Jungfrauen geworbenen islamistischen Selbstmordattentäter müssten sich mit einem Teller Obst begnügen, statt sich in Sexorgien zu ergehen.

Sollte sich die syro-aramäische Lesart[13] des Korans in der islamischen Welt irgendwann durchsetzen, wäre meiner Ansicht nach viel gewonnen. Zumindest dem Jungfrauenwahn der Muslime würde ein nicht unerheblicher Dämpfer versetzt, wenn er damit natürlich auch nicht gleich abgeschafft wäre, denn neben dem Koran gibt es noch die Hadithen, aus denen zum Beispiel al-Ghazali die Vorliebe des Propheten für Jungfrauen ableitet.

Mit Bezug auf diverse Aussprüche des Propheten beschreibt der Islamgelehrte drei Vorzüge der Jungfräulichkeit: »*Erstens, daß die Frau den Mann lieb gewinnt, mit ihm vertraut wird und so die ersten Eindrücke von dem, was Liebe heißt, empfängt. (…) Die Natur fühlt sich eben am wohlsten bei dem, woran sie von*

Anfang an gewöhnt ist. Umgekehrt kann es leicht vorkommen, daß einer Frau, die schon andere Männer kennengelernt und verschiedene Verhältnisse erprobt hat, irgendeine Eigenschaft mißfällt, die nicht mit dem, was sie gewohnt ist, übereinstimmt, so daß sie gegen den Gatten eine Abneigung faßt.

Zweitens wird dieser Umstand der Frau in höherem Maße die Liebe des Mannes sichern, denn die Natur hat einen gewissen Widerwillen gegen eine solche, die schon ein anderer berührt hat, und sie empfindet den Gedanken daran als unangenehm. (...)

Drittens wird eine Frau nur nach dem ersten Mann seufzen, und die erste Liebe ist zumeist auch die dauerndste.«[14]

In diesen drei »wohlmeinenden« Begründungen erkennen wir die große Frauenverachtung, die im Jungfrauenwahn steckt, denn im Endeffekt geht es ausschließlich um Vorteile für den Mann. Und so ist es ja auch gedacht. Nur für ihn, den Einen, den Einzigen, soll die Frau sich aufheben. Die Verdinglichung der muslimischen Frau wird hier so deutlich wie bei keinem anderen Thema. Der Mann bekommt das Exklusivrecht an der Ware Frau, an seiner Frau, die sich für ihn aufgespart hat. Dass es Frauen gibt, die selbst den Wunsch verspüren, sich für den »Richtigen« aufzuheben, ändert nichts an meiner Bewertung des Jungfrauenwahns, denn es ist ein großer Unterschied, ob man etwas freiwillig tut oder ob man, teils unter Mordandrohung, dazu gezwungen wird.

Der Kult, der in muslimischen Familien, besonders auch in den muslimischen Communitys in Europa, um das Hymen gemacht wird, bringt unzählige Mädchen und Frauen jedes Jahr in schwierige, wenn nicht gar lebensbedrohliche Situationen. Anspruch und Wirklichkeit klaffen weit auseinander: Vorehelicher Geschlechtsverkehr ist auch unter Muslimen alles andere als eine Ausnahme. Extreme Gewissenskonflikte bei vielen jungen Frauen und auch bei einigen jungen Männern sowie heimliche Abtreibungen sind Folgen dieser unmenschlichen, frauenverachtenden Tradition.

Welch drastische medizinische Konsequenzen der Kult um das Hymen haben kann, erzählte mir eine Deutsche, die während eines Aufenthalts in den Vereinigten Arabischen Emiraten mit starken Unterleibsschmerzen in ein Krankenhaus eingeliefert, von einem arabischen Arzt durch Kleidung und Bettdecke abgetastet und mit der Diagnose Blasenentzündung entlassen wurde. Als die Beschwerden nicht nachließen, suchte sie ein anderes Krankenhaus auf, wo man dann die Diagnose akute Blinddarmentzündung stellte und ihr den Blinddarm auch gleich entfernte. Wie sich später zeigte, war das ebenfalls die falsche Diagnose. Der Grund für die Fehlbehandlung: Bei der Anamnese der Frau wurde der Status »unverheiratet« in der Krankenakte vermerkt, weshalb andere, bei derartigen Beschwerden übliche diagnostische Maßnahmen erst gar nicht vorgenommen wurden. Bei unverheirateten Frauen dürfe, so der Arzt, kein Vaginalultraschall durchgeführt werden, um ihr Hymen nicht zu verletzen. Ob die Deutsche überhaupt noch Jungfrau war, fragte sie niemand. Woher ihre Schmerzen wirklich rührten, konnte erst nach ihrer Rückkehr nach Deutschland festgestellt werden: Es handelte sich um eine gutartige Veränderung an einem der Eierstöcke, was man leicht hätte feststellen können, wenn die Frau gleich sachgerecht untersucht worden wäre. Dann wäre ihr auch die völlig unnötige Blinddarmoperation erspart geblieben.

Die Unberührtheit ihrer Töchter ist eines der größten Schutzgüter der traditionellen muslimischen Familie. Die Jungfräulichkeit gilt als Gradmesser dafür, wie ehrbar eine junge Frau ist – und damit ihre ganze Sippe. Besonders strenggläubige Familien sehen die Erhaltung der Jungfräulichkeit als religiöse Pflicht an, obwohl der Koran sie nicht explizit vorschreibt.

Das führt dazu, dass unzählige junge muslimische Frauen überall auf der Welt sich kurz vor der Hochzeitsnacht das Hymen durch einen ärztlichen Eingriff wiederherstellen lassen, um zu vertuschen, dass sie vor der Ehe bereits Sex hatten. Und jedes Jahr wird allein in Deutschland schätzungsweise an mehreren Hundert jungen Musliminnen ein Schwangerschaftsabbruch vorgenommen, weil von ihnen erwartet wird, dass sie als Jungfrau in die Ehe gehen.

Frau Schmidt, langjährige Mitarbeiterin einer Familienberatungsstelle in einer deutschen Großstadt, berichtete mir, allein in ihrer Beratungsstelle entschieden sich jedes Jahr ungefähr achtzig junge Musliminnen für einen Abbruch. Dass so viele von ihnen ungewollt schwanger würden, hänge auch mit fehlender Aufklärung zusammen; immer wieder höre sie, die Männer hätten doch »aufgepasst«, trotzdem sei die Schwangerschaft eingetreten. Dazu muss man wissen, dass der Coitus interruptus im Islam als erlaubte Verhütungsmethode gilt und den Ruf hat, sicher zu sein.

Viele muslimische Frauen suchen die ärztliche Sprechstunde der Beratungsstelle auch auf, um sich eine Spirale legen zu lassen, denn das wird als sicherste und heimlichste Verhütungsmethode angesehen. »Und alle diese Frauen mit Spirale werden als Jungfrauen heiraten«, sagt Frau Schmidt.

Ein großer Teil der Musliminnen, die um einen Abbruch bitten, sind nach Auskunft von Frau Schmidt vermeintlich noch Jungfrauen und wollen das Kind allein aus dem Grund nicht bekommen. Unter diesen Voraussetzungen falle es ihr sehr schwer, eine Abtreibung zu befürworten, nicht zuletzt, weil sie die Erfahrung gemacht habe, dass Frauen, die sich nicht aus freien Stücken, sondern aus Angst vor ihrer Familie für eine Beendigung der Schwangerschaft entschieden, später oft psychische Probleme bekämen. Auch die Hymenwiederherstellung oder Revirginisierung lehnt Frau Schmidt ab, da sie die bestehenden Verhältnisse nur zementiere, statt den so dringend notwendigen Wandel beim Umgang der Muslime mit ihrer Sexualität in Gang zu setzen.

Ich habe einen deutschen Gynäkologen, der Hymenrekonstruktionen vornimmt, gefragt, warum er diese Operation anbietet. Er sagte, er sehe die Not der Frauen und wolle ihnen helfen, noch einmal von vorne anzufangen, ein neues Leben zu beginnen. Für einige von ihnen würde es eine Katastrophe bedeuten, wenn bekannt würde, dass sie keine Jungfrau mehr seien, und er könne helfen, diese Katastrophe zu verhindern. Strukturelle Veränderungen seien zwar vonnöten, aber bis dahin könne er die jungen Frauen doch nicht einfach im Stich lassen.

Eine tunesische Journalistin erzählte mir, ihrer Einschätzung nach ließen etwa achtzig Prozent der Frauen in Tunesien vor der Hochzeit ihr Hymen wiederherstellen. Sex vor der Ehe sei in ihrer Heimat inzwischen sehr verbreitet, fast schon selbstverständlich. Die Politik, die islamisch ausgerichtet sei, verdamme voreheliche Sexualität aber nach wie vor. Deshalb rede man nicht groß darüber, sondern mache es einfach.

Die Doppelmoral in islamischen Ländern nimmt zuweilen absurde Züge an. Anstatt eine gesellschaftliche Veränderung in Gang zu setzen, gehen junge Frauen zur Hymenrekonstruktion wie zum Zahnarzt. Klara, eine Deutsche, die als Lehrerin in den Vereinigten Arabischen Emiraten arbeitet, schrieb mir im November 2008 dazu Folgendes:

»Sexualität, so wie ich sie in den Emiraten praktiziert vorfinde, ist von einer unglaublichen Doppelmoral getragen. Die Frauen werden hinter einer Mauer aus Scham und Ehre gehalten, solange sie unverheiratet sind. Dass sich dennoch reiche emiratische Männer aus Dubai oder Abu Dhabi Jungfrauen aus den ärmeren Emiraten zuführen lassen, oft Minderjährige, ist eine unausgesprochene Realität. Für das ›Brechen‹ ihrer Jungfernschaft werden sie finanziell entlohnt, aber, da nicht standesgemäß, nicht geheiratet. Das Geld dient auch dazu, sich die teure OP zur Restaurierung des Jungfernhäutchens leisten zu können.«

Muslimische Männer, die auf voreheliche Geschlechtsverkehr nicht verzichten wollen, obwohl auch ihnen außereheliche Sexualität eigentlich nicht gestattet ist,[15] haben solche Probleme nicht. Im Gegenteil, auch wenn sie selbst bereits Erfahrungen gesammelt haben, bestehen sie meist darauf, dass ihre Braut noch unberührt ist.

Wenn ein Mann sich dann doch entscheidet, die Frau zu heiraten, die er vor der Ehe entjungfert hat, müssen beide gemeinsam der Familie etwas vorspielen. Das eine oder andere Paar greift in dieser Situation zu Tricks, um den Verwandten nach der Hochzeit ein blutiges Laken zeigen zu können. Oder der Mann ist selbstbewusst genug, um dieses Ritual zu verweigern, das viele auch deshalb als entwürdigend empfinden, weil die Entjungferung der Frau dadurch gewissermaßen öffentlich gemacht wird.

Die Kontrolle der Jungfräulichkeit ist heute zumindest unter in Deutschland lebenden Türken teilweise nicht mehr ganz so streng wie früher, höre ich von Betroffenen. Demnach gibt es immer mehr Familien, die nicht darauf bestehen, das Laken zu sehen, sondern denen es reicht, wenn der Bräutigam bestätigt, dass die Braut noch unberührt war.

Die Jungfräulichkeit der Töchter steht für Ehre und Anstand einer Familie, da kann die Glaubensgemeinschaft, der sie angehört, ansonsten noch so aufgeklärt sein. Beim Thema Jungfräulichkeit hört die Liberalität meist auf, sogar bei den Aleviten, die als die fortschrittlichste Ausrichtung des Islam gelten. Asya, eine alevitische Studentin, sagte mir, Aleviten wirkten nur nach außen hin freier, weil die Mädchen sich moderner kleiden dürften, aber die Kontrolle der Sexualität finde genauso statt: »*Das Kopftuch ist* im *Kopf.*« Zwar werde insgesamt nicht so viel Aufhebens um die Jungfräulichkeit gemacht, dennoch seien Frauen, von denen man wisse, dass sie vor der Ehe Sex hatten, in der Gemeinschaft schlecht angesehen.

Das Gebot, jungfräulich in die Ehe zu gehen, verbunden mit der Koppelung der Jungfräulichkeit an die Familienehre dürfte die größte Hürde sein, die in der islamischen Welt überwunden werden muss, um die Menschen sexuell zu befreien. Vor allem die Frauen, denn es gibt zwar auch für Männer die Vorgabe, dass vor der Ehe kein Geschlechtsverkehr stattfinden sollte, aber in der Praxis wird das eher nicht eingehalten. Der Mann wird in seiner Triebhaftigkeit durch Islamgelehrte sogar eher noch bestätigt.[16] Eine Übertretung des Gebots, sich »rein« zu halten, hat keine Folgen für das Zusammenleben innerhalb der Familie, für den Ruf des Mannes oder seine zukünftige Ehe.

Kaum ein Mann macht sich eine Vorstellung davon, was es heißt, sich in Lebensgefahr zu bringen, weil er Lust auf Sex hatte. Kein Mann kennt das Gefühl, dass sein Penis durch den Akt des Eindringens in eine Frau als dauerhaft unrein betrachtet würde. Die Braut kann in der Hochzeitsnacht auch nicht überprüfen, ob ihr Bräutigam noch unberührt ist. Bei Frauen kann ein Stückchen Haut jedoch über Leben und Tod entscheiden.

Der Alltag junger muslimischer Frauen wird stark davon geprägt, dass sie auf dieses »Ding« in ihrem Körper achten müssen. Ihr Jungfernhäutchen ist das wichtigste Gut, das sie besitzen. Mit dieser Last sind sie jedoch nicht allein. Alle männlichen Familienmitglieder müssen ein Auge auf den Körper der Jungfrau haben, damit ihr niemand zu nahe kommt. Die jungen Männer empfinden ihre Schwestern oft als Bürde, zumal ihnen nicht selten sogar auferlegt wird, notfalls Gewalt anzuwenden, wenn sie unehrenhaftes Verhalten bemerken. So wurden die von ihrem Mann getrennt lebende Hatun S. und die erst sechzehnjährige, unverheiratete Morsal O. mitten in deutschen Großstädten von ihren eigenen Brüdern getötet, weil die der Ansicht waren, dass ihre Schwestern mit ihrem »freizügigen« Lebenswandel die Familienehre verletzten.

In traditionellen Familien, die großen Wert auf Jungfräulichkeit legen, ist die Verstoßung der nicht-jungfräulichen Braut, also die Rückgabe an ihre Familie, die Regel. Anschließend wird zumeist eine Annullierung der Ehe erwirkt. Sofern es überhaupt eine standesamtliche Trauung gab, denn sehr viele muslimische Familien ziehen eine religiöse Trauung vor und entscheiden sich erst spät – meist erst, wenn es Kinder gibt – oder gar nicht für eine standesamtliche Heirat. Dies ist je nach Land sehr unterschiedlich. Wenn das Paar nicht standesamtlich verheiratet ist, muss die Ehe nicht einmal annulliert werden. So hat man keinen Stress mit irgendwelchen zivilen Gerichten oder sonstigen staatlichen Institutionen. Dem islamischen Verständnis nach ist die Ehe ohnehin eher ein zivilrechtlicher Vertrag, in den der Staat nicht eingreifen sollte. Eigentlich kein schlechtes Prinzip, wenn es nicht so oft den Frauen zum Nachteil gereichen würde.

Dass ein derart archaisches Vorgehen wie die Verstoßung der Braut nicht nur in mehrheitlich muslimischen Ländern möglich ist, zeigt ein Fall, der kürzlich in Frankreich für Aufsehen sorgte. Im Mai 2008 hat ein Gericht in Lille eine Ehe annulliert, weil die Frau, eine Studentin mit marokkanischem Hintergrund, keine Jungfrau mehr war. Bei dem Ehemann handelte es sich um einen zum Islam konvertierten Franzosen. Das Gericht begründete das Urteil damit, »dass die Heirat ›unter dem Eindruck eines objektiven Irrtums‹ vollzogen worden sei. Die Jungfräulichkeit sei für den Ehemann ›eine essentielle Voraussetzung‹ gewesen, die junge Frau habe ihn getäuscht«.[17]

Dieses Beispiel zeigt, wie wichtig es ist, dass der Westen sich eindeutig zu den von den Vereinten Nationen festgelegten allgemeinen Menschenrechten bekennt und sich nicht vor den Karren konservativer Muslime spannen lässt, die ein anderes Menschen- und Frauenbild für sich reklamieren. Die sexuelle Selbstbestimmung ist ein wichtiger Bestandteil der Menschenwürde und muss natürlich auch für Muslime gelten.

Nicht in allen Familien nehmen Kontrolle und Bestrafung derart dramatische Züge an. Nurgül erzählte mir, ihre Mutter habe ihrem Bruder zwar immer wieder erklärt, er müsse auf seine Schwester aufpassen. »*Und er hat das auch probiert, aber geschafft hat er es nicht. Ich habe ihn immer ausgetrickst. Wir haben nie offen darüber gesprochen, aber ich glaube, er hat sich keine großen Gedanken gemacht. Das kam alles von meiner Mutter.*« Dass ihre Mutter so viel Aufhebens um die Jungfräulichkeit der Tochter machte, nervte Nurgül derart, dass sie schließlich früher Sex hatte, als es sonst vielleicht der Fall gewesen wäre: »*Ich wollte dieses Ding, dieses Jungfernhäutchen, endlich loswerden.*«

Die Einschränkungen, die ein junges Mädchen im Alltag in Kauf nimmt, um ihre Jungfräulichkeit nicht zu verlieren, sind klar zu beschreiben. Die meisten verzichten vorsichtshalber auf die Verwendung von Tampons, und auch beim Sport achten sie darauf, keine Bewegungen zu machen, die zum Riss des Jungfernhäutchens führen könnten. Insofern ist es nachvollziehbar, wenn muslimische Mädchen auf dem Spielplatz, auf dem Bolzplatz und beim Sportunterricht teilweise extrem ängstlich und sehr zurückhaltend sind.

Einige junge Frauen sehnen sich förmlich danach, endlich zu heiraten, einerseits um entlastet zu sein, andererseits um in den Genuss von Sexualität zu kommen. Andere hingegen fürchten sich davor, weil sie keine Ahnung haben, was sie in der Hochzeitsnacht erwartet. Es könnte schließlich passieren, dass sie nicht bluten, obwohl sie sich nichts haben »zuschulden« kommen lassen. Man hört ja, dass es Frauen gibt, die beim ersten Mal nicht bluten. Je nachdem, wie weitgehend eine junge Frau über sexuelle Dinge aufgeklärt ist und ob sie Glück mit ihrem Bräutigam hat, wird die Hochzeitsnacht zu einer Feuerprobe.

Die Wahl des Bräutigams

In der Schrift *25 Fragen zur Frau im Islam* finden sich viele sehr aufschlussreiche Erläuterungen, so auch zu der Frage, ob eine muslimische Frau ihren Ehemann selbst auswählen kann.

Die Antwort lautet: »*Der Islam gibt der Frau bei der Eheschließung das Recht, selbst entscheiden zu können, wann und wen sie heiratet. Ohne die Einwilligung der Frau darf eine Ehe nicht geschlossen werden, und der Ehevertrag ist ungültig. Es ist eine weise Praxis unter Muslimen, die Familie in diese wichtige Entscheidung mit einzubeziehen. Sie gibt dem zukünftigen Ehepaar den nötigen Rückhalt und setzt sich in schwierigen Situationen für das Fortbestehen der Ehe ein.*«[18]

So frei, wie es klingt, sind muslimische Frauen bei der Wahl des Ehepartners und bei der Festlegung des Zeitpunkts in der Regel nicht, denn die ständige Angst vor dem Verlust der Jungfernschaft und damit der Ehre bringt Väter wie Brüder dazu, die Tochter bzw. Schwester so früh wie möglich zu verheiraten. Sobald das Mädchen ein gewisses Alter erreicht hat und ihre äußere Erscheinung für das andere Geschlecht an Attraktivität gewinnt, wird sich nach einem geeigneten Ehemann umgeschaut. In dieser Phase lebt ein muslimisches Mädchen besonders gefährlich. Nicht selten kann ein kleiner Flirt oder die Tatsache, dass sie heimlich einen Freund hat, dazu führen, dass sie innerhalb kürzester Zeit mit einem Mann, den in der Regel weibliche Verwandte für sie ausgesucht haben, verheiratet wird – zwangsverheiratet. Das eine oder andere Mädchen hat eventuell die Chance, zwischen Anwärter A und Anwärter B zu entscheiden, vielleicht gibt es auch noch einen dritten Kandidaten, aber entscheiden muss sie sich zwischen den *für* sie und nicht *von* ihr Erwählten.

Familien, die Zwangsverheiratung – auch »arrangierte Ehen« genannt – praktizieren, sind überzeugt, das Beste für ihre Kinder zu tun. Den eventuellen Widerstand registrieren sie als jugendliche Naivität oder Ignoranz. Denn jungen Menschen wird in dieser Kultur ein eigener, freier Wille gar nicht erst zugestanden.

Was hat Zwangsheirat nun mit dem Islam zu tun? Im Grunde ist es ganz einfach. Wenn eine Religion Sexualität nur innerhalb der Ehe erlaubt, müssen Strenggläubige bei den ersten Anzeichen dafür, dass ihre Kinder ein Interesse am anderen Geschlecht entwickeln, logischerweise in Panik geraten. Sexuelle Bedürfnisse, die unvorsichtigerweise nach außen getragen werden, können Jugendlichen in solchen Familien leicht zum Verhängnis werden und zu ihrer baldigen Verheiratung führen, meist allerdings nicht mit dem Objekt der Begierde. Obwohl weder im Koran noch in den Hadithen wörtlich steht, dass Menschen auch gegen ihren Willen verheiratet werden sollen, fühlt sich eine nicht zu unterschätzende Zahl gläubiger Muslime genau dazu verpflichtet. Sie fürchten, anders könne das Verbot außerehelichen Geschlechtsverkehrs nicht durchgesetzt werden.

Von etlichen zwangsverheirateten Frauen, die ich als Mandantinnen vertreten habe, weiß ich, dass sie die Entscheidung ihrer Eltern nie in Frage gestellt haben. Sie sagten, sie seien eben auf die Weise verheiratet worden, die üblich sei bei ihnen. Als sie nach ihrer Einwilligung gefragt wurden, hätten sie sich nicht getraut, nein zu sagen. Auf die Idee, dass ihnen Unrecht geschehe, seien sie nicht gekommen.

Nun könnte man sagen, dass doch alles in Ordnung ist, wenn die Frauen sich nicht als Opfer sehen. Würden die meisten von ihnen ein glückliches Leben führen, bräuchten wir uns tatsächlich keine großen Gedanken darüber zu machen, wie ihre Ehen zustande gekommen sind. Da sehr viele zwangsverheiratete Frauen aber – wie ich von ihnen selbst weiß – todunglücklich sind, weil ihre Männer sie schlagen, weil sie eine unbefriedigende Sexualität haben, weil sie vollkommen fremdbestimmt leben, sehe ich die Notwendigkeit, gegen Zwangsverheiratungen vorzugehen. Abgesehen davon, dass es sich auch auf die Entwicklung der Kinder schädlich auswirkt, wenn die Eltern einander nicht lieben oder wenn der Vater, wie in Zwangsehen häufig, gewalttätig ist.

In letzter Zeit suchen junge Muslime zunehmend Auswege aus dieser veralteten Tradition, sie wollen ihre Partner oder Partnerinnen selbst aussuchen – was übrigens auch in vielen Bollywood-Filmen thematisiert wird. Wenn sie in Gegenden leben, in denen die Moderne langsam Einzug hält, also zum Beispiel in Großstädten, gelingt ihnen das auch zunehmend. Wobei die gewonnene Freiheit dadurch eingeschränkt wird, dass viele zwar ihren Partner selbst wählen, aber nur Muslime in Erwägung ziehen, um ihre Familien nicht zu enttäuschen.

Wenn sich keiner oder keine findet, werden bei der Partnersuche zunehmend auch die neuen Medien frequentiert. Es lohnt, sich zum Beispiel einmal die Internetseite »Muslima.com« anzusehen, ein virtuelles Eheanbahnungsinstitut für Muslime. Ich will diese Form der Partnersuche weder verdammen noch als vorbildlich loben. Wenn junge Menschen mit Hilfe des Internets Widerstand gegen überkommene Lebensweisen leisten und damit vielleicht sogar erfolgreich sind, können wir froh sein. Andererseits lerne ich aber immer mehr junge Menschen kennen, die sich im Chat verlieben, eine Beziehung führen und sich manchmal sogar trennen, ohne einander jemals begegnet zu sein.

Das erinnert mich an eine alte Tradition in der Türkei und anderen Ländern: Mit einem Foto des angehenden Bräutigams wurde um die Hand eines Mädchens angehalten. Mitunter »verliebte« sich das Mädchen in dieses Bild ihres zukünftigen Ehemanns. Oder umgekehrt, denn auch der Bräutigam bekam oft nur ein Foto der von seiner Familie für ihn Auserwählten zu Gesicht. So schmachteten sie nicht selten bis zur Hochzeit, bei der sie sich endlich das erste Mal sahen. Und bei der sich oft herausstellte, dass ihre durch das Foto ausgelösten Gefühle der Realität nicht standhielten.

Die Hochzeitsnacht

In meiner Jugend hörte ich so viele abschreckende Geschichten über die erste Nacht, dass es mir davor graute. Ich wollte, wenn ich einmal heiratete, nicht vergewaltigt werden, sondern Spaß haben, genauso wie der Mann. Aus den Erzählungen vieler jung verheirateter Frauen konnte ich aber nur schließen, dass sie in der ersten Nacht mit ihrem Mann keinen Spaß hatten, geschweige denn einen Orgasmus. Eine Bekannte berichtete mir, dass ihr Mann, obwohl sie vor Angst einer Ohnmacht nahe gewesen sei, einfach in sie eingedrungen sei, um zu erfahren, ob sie noch Jungfrau war, und um das »verdammte Laken« rausreichen zu können. Andere Frauen erzählen, dass ihre Männer schon in der ersten Nacht Analverkehr einforderten. Das sind keine Einzelfälle, solche Geschichten hörte ich oft. Und ich höre sie noch heute.

Natürlich wurden mir auch Geschichten von einfühlsamen muslimischen Männern erzählt, die sich in der Hochzeitsnacht bemühten, ihre Braut ohne Hast und ohne Gewalt in die Welt der Sexualität einzuführen. Aber das war leider die Ausnahme.

Heutzutage erleben sicher nicht mehr so viele muslimische Frauen ihre Hochzeitsnacht als derart traumatisch wie noch vor dreißig oder vierzig Jahren. Einiges hat sich schon zum Guten verändert, was unter anderem daran liegen dürfte, dass in der globalisierten Welt durch die Medien Gegenmodelle zum archaischen Männerbild des Islam verbreitet werden, denen viele junge Muslime nacheifern.

Eheleben nach Mohammed

Mohammed hat immer wieder die Wichtigkeit der Ehe betont. Sie ist sowohl dem Koran als auch den Äußerungen des Propheten zufolge eine der wichtigsten Institutionen innerhalb des Islam. Und die Sexualität ist die Grundlage der Ehe. Da sich alle guten Muslime in ihrer Lebensführung nach dem Vorbild des Propheten richten sollen, kommt niemand umhin, sich mit dessen Ehe- und Sexualleben zu beschäftigen, wenn er wissen will, wie eine Ehe gelingen kann und wie Sexualität nach den islamischen Regeln gelebt werden soll.

In einer Überlieferung findet sich folgende Begebenheit aus dem Leben Mohammeds, die zeigt, für wie wichtig er die Sexualität erachtete: »*Einmal kamen drei Leute zu ihm zu Besuch, um zu sehen, wie er den Pflichten der Religion nachkommt. Sie wollten ihm nacheifern. Einer von ihnen erzählte, dass er jede Nacht beten würde; der andere, dass er jeden Tag fasten würde; und der dritte, dass er sich selbst den Frauen enthalte. Darauf antwortete der Prophet: ›Ich bin derjenige von euch, der Gott am meisten fürchtet und von ihm am meisten geschützt wird. Trotzdem faste ich nur manchmal, und manchmal faste ich nicht; abends bete ich manchmal, und manchmal schlafe ich; und ich enthalte mich Frauen nicht. Das ist mein Weg des Lebens. Wer nicht meinen Weg geht, ist nicht von mir.‹*«[19]

Da Mohammeds Aussprüche viele Jahre nach seinem Tod niedergeschrieben wurden, kommen in den Hadithen sehr unterschiedliche Auslegungen zusammen, die teilweise sogar widersprüchlich sind. Mohammeds Haltung zur Sexualität, seine sexuelle Aktivität, dürfte jedoch unstrittig sein.

In erster Ehe war Mohammed fünfundzwanzig Jahre lang mit Chadidscha verheiratet, glücklich, wie es heißt, und absolut monogam. Nach ihrem Tod öffnete er sein Herz für wahrscheinlich fünfzehn weitere Frauen, die er auch heiratete. Zeitweilig soll er dreizehn Ehefrauen gleichzeitig gehabt haben. Als er starb, hinterließ er neun Witwen. Das ist weitgehend unumstritten. Ebenso unumstritten ist, dass er darüber hinaus noch zahlreiche Konkubinen hatte.

Wer sich an einem sexuell derart aktiven Propheten orientiert, steht einerseits unter einem ziemlichen Leistungsdruck, andererseits kann er sich immer auf sein Vorbild berufen. Muslimische Männer sagen, dass sie etwas Heiliges tun, wenn sie in die Frau eindringen und ihr ihren Samen geben. Zumal Sexualität, wie wir gesehen haben, im Islam als etwas gilt, das den Menschen näher zu Gott bringt. Auch die in den meisten mehrheitlich muslimischen Ländern noch praktizierte männliche Polygamie wird mit dem Hinweis auf Mohammeds Vorbild legitimiert. Ebenso wie das Verbot der Vielehe für Frauen: Mohammeds Frauen hätten schließlich auch nur ihn gehabt.

Während die muslimische Frau vor der Ehe in erster Linie enthaltsam leben soll, werden während der Ehe Unterwürfigkeit und absolute Treue von ihr verlangt. Bei al-Ghazali heißt es über die Pflichten der Frau gegenüber ihrem Mann unmissverständlich: »*Alles, was hierüber zu sagen ist, ist in dem Satz enthalten, daß die Heirat eine Art Sklaverei bedeutet und daß die Frau die Sklavin des Mannes ist.*«[20] In einer erläuternden Fußnote zu diesem Satz steht zwar: »*Freilich ist die Behandlung der Sklaven im Islam sehr milde*«, aber das erscheint mir wenig tröstlich.

An anderer Stelle schildert der Islamgelehrte anhand einer überlieferten Begebenheit, wie sich die Ehe für eine Frau nach den Vorgaben Mohammeds gestaltet: »*Wie die gottselige Aisha berichtet, kam einmal eine junge Dame zum Hochgebenedeiten Propheten und sprach zu ihm: ›Ich bin eine junge Dame, Prophet Gottes, und werde viel umworben, aber ich möchte nicht gern heiraten. Was hat denn die Frau für Pflichten gegen den Mann?‹ Er antwortete ihr: ›Wenn der Mann von oben bis unten mit Geschwüren bedeckt wäre und die Frau ihn ableckte, so hätte sie noch keineswegs ihre Dankespflicht erfüllt.‹ – ›Dann heirate ich nicht‹, erwiderte sie. ›Doch‹, entgegnete er, ›heirate, das ist besser.‹«*[21]

Wenn man so etwas liest, fällt es schwer nachzuvollziehen, dass manche Muslime heute versuchen, das Geschlechterverhältnis in der muslimischen Ehe so darzustellen, als stünden Mann und Frau nahezu die gleichen Rechte zu. So schreibt Hadayatullah Hübsch, Ehemann und Ehefrau dürften sich nicht gegenseitig unterdrücken. Allerdings fügt er einschränkend hinzu: »*Indes gilt es seitens der Frau zu berücksichtigen, dass es ihrem Ehemann auferlegt wurde, die Familie zu ernähren, während sie, wenn sie Geld verdient, von ihren Einnahmen nichts für die Familie aufzuwenden braucht. Das bedeutet, dass in finanzieller Hinsicht, was die Angelegenheiten des Hauses betrifft, nach entsprechender Beratung mit seiner Frau gegebenenfalls der Mann das letzte Wort haben muss, da er besser einschätzen kann, ob er in der Lage ist, eine Anschaffung zu machen oder nicht. Der Koran spricht deswegen davon, dass ›die Männer einen gewissen Vorrang‹ vor den Frauen haben (2 : 229).*«*[22]

Als gute Ehefrau gilt eine Muslimin dann, wenn sie über die Einsicht verfügt, dass sie ihrem Ehemann gegenüber Pflichten zu erfüllen hat. Zu diesen Pflichten gehören selbstverständlich auch die sexuellen Pflichten, also die Befriedigung der sexuellen Bedürfnisse des Mannes und die Treue ihm gegenüber. Hält die Frau sich nicht an das Treuegebot, gefährdet sie bekanntlich die Ehre ihres Mannes und ihrer männlichen Familienangehörigen und muss mit Sanktionen rechnen, bis hin zum Tod. In vielen muslimischen Ländern wird Ehebruch mit Steinigung bestraft.

Was die Verantwortung der Ehefrau für die sexuelle Befriedigung des Mannes betrifft, heißt es bei Hadayatullah Hübsch: »*Außerhalb der verbotenen Tage aber soll die Frau Rücksicht nehmen auf die Wünsche ihres Mannes, der Prophet sagte, sie soll sich nicht zieren und zu ihrem Mann kommen, selbst wenn sie ge-*

rade dabei ist, den Ofen zu reinigen. Sie soll dadurch helfen, sexuellen Stau abzubauen, der beim Mann naturbedingt eher auftreten kann.«[23] Begründet wird diese Forderung damit, dass aufgestaute sexuelle Lust den Mann von anderen, wichtigeren Dingen abhalten könnte, zum Beispiel von der Ausübung seiner Religion.[24] Deswegen gibt es im Islam auch kein verordnetes Zölibat.

Die Ehefrau muss ihrem Mann sexuell also immer zur Verfügung stehen, darf sich ihm außer bei Krankheit und während der Menstruation nicht verweigern. Diese Auffassung findet sich nicht nur in den religiösen Schriften, sondern ist unter Muslimen weitverbreitet. Mein Interviewpartner Koray, ein vierundvierzigjähriger Türke, erklärte mir: »Der Islam hat die Frau zum Besitz des Mannes gemacht. Ohne Wenn und Aber. (...) Der Frau wurde aufgetragen, den Mann sexuell zu befriedigen. Alles zu machen, was er von ihr verlangt. Immer wenn der Mann will, soll die Frau zur Verfügung stehen.«[25]

Der Mann hat in der muslimischen Ehe ganz allgemein die Pflicht, seine Frau gut zu behandeln. Manche sagen, der Mann trage gegenüber seiner Ehefrau auch »eine Verantwortung zur sexuellen Erfüllung«,[26] denn bei al-Ghazali heiße es, die Gewährleistung der ehelichen Treue sei die Pflicht des Mannes. Wenn er seine Frau sexuell nicht befriedigen könne, gefährde das ihre eheliche Treue. Es geht hier also offenbar weniger um die ureigenen Bedürfnisse der Frau, als um die Abwendung einer Gefahr für den Mann.

Wenn ich meinen Interviewpartnerinnen Glauben schenken darf, steht die sexuelle Lust der Frau im Ehealltag meist jedoch eher im Hintergrund. In der Praxis geht es in erster Linie um die Befriedigung des Mannes. Die Frauen erklärten beinahe einmütig, dass ihre Männer bestimmen, wann sie miteinander schlafen. Manche Frauen sagten auch, ihre Männer zeigten ihnen im Bett absichtlich nichts Besonderes, damit sie keine Lust auf andere Männer bekämen. Sie wollten keine sexuellen

Wünsche in ihnen wecken, die sie womöglich in die Arme anderer Männer treiben könnten.

Natürlich gibt es auch glückliche muslimische Ehen mit einer für beide Seiten befriedigenden Sexualität. Aber oft habe ich gehört, dass Frauen nicht nur in der Hochzeitsnacht keinen Spaß am Sex hatten, sondern während der ganzen Ehe. Viele muslimische Ehefrauen erleben nie einen sexuellen Höhepunkt und bleiben dauerhaft unbefriedigt.

Zwei Psychotherapeutinnen, die vorwiegend muslimische Frauen behandeln, oft wegen Depressionen oder Angststörungen, erklärten mir, in den Therapien gehe es meist sehr schnell um das Thema Sexualität. Viele Frauen hätten keinerlei sexuelles Verlangen und seien unfähig, ihren Körper zu genießen. Vielfach ekelten sie sich geradezu vor ihren Männern. Sich ihnen zu entziehen, trauten sich aber die wenigsten, auch aus Angst, eine Sünde zu begehen. Besonders wenn bereits Kinder da seien, fänden muslimische Ehefrauen Sex oft völlig unnötig. Viele würden auch eine Zweitfrau akzeptieren, um »erlöst« zu sein.

Diese Befunde aus der psychotherapeutischen Praxis lassen sich natürlich nicht verallgemeinern, doch sie erscheinen mir symptomatisch für eine Sexualität, der es an Freiheit und Selbstbestimmung fehlt. Dass auch muslimische Frauen zuweilen Möglichkeiten finden, ihre ganz eigenen sexuellen Wünsche auszuleben, schrieb mir Klara im November 2008 in einer E-Mail aus den Vereinigten Arabischen Emiraten: »*Sobald eine Frau verheiratet ist, hat sie durchaus ein eigenes Sexualleben hier, zumindest kann sie andere Männer treffen, seitdem es Internet-Dating-Seiten und Autos mit getönten Scheiben gibt. Selbstverständlich wird auch darüber nicht öffentlich gesprochen.*« Aber immerhin, es geschieht.

Scheidung und Tod des Partners

Überall auf der Welt führen Frauen, die wirtschaftlich unabhängig sind, ein selbstbestimmteres Leben als ihre Geschlechtsgenossinnen, die kein eigenes Einkommen haben. Neben der insgesamt größeren Freiheit, die sie genießen, können sie sich auch leichter von ihrem Mann trennen, wenn sie das möchten. Wobei es natürlich nicht nur von finanziellen Erwägungen abhängt, ob eine Frau sich zu diesem Schritt entschließt. Auch im Westen, wo der Staat zumindest das Existenzminimum sichert, trauen sich manche Frauen einfach nicht zu, ohne Ehemann zu leben. Viele fürchten auch das geringere gesellschaftliche Ansehen als geschiedene Frau und alleinerziehende Mutter.

Um wie viel schwieriger muss es dann erst für eine muslimische Frau sein, sich von ihrem Mann zu trennen. Zwar sind Scheidungen laut Koran erlaubt, sie werden aber nur akzeptiert, wenn es gar keine andere Lösung gibt. Gemeinhin gilt: *»Die Scheidung ist das Verabscheuenswerteste unter den von Gott erlaubten Dingen und nur als letzter Ausweg zu betrachten.«*[27] Aus diesem Grund wird die Familie immer erst versuchen, die Frau von ihrem Vorhaben abzubringen. Dabei steht ihr nach islamischem Recht in ganz bestimmten Fällen, zumindest theoretisch, ein Scheidungsrecht zu, zum Beispiel bei Impotenz oder Zeugungsunfähigkeit des Mannes. In der Praxis kann der Mann jedoch eidesstattlich bezeugen, dass er imstande ist, den ehelichen Akt zu vollziehen, womit dem Scheidungsbemühen die Grundlage entzogen wird.[28]

Eine Scheidung führt zu einem Ehrverlust des Mannes, weil die geschiedene Ehefrau nun mit anderen Männern Sex haben kann. Deshalb wird der Ehemann nicht nur versuchen, sich mit der scheidungswilligen Frau wieder zu versöhnen, sondern teils muss sie auch mit massiven Repressionen seitens ihrer Familie und ihres Mannes rechnen. Den Ehrverlust gilt es mit allen Mitteln zu vermeiden.

Ein weiterer Faktor, der muslimischen Frauen die Trennung von ihren Ehemännern erschwert, ist die rechtliche Lage bezüglich der Kinder. »*Die Mutter hat die Sorge bei Mädchen bis zur Pubertät oder bis zur Heirat*«, heißt es in den *25 Fragen zur Frau im Islam*, »*bei Jungen bis zum Alter von sieben Jahren oder bis zur Pubertät. Die gesetzliche Vertretung liegt jedoch beim Vater. Üblicherweise geht die Frau nach der Scheidung ohne die Kinder in ihr Elternhaus zurück. Damit wird ihr eine Wiederverheiratung leichter gemacht.*«[29] Dass diese Praxis nicht gerade dazu angetan ist, Frauen in ihrem Scheidungswunsch zu bestärken, liegt auf der Hand. Die rechtliche Situation sieht in Europa natürlich anders aus, aber darum scheren sich viele muslimische Ehemänner nicht, und sie scheuen auch nicht davor zurück, ihre Kinder in die Herkunftsländer zu entführen, um das »Besitzrecht« an ihnen durchzusetzen.

Nach erfolgter Scheidung gelten muslimische Frauen vielfach als Freiwild. Sie bekommen reichlich eindeutige Angebote, auch von Ehemännern ihrer Freundinnen oder Bekannten. Geschiedene werden daher von anderen Frauen mitunter als Gefahr empfunden, denn sie könnten ja nun ein Auge auf deren Ehemänner werfen. All das erschwert den betroffenen Frauen nach der Scheidung das Weiterleben innerhalb ihrer bisherigen Gemeinschaft, ihrem Freundes- und Bekanntenkreis.

In der Türkei werden geschiedene Frauen bezeichnenderweise auch als *dul* bezeichnet. Das bedeutet »Witwe, verwitwet«. Der Mann ist weg, es ist, als wäre er gestorben, und die Frau hat fortan enthaltsam zu leben. Wenn eine muslimische Frau ihren Ehemann durch Scheidung oder Tod verliert, soll sie für den Rest ihres Lebens allein bleiben. So wird es zumindest in religiösen Familien mehrheitlich praktiziert. Man kennt so etwas auch aus anderen Kulturen. Bei strenggläubigen italienischen Katholiken kleiden sich Witwen für den Rest ihres Lebens schwarz und binden sich damit für immer und ewig sichtbar an den Verstorbenen, bleiben ihm noch im Tod treu. Bei den Indern wurden Witwen früher sogar zusammen mit ihrem verstorbenen Ehemann verbrannt.

Eine Muslimin, die sich einen neuen Mann nimmt und mit ihm das Bett teilt, begeht Verrat an ihrem toten Ehemann. Wenn ein muslimischer Mann seine Frau verliert, sieht die Sache jedoch anders aus. Seine Familie macht sich sogleich Gedanken darüber, wie man eine neue Ehefrau für ihn finden kann, denn ein Mann, heißt es, kann doch nicht allein bleiben. Als eine Verwandte von mir starb, wurde dem Ehemann noch an ihrem Grab eine neue Frau angeboten. Er heiratete sie bereits nach wenigen Wochen – eine junge Frau, die kaum älter war als seine älteste Tochter. Und das ist nichts Ungewöhnliches. Manchmal werden junge Mädchen von älteren Frauen, die sich als Kupplerinnen betätigen, an Witwer sogar regelrecht verkauft.

Umgekehrt ist so etwas natürlich unvorstellbar. Eine andere Verwandte von mir, deren Ehemann vor einigen Jahren starb, bleibt selbstverständlich allein. Sie ist einsam, aber niemand kommt auf die Idee, ihr einen neuen Mann zu suchen. Sie würde es auch gar nicht wollen, denn in ihren Augen wäre das eine große Sünde.

Kopftuch und Sexualität

Wer mit offenen Augen durch die Welt läuft, dem wird in den letzten Jahren und Jahrzehnten nicht entgangen sein, dass immer mehr muslimische Frauen in Deutschland und anderen europäischen Staaten heute wieder Kopftuch tragen. Dieses

Phänomen wird in den westlichen Gesellschaften höchst kontrovers diskutiert: Die einen sehen darin ein Zeichen für die zunehmende Unterdrückung der Frauen und damit einen inakzeptablen gesellschaftlichen Rückschritt, die anderen pochen auf die Freiheit der Religionsausübung und fordern Toleranz. Ich möchte hier nicht noch einmal ausführlich auf den deutschen Streit ums Kopftuch eingehen,[30] sondern mich auf die Aspekte konzentrieren, die unmittelbar mit dem Thema Sexualität zu tun haben.

Während die Einwanderergeneration meiner Eltern noch recht pragmatisch mit dem Thema Kopftuch umging, die Frauen es also häufig einfach wegließen, weil es sich als unpraktisch bei der Arbeit herausstellte, wird das Tragen des Kopftuchs heute wieder sehr viel ernster genommen und von der islamischen Gemeinschaft als Zeichen von Religiosität und Reinheit eingefordert. Manche Musliminnen bestehen darauf, dass sie sich nicht aus Zwang, sondern freiwillig verhüllen. Sie behaupten, auch unter dem Kopftuch, dem Schleier oder sogar der Burka sei ein modernes, selbstbestimmtes Leben möglich. So schreibt Leila Massoudi, die sich über die zunehmende »sexuelle Verdinglichung« des westlichen Menschen nach der sexuellen Revolution beklagt, in einem Artikel in der *Islamischen Zeitung*: »*Das Kopftuch wird (…) zum Ausdruck der Selbstbestimmtheit der muslimischen Frau, die ihren Körper verhüllt, weil er ihr, nicht aber der Gesellschaft gehört.*«[31]

Das Kopftuch, ein Symbol der Freiheit? Das erscheint mir dann doch ein wenig weit hergeholt. Für mich ist das Kopftuch eindeutig ein Symbol der Unterordnung der Frau unter den Mann, also das Gegenteil von Freiheit. Denn erst durch die Verhüllung wird die Frau zum Sexualobjekt degradiert: Sie muss sich verstecken, um vor den Blicken lüsterner Männer sicher zu sein. Dass genau dies der Hauptgrund für das Kopftuchgebot ist, kann man auch aus offiziellen muslimischen Publikationen ableiten. Der Frankfurter Imam Hadayatullah

Hübsch beantwortet die Frage »Warum tragen muslimische Frauen ein Kopftuch oder einen Schleier?« folgendermaßen: »*[Die muslimische Frau] möchte durch die Bedeckung ihrer Schönheit, die vor allem auch in ihren Haaren liegt, also kund tun, dass sie kein Interesse an Flirts hat und keine Beziehungen zu fremden Männern haben möchte, in denen Sexualität eine Rolle spielt. Die Muslimin, die ein Kopftuch oder einen Schleier trägt, wendet sich somit bewusst ab von allem, was ihre Reinheit beeinträchtigen könnte. (…) Ihr Anblick hat somit meistens für Männer die Funktion einer Bremse, so dass sie ihre Augen nicht mehr wild umherschweifen lassen, auf der Suche nach einem sexuellen Kick.*«[32]

Klarer kann man es kaum ausdrücken: Die Verhüllung dient dem sexuellen Selbstschutz der Frau und der Eindämmung sexueller Gefühle beim Mann. Würde man dieser Argumentation folgen, brächte jede unverhüllte Frau zum Ausdruck, dass sie sexuelle Beziehungen zu fremden Männern haben möchte.

Jeder aufgeklärte Mensch muss sich hier fragen, warum die Männer nicht selbst die Verantwortung für ihre überschießenden Hormone übernehmen sollen. Hübsch greift dieses Argument denn auch auf und versucht es zu entkräften: »*Was die Empörung darüber betrifft, dass Frauen eine gewisse Freiheit aufgeben sollen, nur weil manche Männer sich unverschämt benehmen und Frauen oftmals als Freiwild betrachten, so scheint sie berechtigt. In der Tat wäre kein Schleier, kein Kopftuch von Nöten, wenn alle Männer sich anständig benehmen würden. (…) Im Alltag aber ist die Realität leider nicht so, wie es wünschenswert wäre. Leidenschaft und Gier sind nicht so leicht aus der Welt zu schaffen. Deswegen muss die islamische Gesellschaft Maßnahmen ergreifen, auftretende sexuelle Reize einzudämmen.*«[33]

Die muslimische Frau als Objekt – wie eine Tafel Schokolade, die man ganz hinten im Schrank versteckt, um die Lust auf Süßes einzudämmen.

Die Sexualisierung der Frau durch das Kopftuch ist meiner Meinung nach vergleichbar mit der Sexualisierung der westlichen Frau als nackter oder halbnackter Ausstattungsgegenstand in der Werbung. In beiden Fällen werden sexuelle Wünsche geweckt, im Westen ganz bewusst und sehr direkt, im Islam eher indirekt. Denn die Verhüllung der Frau führt genau wie die Geschlechtertrennung dazu, dass Männer und Frauen sich stets in einer sexuell aufgeladenen Atmosphäre begegnen. Es gilt, sexuelle Kontakte zu verhindern, doch tatsächlich werden sexuelle Gefühle und Gedanken durch die Tabuisierung erst recht geweckt und verstärkt.

Auch in der islamischen Welt sieht man immer mehr verhüllte Frauen. Dem Reisenden, der sich in den Menschenmengen umschaut, die auf den Straßen wuseln, bietet sich ein völlig anderes Bild als noch vor zehn oder zwanzig Jahren. Es sind deutlich mehr Kopftücher, Schleier, lange Röcke und Burkas zu sehen.

Die in den Niederlanden lebende geborene Ägypterin Nahed Selim schreibt in der Einleitung zu ihrem Buch *Nehmt den Männern den Koran!*: »*Vor dreißig Jahren war das Leben in Ägypten für Frauen vollkommen anders als jetzt – so radikal anders, dass man es sich kaum vorstellen kann. Damals herrschte hier Gedankenfreiheit, Frauen kämpften für ihre Gleichberechtigung und trugen keine Kopftücher mehr. Islamische Gruppierungen gab es in viel geringerer Zahl als heute; außerdem war ihr Einfluss auf das tägliche Leben noch nicht so ausgeprägt.*«[34]

Eine Beobachtung, die meine Interviewpartnerin Alima aus Ägypten bestätigt. Und sie ergänzt, dass in den letzten ein, zwei Jahrzehnten zeitgleich mit der zunehmenden Islamisierung des Landes die sexuelle Belästigung von Frauen auf den Kairoer Straßen sprunghaft angestiegen sei. Die Frau werde zunehmend als Sexualobjekt angesehen: »*Du wirst unaufhörlich angemacht. Sex liegt immer in der Luft.*«

Die deutsche Lehrerin Klara schildert in einer E-Mail an

mich, als wie schizophren sie die Lebenssituation von jungen Frauen in den Vereinigten Arabischen Emiraten erlebt: »*Insgesamt sehe ich, dass die jungen Mädchen hier einem enormen Druck hinsichtlich ihrer Sexualität ausgesetzt sind, da sie sich einerseits nicht körperlich erproben dürfen (zumindest nicht mit Männern), andererseits aber männliche Erwartungen erfüllen sollen, die durch die Pornographie geprägt sind. (…) Ich denke, dass die hohe Quote an Anorexie und Bulimie unter den jungen Frauen hier damit zusammenhängt. Sie leben zwischen einem hohen religiösen Anspruch auf Keuschheit und einer kommerzialisierten Sexualität, die ihnen durch westliche Gesellschaften vermittelt wird. Die Idee, eine leistungsorientierte Liebhaberin zu sein, und gleichzeitig eine gute Mutter mit zahlreicher Nachkommenschaft zu werden, zerreißt sie innerlich.*«

Die fortschreitende Islamisierung hat in den meisten islamischen Ländern, zum Beispiel in Afghanistan, Pakistan, Ägypten und sogar in der Türkei, zu einer Verschärfung der Geschlechtertrennung und einer umfassenden Benachteiligung der Frauen geführt. So mancher Folklorist erklärt uns in dieser Situation noch, dass die Burka mit ihrem schönen Blau eine Form der Befreiung darstellen könne. Schließlich fühlten sich viele Frauen sicherer, wenn sie mit Burka über den Markt von Kabul liefen. Aber ist das echte Freiheit und echte Sicherheit? Wünschen wir uns so etwas in einer Demokratie?

Wenn ich die Lebenssituation verschleierter Frauen anprangere, wird mir oft entgegengehalten, bisher gebe es keine Studie oder anerkannte Forschungsarbeit, die belege, dass es Frauen unter der Burka oder mit Schleier im Iran und anderswo schlechtgeht. Man hört, dass sie Partys feiern und Alkohol trinken, dass sie nicht als Jungfrauen in die Ehe gehen, und auch, dass sie gute Studienabschlüsse machen. Dass sie bei all dem nicht zu sehen sind, dass vieles heimlich geschehen muss, scheint für manchen privilegierten Europäer kein Problem zu sein.

In der Begegnung mit anderen Kulturen wird der westliche Freiheitsbegriff relativiert, da gelten auf einmal andere Maßstäbe. Da ist Selbstbestimmung nicht mehr oberste Maxime, da wird die Universalität der Menschenrechte in Frage gestellt. Der freie Mensch im Westen nimmt sich die Freiheit, nicht über andere Kulturen urteilen zu wollen. Manch einer glaubt sogar, verschleierte Frauen seien vielleicht glücklicher als Frauen im Westen. Schließlich müssten sie sich nicht mit all den Anforderungen eines modernen Lebens herumplagen. Wie zum Beispiel der schwierigen Suche nach einem Ehemann. Das macht die Familie. Wie zum Beispiel der Entscheidung, ob man Kinder bekommt oder nicht. Das ist selbstverständlich. Wie zum Beispiel Geld- und Karrieresorgen. Die hat nur der Ehemann. Der Frau bleiben diese Dinge erspart.

In meinen Augen ist eine solche Argumentation zynisch, ganz abgesehen davon, dass es nicht mit unserem Grundgesetz zu vereinbaren ist, wenn muslimische Frauen und Mädchen aus religiösen Gründen dazu verpflichtet werden oder sich selbst dazu verpflichten, das Kopftuch zu tragen. Hinter den religiösen Gründen steht nämlich nicht nur der Umstand, dass die Frauen sich mit dem Kopftuch vor sexuellen Übergriffen schützen müssen, sondern auch, dass die Geschlechter im Islam über unterschiedliche Rechte und Pflichten verfügen, was dem Gleichheitsgrundsatz und dem Prinzip der Menschenwürde widerspricht.

Der deutsche Staat hat laut Grundgesetz Art. 3 Abs. 2 die Aufgabe, die Gleichberechtigung der Geschlechter zu fördern. Das tut er nicht, wenn er den Muslimen erlaubt, Männer und Frauen aufgrund umstrittener Suren aus dem Koran[35] als nicht gleichberechtigt zu behandeln. Eine Religionsgemeinschaft, die die Gleichberechtigung der Geschlechter ablehnt und das durch ein Symbol wie das Kopftuch für alle gut sichtbar demonstriert, ist demokratiefeindlich.

Muslimische Frauenrechtlerinnen

In der islamischen Welt gibt es mittlerweile durchaus aufgeklärte, mutige Frauen, die sich für die Rechte ihrer Geschlechtsgenossinnen einsetzen. Denken wir nur an die Ärztin und Schriftstellerin Taslima Nasreen aus Bangladesch, die
seit vielen Jahren im Exil leben muss, weil sie für die Gleichberechtigung der Frauen in ihrem Land kämpft, oder an die
Rechtsanwältin und Menschenrechtsaktivistin Shirin Ebadi
aus dem Iran. Die Juristin, die als erste Frau in der Geschichte
ihres Landes Richterin wurde und 2003 für ihre »Bemühungen um Demokratie und Menschenrechte, insbesondere die
Rechte von Kindern und Frauen«[36] den Friedensnobelpreis erhielt, ist eine der bekanntesten Frauenrechtlerinnen in der islamischen Welt. Und sie ist eine der wichtigsten Verfechterin-
nen der Universalität der Menschenrechte. An ihr könnte sich
im Westen so mancher ein Beispiel nehmen, der immer noch
nicht begriffen hat, dass die Würde des Menschen in jeder
Kultur und jeder Religion unantastbar ist.

Aus Marokko ist uns die Soziologin Fatima Mernissi, die un-
ermüdlich für die Rechte der Frauen kämpft, gut bekannt. Mit
ihren zahlreichen Büchern hat sie viel Aufklärungsarbeit geleistet. Und es gesellen sich immer mehr Frauen dazu, die
einen Weg suchen, islamisch und gleichzeitig frei zu leben. Die
marokkanische Ärztin und Buchautorin Asma Lamrabet verfolgt mit ihrem Arbeitskreis für Frauenfragen und interkultu-
rellen Dialog einen, wie sie es nennt, dritten Weg: »*Zwischen
wachsendem religiösem Fanatismus in der arabisch-islamischen
Welt und zunehmender Islamophobie im Westen*« setzt sie sich
ein für »*eine Moderne, die universale, humanistische Ethikvor-
stellungen mit den humanitären Idealen des Islams verbindet*«.[37]

Auch in Indonesien, wo bekanntermaßen mehr Muslime als
in jedem anderen Land leben, machen sich Frauen für ihre

Rechte stark und kämpfen gegen Polygamie, Zwangsheirat und Gewalt. »Rahima« heißt eine feministische Organisation, deren Direktorin Farha Ciciek sich als gläubige Muslimin und Kopftuchträgerin mit sehr modernen Ideen für die Gleichberechtigung der Frauen im Islam einsetzt. Sie und ihre Mitstreiterinnen bei Rahima *stellen sich vor eine versammelte Dorfgemeinde und erklären den verblüfften Männern, dass sie für die Verbreitung von Aids verantwortlich sind, wenn sie mit Prostituierten verkehren. Sie wehren sich vehement gegen eine zu enge Auslegung der Scharia und kämpfen dafür, dass Frauen in der Politik und den Medien stärker vertreten sind.*[38]

Obwohl diese Frauen keineswegs im Verborgenen wirken und einige von ihnen durchaus auch im Westen wahrgenommen werden, haben sie noch keinen nennenswerten, sichtbaren Durchbruch erzielt. Im Gegenteil, oft hören wir gar von der Ermordung engagierter Frauen durch islamische Fundamentalisten oder deren Handlanger. So wurde im März 2009 die Provinzrätin Sitara Achikzai vor ihrem Haus in Kandahar von radikal-islamischen Taliban erschossen. Die Deutschafghanin war nach langem Exil in Deutschland nach Afghanistan zurückgekehrt, um am Aufbau einer demokratischen Gesellschaftsordnung mitzuwirken. Ihr »Verbrechen« war der Glaube an die Gleichberechtigung von Mann und Frau und die Forderung nach Bildung auch für Mädchen.

Aus Angst um Leib und Leben gehen viele Rebellinnen in der islamischen Welt zwangsläufig subtiler vor als ihre westlichen Schwestern im Geiste. Ein privates Treffen hier, eine »konspirative« Diskussionsrunde dort, heimliche Lektüre von aufgeklärter Literatur, vorsichtige Gespräche mit einzelnen Mädchen oder Frauen (manchmal auch mit Männern), in denen indirekt Aufklärung betrieben wird, die Einrichtung von »illegalen« Mädchenschulen in Privaträumen. Auch der Protest der afghanischen Frauen nach dem Erlass des sogenannten Sex-Gesetzes im April 2009, wonach Ehefrauen verpflichtet werden, alle vier Tage mit ihren Ehemännern Sex zu haben,[39] hat gezeigt, dass Feministinnen in islamischen Ländern nicht so laut und fordernd auftreten können, wie wir das von Frauenrechtlerinnen aus dem Westen kennen. Zweihundert Demonstrantinnen fanden sich in Kabul zu einem Protestmarsch gegen das Ehegesetz ein, das auch von internationalen Kritikern als Freibrief für Vergewaltigung in der Ehe interpretiert wird. Gleichzeitig formierte sich eine Gegendemonstration aus etwa tausend Personen, die die friedlich Demonstrierenden umstellten und teils physisch angriffen.[40]

Für Frauenrechtlerinnen in islamischen Ländern steht mehr auf dem Spiel als ihr guter Ruf, ihre Karriere oder ihre materielle Sicherheit. Das mag auch der Grund dafür sein, warum es so langsam vorangeht mit dem Feminismus, mit dem Kampf für eine echte Gleichberechtigung der Geschlechter. Es gibt aber auch noch andere Gründe für die Zähigkeit des Prozesses. Zum Beispiel das Bestreben muslimischer Feministinnen, einen eigenen Weg zu finden, einen Weg, der ihrer Auffassung nach für ihre Kultur besser passt. Beim Thema Kopftuch und Tschador vertreten viele dieser Frauenrechtlerinnen eine Position, die ich nicht teilen kann. Einige sagen, es gebe wichtigere Probleme zu lösen, andere meinen, man solle es den Frauen selbst überlassen, ob sie ein Kopftuch tragen wollen oder nicht.

Meines Erachtens ist diese Einschätzung falsch, denn von einem freien Willen im Hinblick auf die Befolgung religiöser Regeln kann in den meisten Fällen gar nicht die Rede sein. Dafür müsste der Islam den freien Willen als Erziehungsziel überhaupt erst anerkennen. Muslimische Familien erziehen ihre Kinder in der Regel aber nicht dazu, einen eigenen Willen zu haben. Im Gegenteil, der Nachwuchs soll lernen, sich an die Gemeinschaft zu halten, er soll ein Gruppenbewusstsein entwickeln und mehr an die Interessen der *Umma* denken als an sich selbst.

Muslimische Frauenrechtlerinnen sind vielfach nicht bereit, die meiner Überzeugung nach dringend notwendige Trennung von Politik und Religion zu fordern. Sie vertreten die Ansicht, dass durch eine »richtige« Auslegung des Korans und eine Reform der Scharia gemeinsam mit den Männern eine bessere Welt auch für Frauen geschaffen werden könnte. Dabei verkennen sie, dass die Vorherrschaft des Mannes im Islam das zentrale Problem darstellt und die Missstände im Geschlechterverhältnis nur überwunden werden können, wenn Mann und Frau einander wirklich auf Augenhöhe begegnen dürfen. Auch dass das zivilgesellschaftliche Leben, vor allem im Bereich des Straf- und Familienrechts, nicht von einem islamischen Gesetz, also religiösen statt weltlichen Rechtsprinzipien, geregelt werden kann, wollen diese Frauen nicht sehen.

Viele Feministinnen in islamischen Ländern scheuen zudem davor zurück, einen westlichen Feminismus zu vertreten. Sie fürchten, als Handlanger des Westens betrachtet zu werden, die die eigene Kultur abschaffen und durch die westliche ersetzen wollen. Aber kennt der Feminismus wirklich kulturelle Differenzen? Ist die Rücksicht auf bestimmte religiöse oder kulturelle Traditionen nicht schon der Anfang vom Ende der Gleichberechtigung? Meines Erachtens entsteht dadurch nur eine künstliche Abgrenzung vom Westen, von der Moderne, von der Aufklärung. Eine Abgrenzung, die unterm Strich zum selben Ergebnis führt wie die Abgrenzung der Islamisten, der Konservativen, der Traditionalisten vom angeblich verdorbenen, unmoralischen Westen. Es wird verhindert, dass die Entwicklung in Richtung einer modernen, zivilgesellschaftlichen und rechtsstaatlichen Ordnung vorankommt. Viel zu viel Energie wird darauf verwendet, Gegenpositionen zum Westen aufzubauen. Der Versuch, das Rad neu zu erfinden, steht einem eigenen Beitrag für den Fortschritt in Sachen Geschlechtergerechtigkeit im Weg.

Mit manchen meiner Interviewpartnerinnen stieß ich an ähnliche Grenzen. Wenn wir über die Lebenswirklichkeit einer typischen muslimischen Frau sprachen, wurden die Beschreibungen zuweilen recht allgemein und diffus: Ja, Zwangsheirat und Ehrenmorde gebe es natürlich, aber längst nicht jede Muslimin sei betroffen. Diese Frauen wollten den Islam nicht verallgemeinern, weil er sehr vielfältig sei, nicht dämonisieren, weil der Westen das zur Genüge tue, und keine Klischees bedienen, weil es Frauen in anderen Religionen eigentlich auch nicht viel besser gehe. Trotz Tschador- bzw. Verhüllungspflicht in einigen Ländern, trotz Geschlechterapartheid im Alltag, trotz Steinigungen, Zwangsheirat, Genitalverstümmelung und Ehrenmorden gibt es also einen inneren Reflex, eine verbreitete Haltung, den Islam nicht an den Pranger zu stellen. Dieser Reflex muss meines Erachtens dringend überwunden werden, wenn es wirklich zu einer Verbesserung der Lebensbedingungen der Frauen kommen soll.

Hoffnung machen mir manche junge Musliminnen in Deutschland, die beginnen, sich über die engen Grenzen ihrer Religion hinwegzusetzen, und die versuchen, ihr Leben selbst in die Hand zu nehmen. Dabei wird mir immer wieder vor Augen geführt, wie dringend gerade diese jungen Frauen Vorbilder aus ihren »eigenen Reihen« brauchen, um sich nicht unterkriegen zu lassen. Im Jahr 2006 wurde ich von einer Berliner Ausbildungseinrichtung zusammen mit neun anderen Personen zum »Vorbild des Jahres« gewählt. Eine junge Türkin hatte mich vorgeschlagen, weil es sie, wie sie mir sagte, sehr beeindruckt habe, dass ich Anwältin geworden bin und als Frau selbstbestimmt lebe.

Und kürzlich erhielt ich einen Brief von einer Studentin, die klagte, wie sehr sie unter »der Verlogenheit, Doppelmoral und dumpfen, unreflektierten Religiosität« ihrer Landsleute leide. Sie schrieb, es mache ihr Mut, dass es türkischstämmige Frauen wie mich gebe, die »die Dinge beim Namen« nennen und sich

»von nichts und niemandem, allen Risiken zum Trotz, den Mund verbieten« lassen. Diese junge Frau hat ihr erstes Staatsexamen mit einer ausgezeichneten Note abgeschlossen, dennoch muss sie sich zu Hause von ihren Eltern ständig Vorwürfe anhören, weil sie noch nicht verheiratet ist. Sie gilt als das schwarze Schaf der Familie, bezeichnet sich selbst aber stolz als »enfant terrible«.

Die promovierte Sozialwissenschaftlerin Necla Kelek, die engagierte Frauenrechtlerin Serap Çileli, die Autorin Fatma Bläser, die Schauspielerin Sibel Kekilli, die Akademikerin Reyhan Şahin, die als Skandalrapperin Lady Bitch Ray für mediale Aufregung sorgte, sie alle sind Vorbilder für moderne junge Frauen mit sogenanntem Migrationshintergrund, weil sie eine von ihnen sind und es »trotzdem« geschafft haben.

Der muslimische Mann –
Zwischen Macht und
Ohnmacht

In al-Ghazalis *Buch der Ehe* ist zu lesen, dass die letzten Weisungen Mohammeds vor seinem Tod drei Dinge betrafen: das Gebet, Allah und die Frau. Besser gesagt, die Frau als Besitz ihres Mannes: »(…) *was die Frauen betrifft, sie sind Gefangene (awan) in eurer Hand (…) die ihr durch Gottesvertrag empfangen habt, deren Schoß euch durch Gottes Wort verstattet ist.*«[1]

Ehemann zu sein bedeutet demzufolge, eine Sklavin sein Eigen zu nennen, über deren Körper man verfügen darf. Damit jedoch nicht genug. Über die Machtverhältnisse in der Ehe erfahren wir, dass der Mann die Frau zwar gut behandeln und ihren Wünschen nachkommen solle. Keinesfalls dürfe er aber so weit gehen, »*daß er ihren Charakter verdirbt und bei ihr alle Achtung verliert. Er muß vielmehr hierin das richtige Maß einhalten und darf den Ernst und die Strenge nicht außer acht lassen, wenn er etwas Ungehöriges sieht (…). Vielmehr muß er, wenn er etwas bemerkt, das gegen das Gesetz und die gute Sitte verstößt, erbosen und ergrimmen.*«[2]

Der muslimische Mann soll also stets darauf bedacht sein, die Oberhand zu behalten und sich nicht zum Sklaven der Frau machen zu lassen. Die Beschreibung al-Ghazalis liest sich, als ginge es hier nicht um die Beziehung zwischen Mann und Frau, sondern um das Verhältnis eines Erwachsenen zu einem Kind. Man fragt sich unweigerlich, wie die Sexualität von muslimischen Männern aussieht, wenn sie ihre

Frauen nicht als gleichberechtigte Wesen, sondern als Eigentum betrachten, auf das sie stets ein wachsames Auge haben müssen.

Koray, der in der Türkei aufgewachsen ist und heute in Deutschland lebt, erzählte mir von seiner Unsicherheit gegenüber dem anderen Geschlecht: »*Ich wurde so erzogen, dass ich Mädchen als etwas betrachte, das potentiell irgendwann zu meinem Besitz werden könnte. Das erste Mädchen, in das ich mich verliebte, konnte ich nicht anfassen oder küssen. Ich habe mich trotz ihrer Annäherungsversuche zurückgehalten, wegen der sexuellen Barrieren in meinem Kopf. Erst mit sechsundzwanzig habe ich eine Frau geküsst. Das war alles nicht nur der Druck von außen, sondern das waren auch die Rollen, in denen wir uns eingerichtet hatten.*«[3]

Oktay, der mit sechzehn Jahren nach Deutschland kam, bestätigte diese Scheu. Er habe als Jugendlicher über Mädchen und den Umgang mit ihnen rein gar nichts gewusst, sondern nur die Geschichten anderer Männer gekannt, die stolz berichteten, wie sie eine Frau »flachgelegt« hätten. Über den Geschlechtsverkehr wusste Oktay vorher nur, dass man »irgendwie draufsteigen muss«, dass man beim Sex auch Gefühle entwickelt, sei ihm völlig unbekannt gewesen.

Paradiesische Wonnen

Bevor wir uns das sexuelle Erleben des muslimischen Mannes auf Erden genauer anschauen, sollten wir uns noch einmal vergegenwärtigen, was ihm für das Jenseits versprochen wird. So wird auch am ehesten deutlich, dass die Geschlechter im Islam auf allen Ebenen ungleich behandelt werden.

Prinzipiell erwartet den Menschen im Paradies alles, was es

auf Erden auch schon gibt, nur noch viel mehr davon und viel besser. Das Paradies muss sich schließlich vom Diesseits irgendwie abheben. Es muss einen Anreiz geben, auf Erden gottgefällig zu leben, um ins Paradies zu kommen. Und wie al-Ghazali zu Recht sagt, wäre es *»nutzlos, einem eine Wonne in Aussicht zu stellen, die er niemals empfunden hat«.*[4] Wer nie zuvor Sex hatte, kann sich keinen Reim darauf machen, was es bedeutet, dass ihm im Jenseits plötzlich eine Menge *Huris* zur Verfügung stehen sollen. Wer Schokolade nicht kennt, den kann man nicht mit Pralinen locken.

In den Genuss der sexuellen Freuden kommt im Paradies aber in erster Linie der Mann, besonders der gläubige, rechtschaffene Mann, der auf Erden seiner Religion entsprechend gelebt hat. Die Frau kann noch so fromm und religiös sein, im Jenseits erreicht sie niemals die gleiche Stufe wie ihr Mann. Vor allem bei der Befriedigung sexueller Wünsche gibt es eine offensichtliche Ungleichbehandlung der Geschlechter, zumindest wenn man all dem Glauben schenkt, was führende islamische Theologen über die Jahrhunderte niedergeschrieben haben und noch heute predigen. Der Mann bekommt Jungfrauen, die sich immer wieder erneuern, die Frau geht in sexueller Hinsicht leer aus. Zynisch könnte man sagen: ihrer Natur entsprechend, denn angeblich braucht sie Sex ja nicht so dringend wie der Mann.

Wenn eine Frau es bis ins Paradies schafft, hat sie sich wahrscheinlich daran gewöhnt, dass die Frage nach ihrem eigenen Begehren nicht gestellt wird. Sicher ist jedenfalls, dass sie sich ihrem Ehemann nie verweigert hat, sonst wäre sie gar nicht erst ins Paradies gelangt: *»Denn es wird ihr verheißen, ins Paradies zu kommen, wenn sie ihren Mann vollkommen zufrieden gestellt hat. Hierzu eine Sunna: ›Jede Frau, die stirbt, während ihr Mann mit ihr zufrieden ist, geht ins Paradies ein.‹«*[5]

Und in der Hadithsammlung von al-Buhari heißt es: *»Abu Huraira (…) berichtet, der Prophet (…) habe gesagt: Wenn ein*

Mann seine Frau auffordert, zu ihm ins Bett zu kommen, sie sich aber weigert, so werden die Engel sie bis zum Morgengrauen verfluchen.«[6]

Eine auf Erden gefügige Frau wird also im Paradies damit belohnt, dass sie ihrem Ehemann (oder irgendeinem anderen Mann) sexuell nicht mehr zur Verfügung stehen muss. Diesen Part übernehmen jetzt die *Huris*, und die Frau kann sich mit Speis und Trank begnügen. Vielleicht sagen muslimische Frauen deshalb oft, es wäre besser zu sterben als so zu leben, ohne Zuwendung, Liebe und Achtung, wie eine Sklavin. Sie hoffen auf das Paradies. Was für eine Ironie des Schicksals, dass sie dort von der Sexualität »erlöst« werden, obwohl der Orgasmus doch als etwas Paradiesisches beschrieben wird.

Während die Frau ihrem Mann stets zu Diensten sein muss, um eine Chance zu haben, ins Paradies zu kommen, hat der Mann bei sexueller Verweigerung im Diesseits für das Jenseits nichts zu befürchten. Jedenfalls ist davon nirgendwo die Rede. Höchstens muss er auf Erden damit rechnen, dass seine Frau sich von ihm scheiden lässt, wenn er impotent oder zeugungsunfähig ist. Dabei geht es aber nicht um die der Frau entgangenen sexuellen Freuden, sondern um entgangene Mutterschaft. Und die Mutterschaft ist nun einmal eine der wichtigsten und heiligsten Zugangsvoraussetzungen zum Paradies. Nur in dieser Hinsicht ist der Mann der Frau im Diesseits verpflichtet.

Die unendliche sexuelle Erfüllung im Paradies dient allein der Lust und dem Genuss, schließlich gebären die *Huris* nicht, um die Zeugung von Nachkommen kann es also nicht gehen. Der islamischen Logik entsprechend darf der Mann sich auch auf Erden frei und ohne Fortpflanzungspflicht sexuell betätigen, sofern es zu dem Zweck geschieht, ihm Erleichterung zu verschaffen. Denn das Diesseits befindet sich zwar einige Stufen unter dem Paradies, die beiden Welten stehen aber in keinerlei Widerspruch zueinander. Im Paradies darf man nicht plötzlich etwas tun, was auf Erden verboten war. Und was auf Erden erlaubt war, wird im Paradies nicht plötzlich verboten. Der Mensch soll es dort ja besser haben als vorher.

Kontrolle der männlichen Sexualität

Hadayatullah Hübsch beschreibt im Zusammenhang mit der Frage, ob sich eine Frau ihrem Mann sexuell verweigern dürfe, das islamische Verständnis vom Wesen der männlichen Sexualität: »*Im Gegensatz zur Frau unterliegt der Mann seiner Sexualität in einem Maße, das eine körperliche Befreiung zwingend vorschreibt. Der Mann produziert Samen, derer er sich naturgemäß entledigen muss. (…) Natürlich kann und sollte ein Mann lernen, sich zu beherrschen, seine Körperfunktionen lassen sich aber nicht unbegrenzt unterdrücken. Das könnte seiner Physis schaden (…)*«[7]

Es ist schon eine Bürde, die den muslimischen Männern da auferlegt wird, und das meine ich ganz ernst. Nicht nur den Frauen, sondern auch den Männern wird durch religiöse Vorgaben und Vorschriften letztlich die Erotik, das Intime und Persönliche am Sex geraubt. Das Geschlechtsleben des Mannes ist im Islam fast ebenso fremdbestimmt wie das der Frau. Von allen Seiten wird ihm erklärt, wie er zu sein habe, was er können müsse. Die ständige Berieselung mit dem Thema Sex, die ständige Betonung, wie potent er sei, wie wenig er seine Triebe kontrollieren könne, setzen den Mann unter Druck. Oktay erzählte mir von seiner traditionellen Heirat mit einer Türkin. In der Hochzeitsnacht habe der Sex zwischen den beiden »nicht geklappt«. Als es am nächsten Morgen an der Tür des Paares klingelte und eine Verwandte das Laken verlangte, habe er sich in den Finger geschnitten und das eigene Blut verwendet. Er sagt, er habe sich sehr geärgert, dass seine Intimsphäre nicht respektiert wurde und dass er sich selbst verletzen musste, um in Ruhe gelassen zu werden.

Der besonders gläubige Muslim vergisst selbst beim Sex seine Religion nicht. In einer Sunna, die von al-Buhari überliefert wurde und auf Ibn Abbas, einen Cousin des Propheten Mohammed, zurückgehen soll, heißt es, der Mann möge vor Beginn des Geschlechtsverkehrs folgende Gebetsformel sprechen: »*Wenn ihr zu euren Frauen geht, dann sagt: ›Im Namen Gottes! O Gott, schütze mich vor dem Teufel, und schütze auch das vor dem Teufel, was du für uns bestimmt hast!‹*«[8]

Die Anwesenheit des Leibhaftigen wird also nicht nur beim Zusammentreffen unverheirateter Männer und Frauen angenommen – wie in dem bereits erwähnten, vielzitierten Ausspruch »*Ein Mann befindet sich nie allein mit einer Frau, ohne daß nicht der Teufel sich als dritter zu ihnen gesellt*« zum Ausdruck kommt –, sondern sogar beim erlaubten ehelichen Geschlechtsverkehr. Der Mann wird hier derart zur Vorsicht ermahnt, dass er sich im Grunde weder seinen eigenen intimsten Bedürfnissen, noch denen seiner Ehefrau hingeben kann. Im Zwiespalt zwischen natürlichem Begehren und religiös aufgetragener Vorsicht ist wirkliche Hingabe kaum möglich.

Als Gipfel der Kontrolle über die männliche Sexualität muss al-Ghazalis Empfehlung gewertet werden, wie sich der Mann kurz vor der Ejakulation verhalten möge: »*Wenn die* emissio seminis *nahe ist, soll man innerlich, ohne die Lippen zu bewegen, sprechen: ›Gelobt sei Gott, der aus dem Wasser (Samen) den Menschen geschaffen (…).‹*«[9] Dann schreibt al-Ghazali, wahrscheinlich um das Ganze bildlich zu machen, über einen Traditionsgelehrten werde erzählt, er habe mit so lauter Stimme »Allahu akbar« (Gott ist groß) gerufen, dass es die Leute im ganzen Haus hören konnten.

Im Grunde spricht es durchaus für eine entspannte Sexualität, wenn der Mann beim Orgasmus nicht die Zähne zusammenbeißt, um nur ja keinen Laut von sich zu geben. Aber ob der Ausruf »Allahu akbar« der Situation angemessen ist, wage ich zu bezweifeln. Und damit bin ich nicht allein. Salwa Al Neimi schreibt in ihrem Roman *Honigkuss* über den Sex der verheirateten Protagonistin mit ihrem Geliebten: »*Das erste Mal, als er in mich eindrang, lobpries er Gott. Ich musste lachen. Wer außer ihm brachte es fertig, nach einem sündigen Akt Gott zu danken?*«[10]

Auf der anderen Seite geben die fortwährenden Verweise auf seine angeblich triebgesteuerte Natur dem muslimischen Mann eine Rechtfertigung für sein möglicherweise von den religiösen Vorgaben abweichendes Sexualleben. Koray erzählte mir, was ihm damals in Deutschland auffiel: »*Türkische Menschen sagen über Frauen, die frei leben:* ›*Sie lebt wie eine Deutsche, sie ist eine Deutsche geworden.*‹ *Damit meinen sie, dass sie ihre Sexualität auslebt, wie sie will, und am Ende bedeutet das, dass sie eine Hure ist. Das gilt aber nur für die Frau, nicht für den Mann. Wenn ein Mann seine Sexualität frei lebt, wird er nicht zu einem deutschen Mann, sondern er lebt wie ein Türke, wie ein türkischer Löwe.*«

Und zum Thema Doppelmoral fügt er hinzu: »*Ein türkischer Mann kann, nachdem er eine Frau im Bett gehabt hat, alles, was er mit ihr gemacht hat, in diesen Männercafés sehr frei und detailliert erzählen. Und die anderen hören mit Sabber im Mund zu. Sie erzählen natürlich nicht über die Frauen, mit denen sie verheiratet sind, sondern über die, die sie außerhalb der Ehe erobert haben oder vor der Ehe hatten.*«[11]

Murat, der in der Türkei ein Militärgymnasium besuchte, bevor er nach Deutschland kam, berichtete mir, unter seinen Kameraden habe es nur ganz wenige gegeben, die von ihren sexuellen Abenteuern erzählten oder gar damit prahlten. Sie seien ernsthafter gewesen als andere Jungen ihres Alters und zu Kavalieren erzogen worden. »*Man brachte uns bei, wie wir uns zu verhalten hatten, wenn wir mit unseren Freundinnen auf der Straße liefen. Wir sollten darauf achten, dass sie nicht auf der Straßenseite gingen, damit ihnen nichts passierte. Uns wurden Anstandsregeln beigebracht, die mir gefielen. Den Mädchen, mit denen ich in dieser Zeit flirtete, gefiel es auch, dass wir uns zu benehmen wussten.«*

Nun könnte man fast geneigt sein, sich für muslimische Männer eine militärische Ausbildung zu wünschen, damit sie lernen, sich wie Kavaliere zu benehmen. Doch wie sich herausstellte, war dieses rücksichtsvolle Verhalten dem anderen Geschlecht gegenüber nur die eine Seite der Medaille. Die unterdrückten sexuellen Bedürfnisse suchten sich ein anderes Ventil. *»Unser Leben war natürlich auch so, dass viele von uns in Bordelle gingen«*, erzählt Murat. *»Einige machten das regelmäßig. Sie hauten nachts ab und gingen ins Bordell. Ich gehörte zu denen, die mitgingen, schauten, denen das Wasser im Mund zusammenlief, die sich aber nicht hineintrauten.«*

Trotz der größeren Freiheiten, die muslimischen Männern zweifellos gewährt werden, kann man sagen, dass viele von ihnen genauso unter der Kontrolle ihrer Sexualität leiden wie die Frauen. Koray sagte mir, er fühle sich ebenfalls als Opfer dieser »falschen Ordnung«, wie er es ausdrückte, denn auch er könne nicht einfach eine Beziehung mit einer Frau eingehen, die er liebe, sondern müsse sich an die rigiden Vorgaben seiner Religion halten.

So erwartet die durchschnittliche muslimische Familie von ihrem Sohn, dass er eine anständige, hübsche, sittsame, jungfräuliche, fleißige Muslimin heiratet, die ihm Kinder gebärt und sein Heim in Ordnung hält. In vielen Fällen führt das dazu, dass Männer, die vielleicht schon jahrelang mit einer nicht-muslimischen, westlichen Frau liiert waren, diese Beziehung mehr oder weniger freiwillig beenden und einer arrangierten Ehe zustimmen. Es ist wohl auch für die jungen Männer nicht leicht, sich dem Druck zu widersetzen, den Familien zuweilen ausüben, um ihre Sprösslinge auf den »rechten Weg« zu bringen. Manche Männer, mit denen ich sprach, sagten aber auch, irgendwann habe es »klick« gemacht, und sie hätten von sich aus gedacht, nun sei es an der Zeit zu heiraten. Also hätten sie ihre Eltern gebeten, eine passende muslimische Frau für sie auszusuchen. Glücklich schienen mir diese Männer jedoch nicht zu sein. Sie hatten zwar eine gute Ehefrau und eine gute Mutter für ihre Kinder. Aber irgendwie, sagten fast alle, sei das Zusammenleben langweilig, weil die Leidenschaft fehle, die sie vorher mit anderen Frauen kennengelernt hatten.

Die negativen Folgen der sexuellen Fremdbestimmung zeigen sich auf vielfältige Weise: Ein Mandant von mir, der zwangsverheiratet war und sich wegen einer anderen Frau von seiner Ehefrau getrennt hatte, wurde von seinem eigenen Vater deswegen beinahe umgebracht. Die 22-jährige Serpil erzählte mir von ihrem Freund, einem Muslim, mit dem sie seit einem Jahr zusammen sei. Die beiden zeigten sich öffentlich, die Eltern wüssten von der Beziehung und akzeptierten sie. Dennoch habe der junge Mann massive Schuldgefühle, weil sie heimlich miteinander schliefen und dadurch, wie er glaube, das Vertrauen ihrer Eltern missbrauchten.

Die Islamwissenschaftlerin Ursula Spuler-Stegemann teilt die Einschätzung, dass die hierarchischen Strukturen im Islam und die daraus entstehenden Abhängigkeiten auch die Freiheit der Männer stark einschränken. Der soziale Druck innerhalb der Männergemeinschaft sei enorm, zumal sich ein wesentlicher Teil des Lebens der Männer in der Öffentlichkeit abspiele und sie auf diese Weise der Kontrolle ihrer Geschlechtsgenossen ausgesetzt seien. »*Betrachtet man die Situation des Mannes im Islam genau, wird man gewahr, dass Pauschalurteile, die sich undifferenziert lediglich am Verhältnis zur schlechteren Position der Frauen orientieren, fehl am Platze sind.*«[12]

Die Angst vor der
weiblichen Sexualität

Einer der wichtigsten Gründe für die umfassende Kontrolle der weiblichen Sexualität in patriarchalischen Gesellschaften, also auch im Islam, ist der Wunsch des Mannes, Sicherheit über seine Nachkommen zu haben. Männer können nie ganz sicher sein, ob und, wenn ja, wie viele Kinder sie gezeugt haben. Auch können sie selten mit hundertprozentiger Sicherheit sagen, dass das Kind im Bauch ihrer Frau tatsächlich von ihnen ist. Die heutigen technischen Möglichkeiten erlauben es allerdings, die Abstammung der Kinder im Nachhinein ziemlich eindeutig festzustellen. Entsprechend häufig lassen zweifelnde Männer einen DNA-Test vornehmen.[13]

In vorislamischer Zeit hatten die Frauen, wie es scheint, eine recht freie und selbstbestimmte Sexualität, zumindest wenn wir den Überlieferungen des al-Buhari folgen. Ich zitiere im Folgenden ausführlich daraus, um den Unterschied zum heutigen Leben religiöser muslimischer Frauen und Männer deutlich zu machen: »*In vorislamischer Zeit gab es vier verschiedene Formen der Heirat und Ehe. Eine von ihnen entspricht der heutigen Heirat. Ein Mann hält bei einem anderen Mann um dessen Tochter oder Schutzbefohlene an. Das Brautgeld wird festgelegt, und dann heiratet er sie. Eine andere Art der Ehe war folgende: Der Mann sagte zu seiner Frau, wenn ihre Menstruation vorüber war: ›Halte dich an den Soundso und geh eine Beziehung mit ihm ein!‹ In der Folgezeit blieb der Ehemann ihr fern und rührte sie nicht an, bis sie von jenem anderen Mann ein Kind erwartete. Wenn Sicherheit über ihre Schwangerschaft bestand, konnte er ihr wieder beiwohnen. Dieser Art der Ehe lag der Wunsch nach einem besonders edlen und vornehmen Blute zugrunde. Bei der dritten Kategorie von Ehe hatte eine Gruppe von nicht mehr als zehn Männern sexuelle Beziehungen zu einer Frau. Oft wurde sie schwanger und brachte ein Kind zur Welt. Einige Tage nach der Entbindung rief sie ihre Liebhaber zusammen, und keiner von ihnen hatte das Recht, dieser Zusammenkunft fernzubleiben. Sobald alle versammelt waren, sagte sie: ›Ihr wißt, warum ihr hier seid! Ich habe ein Kind geboren, und es ist dein Kind, Soundso!‹ Dabei nannte sie nach Belieben den Namen eines der Männer. Das Kind war damit diesem Mann zugewiesen, und er hatte nicht die Möglichkeit, die Vaterschaft zurückzuweisen.*

Bei der vierten Art von Ehe verkehrten viele Männer mit einer Frau. Diese Frauen waren Prostituierte, sie verweigerten sich keinem. Über den Türen ihrer Häuser befestigten sie Fahnen als Zeichen für die Männer, und wer mit ihnen schlafen wollte, begab sich zu ihnen. Wenn eine solche Frau ein Kind zur Welt brachte, wurden alle ihre Liebhaber zusammengerufen und die Physiognomen eingeladen. Diese Gelehrten ordneten das Kind jenem Mann zu, den sie als den Vater erkannten. Ihm wurde das Kind zugesprochen, und es galt als sein Kind, ohne daß er etwas dagegen unternehmen konnte.«[14]

Mohammed habe all diese Bräuche abgeschafft, heißt es. Nicht jeder deutet die damalige Lebensweise allerdings wie ich als Zeichen von Freiheit; manche sagen auch, die Frau habe in vorislamischer Zeit als Ware gegolten, und erst durch den Islam sei sie befreit worden.[15]

Ganz gleich, welcher dieser beiden Ansichten man zuneigt, fest steht, dass der Mann im Zuge der Islamisierung die Kontrolle über die Sexualität der Frau übernommen hat. Wie es heißt, geschah das nur zu ihrem eigenen Schutz. Denn die Frau, das ursprünglich ungezügelte und sexuell überaus aktive Wesen, habe in moralische und religiöse Bahnen gelenkt werden müssen, um Unheil von der Menschheit abzuwenden. Außerdem sollte die Frau, ebenso wie der Mann, auf das Paradies vorbereitet werden. Da das islamische Paradies für die Frauen aber keine aktive Sexualität vorsah, musste ihr sexuelles Begehren schon auf Erden eingedämmt werden.

Dass die weibliche Sexualität im Paradies abgeschafft wird, heißt jedoch nicht, dass die islamischen Gelehrten der Ansicht sind, Frauen hätten auf Erden keine sexuellen Gefühle. Im Gegenteil. Man würde kaum so viel Energie darauf verwenden, die weibliche Sexualität zu beschneiden und zu kontrollieren, wenn man der Ansicht wäre, dass sie gar nicht existiert. Musliminnen bräuchten keinen Schleier zu tragen und würden nicht im Haus eingesperrt, wenn man sie nicht als sexuelle Gefahr ansähe. Wobei die Gefahr zum einen davon ausgeht, dass Frauen einen sexuellen Reiz auf den Mann ausüben, dessen er sich nicht erwehren kann. Zum anderen wird die Frau aber auch als sexuell gieriges Wesen betrachtet, das nur darauf aus ist, den Mann zu verführen.

In meinen Gesprächen mit muslimischen Männern stieß ich immer wieder auf das Bild von der Frau als Teufel. Alle kannten diese Zuschreibung, auch wenn sich die liberaleren unter ihnen davon distanzierten.

Koray sagte: »*Es heißt immer, dass die Frau der Teufel sei. Mir hat das niemand direkt gesagt, aber man hört es in der Gesellschaft. Ich habe zum Beispiel einen guten Freund, Akademiker, ein offener und aufgeklärter Alevite, der meinte neulich zu mir: ›Was sprichst du mit diesen Frauen, das sind Teufel.‹*«[16] Koray wundert sich darüber, schließlich habe jeder Muslim eine Mutter, und die müsste dann auch als Teufel angesehen werden, ebenso wie die Schwestern und die eigenen Töchter.

Murat erklärt, er persönlich habe nie gedacht, »*dass die Frau der Teufel ist, so wie einige Muslime das vielleicht denken. Höchstens, dass die Frau gefährlich ist.*« Trotz der Einschränkung scheint auch bei ihm das negative Bild der Frau durch, die eine Bedrohung für den Mann darstellt.

Da sich im Koran und in den Hadithen, wie wir gesehen haben, genügend Textstellen finden, die den gläubigen Muslim in seinen negativen Ansichten über die Frauen und ihre Sexualität bestätigen, muss man sagen, dass es sich hier um ein religiöses Problem handelt und nicht um ein ausschließlich kulturelles, wie mancher offizielle Islamvertreter uns glauben machen möchte.

Der Männlichkeitswahn
und die Folgen

Der Männlichkeitswahn, der aus der religiös begründeten Geschlechterhierarchie und einer übertriebenen Sexualisierung herrührt, hat zur Folge, dass muslimische Männer ständig nach Wesen Ausschau halten, mit denen sie sich sexuell vereinigen können, und dass sie keine sich bietende Gelegenheit auslassen dürfen, so wie mir Berkay berichtete, der vor einigen Jahren zum Heiraten aus der Türkei nach Deutschland kam: »*Wenn ich meinen Freunden sage, dass ich meine Frau nicht betrüge, lachen die mich aus. Sie sagen, wie geht das, was bist du für ein Mann? Sie glauben mir nicht, sie halten mich für einen Lügner. Ich soll meine Frau betrügen. Wenn ich die Chance habe, eine Frau zu bekommen, muss ich sie wahrnehmen.*«

Neben dem Zwang zur sexuellen Aktivität kann dieser Männlichkeitswahn aber auch gewalttätiges Verhalten fördern, ein weitverbreitetes Problem in muslimischen Ländern. Denn wenn der Mann nicht bekommt, was er zu brauchen meint, nimmt er es sich notfalls mit Gewalt. Das Problem existiert bekanntermaßen in allen Gesellschaften, doch nicht überall findet Gewalt gegen Frauen noch heute eine so große Akzeptanz wie im Islam. Besonders die Sure 4 : 34 wirkt sich sehr stark auf das Alltagsleben vieler Muslime und auf deren Umgang mit Gewalt aus. Die entsprechende Passage im Koran lautet: »*Die rechtschaffenen Frauen sind demütig ergeben (...). Ermahnt diejenigen, von denen ihr Widerspenstigkeit befürchtet, und entfernt euch von ihnen in den Schlafgemächern und schlagt sie.*«[17]

151

Koray vertritt die Auffassung, wenn in einer Gesellschaft ein religiöses Buch existiere, in dem geschrieben stehe, dass die Frau geschlagen werden solle, dann werde die Frau auch geschlagen.

Von einem besonders krassen Fall war kürzlich in der Presse zu lesen. Der Europäische Gerichtshof für Menschenrechte in Straßburg verurteilte den türkischen Staat zur Zahlung einer Geldstrafe von ca. 35 000 Euro an eine Frau, die nicht ausreichend vor ihrem gewalttätigen Ehemann geschützt worden war. Über Jahre hinweg hatte der Mann seiner Frau immer wieder teils schwere Verletzungen zugefügt, und jedes Mal, wenn sie ihn anzeigte, kam er nach Zahlung einer Geldstrafe wieder frei. Als er 2002 die Mutter seiner Frau erschoss, verhängte das zuständige Gericht zwar eine lebenslängliche Freiheitsstrafe, der Mann wurde aber aus dem Gefängnis entlassen, nachdem er Berufung eingelegt hatte. Das Urteil des Europäischen Gerichtshofs sei in der türkischen Presse als historisch eingestuft worden, schrieb die *Süddeutsche Zeitung,* weil es über den Einzelfall hinaus eine »Kultur der Gewalt« benenne, die in dem Land noch allzu oft toleriert werde. Das Gericht habe sich auf Berichte von Frauengruppen berufen, denen zufolge Polizisten vielerorts Anzeigen misshandelter Frauen nicht ernst nähmen oder Richter gewalttätigen Männern Straferlass gewährten, wenn sie mit ihrer Tat angeblich die Familienehre verteidigt hätten.[18]

In dem geschilderten Fall ging es um Schläge und andere Verletzungen, aber auch sexualisierte Gewalt kommt in muslimischen Familien häufig vor. Dazu muss noch einmal festgehalten werden, dass sich eine muslimische Frau den sexuellen Wünschen ihres Ehemannes bekanntermaßen nicht einfach entziehen darf. So schreibt al-Ghazali, der Prophet habe gesagt: »*Der Mann hat von der Frau folgendes zu beanspruchen: Wenn er sie begehrt, darf sie sich ihm nicht versagen, auch wenn sie auf dem Rücken eines Kameles säße (…)*«[19]

Der in Australien lebende, offenbar besonders bei jungen Menschen beliebte muslimische Geistliche Samir Abu Hamza gab sich in einer Predigt zum Thema »Die Schlüssel zu einer erfolgreichen Ehe«, die kürzlich als Internetvideo veröffentlicht wurde, verwundert über die rechtliche Definition von Vergewaltigung in Australien. Die Schweizer Newsplattform *20 Minuten* zitierte Hamza im Januar 2009 wie folgt: »*Wenn ein Mann mit seiner Frau schlafen will und sie einfach nicht will und er schließlich gewaltsam mit ihr schläft, gilt das als Vergewaltigung.*« Das finde er erstaunlich, denn er frage sich: »*Wie kann jemand seine Ehefrau vergewaltigen?*« Eine Frau dürfe das Verlangen ihres Mannes nach Sex nicht verweigern, »*nicht einmal, wenn sie ihm das Essen zubereitet*«.[20]

Natürlich gibt dieser Geistliche nicht die muslimische Mehrheitsmeinung wieder, dennoch kann man sagen, dass die im Koran festgehaltene Erlaubnis, »widerspenstige« Frauen zu schlagen, verbunden mit dem überlieferten Hinweis des Propheten, dass Frauen sich ihren Männern sexuell nicht verweigern dürfen, diese Interpretation zumindest zulässt.

Nun liegt es in der Natur der Sache, dass Musliminnen, auch wenn sie sich als gute Ehefrauen an den Spruch des Propheten halten möchten, nicht immer »bereit« sind, wenn ihr Ehemann gerade will. In einer solchen Situation greifen manche Männer zu Gewalt. Wie oft Vergewaltigung in muslimischen Ehen tatsächlich vorkommt, können wir in Deutschland anhand der wenigen Anzeigen, die bei den Staatsanwaltschaften eingehen, nur erahnen. Ich bin aber sicher, dass Musliminnen in Westeuropa sexuelle Gewalt noch seltener anzeigen als in ihren Herkunftsländern. Die sprachliche Barriere und die Scham, vor »Fremden« zu sprechen, spielen dabei sicher eine große Rolle. Außerdem dürfte manchen Frauen gar nicht klar sein, dass Vergewaltigung in der Ehe strafbar ist. Oder sie suchen die Schuld bei sich selbst.

In einer Studie des Bundesfamilienministeriums zum Thema »Gewalt gegen Frauen in Deutschland« reagierten Türkinnen auf die Frage nach sexueller Gewalt sehr abweisend. Viele wollten gar nicht erst antworten oder sagten, sie empfänden es als Beleidigung, so etwas gefragt zu werden. Gleichzeitig fiel bei der Untersuchung auf, dass türkische Frauen deutlich häufiger von Gewalt in Paarbeziehungen betroffen waren als der Durchschnitt der gesamten weiblichen Bevölkerung in Deutschland. So hatten insgesamt 25 % der befragten Frauen angegeben, Gewalt durch Beziehungspartner erlebt zu haben, während Frauen türkischer Herkunft dies zu 38 % angaben. Des Weiteren zeigte sich, dass die türkischen Migrantinnen auch schwerere Formen von körperlicher Gewalt erlitten hatten. In der Studie heißt es dazu: »*So waren bezogen auf die erlebten Gewalthandlungen die Anteile der Betroffenen, die verprügelt, gewürgt, mit einer Waffe bedroht oder denen eine Ermordung angedroht wurde, bei den türkischen Migrantinnen jeweils fast doppelt so hoch wie bei den von körperlicher Gewalt betroffenen Frauen der Hauptuntersuchung.*«[21]

In einer breitangelegten Studie der türkischen Regierung zum Thema häusliche Gewalt, die 2008 durchgeführt wurde, ist auch die Häufigkeit sexueller Gewalt durch Ehepartner oder Lebensgefährten untersucht worden. Es ergab sich für die gesamte Türkei eine Zahl von etwas mehr als 15 %, auf dem Land waren es sogar fast 20 %, die bereits einmal Opfer sexueller Gewalt ihrer Ehe- oder Lebenspartner geworden waren.[22] Das sind erschreckende Zahlen, doch ich glaube, die Dunkelziffer liegt noch sehr viel höher.

Ein weiteres Beispiel dafür, welch verheerende Folgen der Männlichkeitswahn in Verbindung mit dem verqueren Ehrbegriff vieler Muslime haben kann, sind Gruppenvergewaltigungen, wie sie in muslimisch dominierten Vororten französischer Großstädte (und nicht nur dort) heutzutage beinahe wie eine Art Volkssport betrieben werden. Ein muslimisches Mädchen wird von mehreren jungen Muslimen nacheinander vergewaltigt, weil die das Mädchen als zu freizügig ansehen. Als Indizien dafür gelten das fehlende Kopftuch, westliche Kleidung und nicht-muslimische Freunde. Oder ein Mädchen wagt es, zu einer Uhrzeit auf der Straße zu sein, zu der eine anständige Muslimin dort nach Ansicht ihrer Tugendwächter nichts mehr zu suchen hat. Dann schwingen sich diese jungen Männer zu Richtern auf und »bestrafen« das Mädchen, indem sie sie erniedrigen und ihr auf brutalste Weise die Würde rauben – die Ehre, die sie in ihren Augen ohnehin bereits verloren hat.[23]

Prostitution im Islam

Der gute Muslim setzt sich vom Westen gerne auch mit dem Argument ab, in seiner Welt gebe es keine Prostitution. Das entspricht aber nicht der Wahrheit, denn zwar ist Prostitution in den meisten muslimischen Ländern verboten, die Realität sieht jedoch anders aus.

In der Türkei ist käufliche Liebe außerhalb behördlich genehmigter Bordelle untersagt, dennoch wird Straßenprostitution meist geduldet. In größeren Städten wie beispielsweise Istanbul prostituieren sich auch viele Transsexuelle, die meist keine andere Möglichkeit haben, sich ihren Lebensunterhalt zu verdienen.

Die Bordelle haben neben der üblichen Funktion, Männern Sex gegen Geld zu bieten, auch immer noch die Aufgabe, junge Muslime in die Welt der körperlichen Liebe einzuführen. Zahlenmäßig lässt sich das schwer fassen, aber es ist allgemein bekannt, dass viele Muslime ihre Jungfräulichkeit mit einer Prostituierten verlieren, wohl aus Mangel an Gelegenheit zu vorehelichem Verkehr mit jungen muslimischen Frauen.

Nach islamischem Recht gilt Prostitution als Unzucht und

wird in einigen Ländern mit drakonischen Strafen belegt. Bis hin zur Todesstrafe, wie zum Beispiel in Saudi-Arabien. Dort werden alle direkt oder indirekt Beteiligten belangt, also nicht nur die Prostituierte, sondern auch der Freier und gegebenenfalls der Zuhälter. In den Vereinigten Arabischen Emiraten ist Prostitution zwar ebenfalls verboten, Zuwiderhandlungen werden aber besonders in Abu Dhabi und Dubai meist nicht strafrechtlich verfolgt. Wie mir die deutsche Lehrerin Klara aus Abu Dhabi schrieb, ist käufliche Liebe dort weitverbreitet und wird besonders in den großen Hotels angeboten. Während die Freier aus allen gesellschaftlichen Schichten stammten, gehörten die Prostituierten eher der sozialen Unterschicht an. Viele kämen extra aus anderen islamischen Ländern als Gastarbeiterinnen in die Vereinigten Arabischen Emirate.

Unter Schiiten wird das Verbot der Prostitution (und natürlich des außerehelichen Geschlechtsverkehrs) durch die Mut'a-Ehe umgangen. Diese Genuss- oder Zeitehe kann für einen Zeitraum von einer Stunde bis zu mehreren Jahren geschlossen werden. Laut Koranvers 4 : 24, der den Schiiten zufolge die Mut'a-Ehe erlaubt, muss der Frau nach »Verrichtung« der Ehe bzw. nach Beendigung des Zeitraums, in dem sie dem Mann sexuell zur Verfügung stand, ein vorher vereinbartes Entgelt gezahlt werden. Die Frau hat in einer Zeitehe keine weiteren Ansprüche als den vorher vereinbarten »Lohn«. Nach Ansicht der sunnitischen Mehrheit der Muslime stellt die Zeitehe eine Form von Prostitution dar, die der Prophet verboten hat. Weit verbreitet ist die Mut'a-Ehe jedoch im mehrheitlich schiitischen Iran, wo sie sogar vom Staat legalisiert wurde.

Die Studentin Asya erzählte mir, dass in Deutschland auch unter sunnitischen Muslimen Zeitehen eingegangen werden. Asya kennt Fälle, in denen arabische Männer zum Studieren nach Deutschland kamen und sich von einem Imam für einen begrenzten Zeitraum verheiraten ließen. Wenn sie in ihr Land zurückkehrten, wurde die Verbindung aufgelöst. Einziger Zweck dieser Ehen war das »legale« Ausleben der Sexualität.

Dass nicht nur im Iran, sondern auch im Westen offenbar Zeitehen eingegangen werden, zeigt wieder einmal das Dilemma, in dem sich die jungen Muslime befinden, weil sie ihre Sexualität vor der Ehe nicht ausleben dürfen. Menschen in dem Alter haben nun einmal sexuelle Bedürfnisse, egal, ob sie verheiratet sind oder nicht. Das Verbot von außerehelichem Sex hat nur negative Folgen und ist, wie die Praxis zeigt, absolut unzeitgemäß.

Missbrauch von Kindern

Sexueller Missbrauch kommt in allen Gesellschaften und Kulturen vor. In der islamischen Welt erleben wir aber, dass dieser Missbrauch teilweise legalisiert wird, und zwar durch die Institution Ehe. Das Mindestheiratsalter wird entsprechend niedrig angesetzt, so dass selbst Kinder schon verheiratet werden können. Im Iran zum Beispiel beträgt das Mindestalter für eine Eheschließung bei Mädchen dreizehn Jahre, doch laut Amnesty International können Väter die Erlaubnis erhalten, ihre Töchter auch früher zu verheiraten, und auch an Männer, die viel älter sind als die Mädchen.[24]

Die afghanische Botschafterin in Deutschland, Frau Professor Maliha Zulfacar, erklärte mir gegenüber, in Afghanistan müsse eine Braut laut Gesetz zwar mindestens sechzehn Jahre alt sein, aber das Gesetz sei noch nicht genügend »implementiert«. In dem sehr armen Land, in dem noch dazu 80 % der Frauen Analphabetinnen seien, verbreite sich das Wissen über die Rechte von Frauen nur sehr langsam. Nach wie vor sei es eine verbreitete Praxis, Mädchen in niedrigerem Alter zu verheiraten. Einerseits geschehe das, damit die Eltern das Kind nicht länger ernähren müssten, andererseits diene die Verheiratung nicht selten auch der Verhinderung einer Entführung. In den drei Jahrzehnten der kriegerischen Auseinandersetzungen in Afghanistan seien sehr häufig unverheiratete junge Mädchen von mächtigen Warlords, deren Generälen oder verfeindeten ethnischen Gruppen entführt worden, wodurch nicht zuletzt die Ehre der betroffenen Familie verletzt werde. Und dem beuge man mit der frühzeitigen Verheiratung vor.

In den meisten islamischen Ländern kommt es gar nicht so selten vor, dass ältere Männer Mädchen im Alter zwischen elf und dreizehn Jahren zur Frau nehmen. 2007 sorgte ein Foto weltweit für Furore, auf dem eine elfjährige afghanische Kindsbraut mit ihrem vierzigjährigen Ehemann abgebildet ist, an den sie verkauft wurde. Die Kinderhilfsorganisation Unicef wählte das Bild zum Foto des Jahres. Der niederländische Schriftsteller Leon de Winter kritisierte die Perversität des Hochzeitsbildes ebenso wie die Gleichgültigkeit des Westens: *»Es gibt Menschen, die dieses Bild ansehen und einfach weiterleben können. Ohne Ekel, Brechreiz und Wut. Was wir sehen, ist heftigste Barbarei. Aber ein leichtfertiger kultureller Relativismus – der in unserer Zeit die Erscheinungsform dekadenter Gleichgültigkeit angenommen hat – lässt viele Menschen wegschauen. Sie wenden sich ab von dem Anblick eines 11-jährigen Mädchens, das von dem Mann, der neben ihm sitzt, vergewaltigt werden wird.«*[25]

Wer sich der Einsicht verschließt, dass wir es hier mit einer zu verurteilenden Praxis zu tun haben, legitimiert Menschenrechtsverletzungen in islamischen Ländern. Auch wenn früher in europäischen Herrenhäusern junge Dienstmädchen und Mägde neben ihrer eigentlichen Arbeit als Sexsklavinnen missbraucht wurden, auch wenn in Deutschland immer noch Kinder – von Nachbarn und zuständigen Behörden unbemerkt – von den eigenen Eltern zu Tode gequält werden, dürfen wir die

Augen nicht verschließen vor den unmenschlichen Sitten in anderen Ländern. Nur weil der Westen den sexuellen Missbrauch in den eigenen Ländern noch nicht überwinden konnte, heißt das nicht, dass es ihm nicht zusteht, über den »legalen« sexuellen Missbrauch an Kindern in der islamischen Welt zu sprechen. Wenn wir es im Westen ernst meinen mit den universellen Menschenrechten, dann sind wir geradezu dazu verpflichtet.

Natürlich gibt es in der islamischen Welt nicht nur den legalisierten Missbrauch durch frühe Verheiratung, sondern ebenfalls den in aller Welt vorkommenden sexuellen Missbrauch von Kindern durch Bekannte oder Verwandte.

Der sexuelle Missbrauch in der Familie ist unter Muslimen ein riesengroßes Tabu. Oft heißt es in den islamischen Gemeinschaften hierzulande: »Wir sind moralischer als die Deutschen, die missbrauchen ja ihre eigenen Kinder.« Angeblich sind die auf ihre Ehre bedachten Großfamilien ein gutes und sicheres Umfeld für die Heranwachsenden. In Wirklichkeit herrscht unter Muslimen aber nur größeres Stillschweigen.[26]

Tülin und Yelda, zwei Frauen, die in der Türkei aufgewachsen sind und mittlerweile in Deutschland leben, versicherten mir, dass ihrer Erfahrung nach viele muslimische Jungen und Mädchen sexuell missbraucht werden. Beide Frauen haben das in ihrer Kindheit selbst erlebt. Tülin wurde bereits als Vierjährige von einem jungen Mann missbraucht. Später, als sie zwölf war, mussten sie und ihre Cousinen über sich ergehen lassen, dass ein in die Familie eingeheirateter, nach außen hin extrem religiöser Onkel sie bei jeder Gelegenheit unsittlich berührte. Die Eltern, an die sich die Mädchen um Hilfe wandten, glaubten ihnen jedoch nicht.

Yeldas Fall erscheint mir noch dramatischer, denn sie wurde von einem Geistlichen missbraucht. Als Kind besuchte sie eine Koranschule in der Türkei, wo sie sich durch besondere Leistungen hervortat und als Fünfzehnjährige ausgewählt wurde, den anderen Schülerinnen vorzupredigen. Zur Vorbereitung dieser Aufgabe musste sie mehrfach den Imam in seinem Haus aufsuchen. Der Geistliche nutzte die Situation aus und verging sich an dem jungen Mädchen. Sie war so schockiert, dass sie weder protestieren noch sich wehren konnte. So ging das eine ganze Weile. Irgendwann drohte sie, es ihren Eltern zu sagen, doch der Imam meinte nur, ihr würde doch sowieso niemand Glauben schenken. Zwei Jahre später, als sie die Koranschule verlassen hatte und bereits verheiratet war, klingelte der Imam an ihrer Tür und forderte sie auf, ihm zu öffnen. Es gelang ihr jedoch, ihn wegzuschicken. Diese Vorfälle lagen schon viele Jahre zurück, als Yelda sie mir schilderte, aber die Erschütterung war ihr immer noch deutlich anzumerken.

Auch in der islamischen Welt sind natürlich nicht nur Mädchen von sexuellem Missbrauch betroffen. In ihrem Buch *Allah und Eva* über das Leben in Pakistan schreibt die niederländische Journalistin Betsy Udink, der Geschlechtsverkehr mit Jungen sei im Islam zwar verboten, komme aber dennoch in großem Stil vor. Ursache seien die strikte Geschlechtertrennung, der untrennbar mit der Jungfräulichkeit ihrer Frauen verbundene Ehrbegriff der Männer sowie der Konkurrenzkampf unter Männern und Jungen darum, wer die meisten Erektionen pro Tag und am häufigsten einen Orgasmus habe. Fortwährend dächten pakistanische Männer an Sex. Und der einzige Sex, der problemlos zu haben und vermeintlich ohne Risiko sei, sei derjenige mit Jungen: »*Kein Getue mit Jungfernhäutchen, keine unerwünschten Schwangerschaften, keine Familienehre, die verletzt wird, wegen der gekämpft werden muss, kein Karo-kari, kein Theater wegen Vergewaltigung. Die Vorteile von Sex mit Knaben in einer Gesellschaft der ›Apartheid der Geschlechter‹ lassen sich gar nicht alle aufzählen, so viele sind es.*«[27]

Die beiden Psychotherapeutinnen, mit denen ich ausführlich über weibliche und männliche Sexualität im Islam sprach, berichteten mir, dass sich der sexuelle Missbrauch in den Familien oft über mehrere Generationen hinziehe. Türkische Betroffene zum Beispiel suchten viel zu selten Hilfe bei türkischen Therapeuten, aus Angst, in der Gemeinschaft könnten dann alle von dem erfahren, was ihnen geschehen sei. Zu nichttürkischen Therapeuten gingen sie von vornherein nicht, da fehle das Vertrauen, und innerhalb der Familien fänden sie zumeist auch keine Hilfe.

Was den Missbrauch an Jungen betrifft, wiesen die Psychotherapeutinnen darauf hin, dass in der türkischen Gemeinschaft generell eine große Schamlosigkeit im Hinblick auf die männlichen Sexualorgane existiere, eine Schamlosigkeit, die sich unter anderem auch in einer ausgeprägten Übergriffigkeit gegenüber kleinen und größeren Jungen manifestiere. Die Sexualisierung beginne schon im Kleinkindalter, wenn Mütter, große Schwestern und Tanten den Penis des Säuglings beim Wickeln bewunderten, liebkosten und küssten. Manche Mütter würden ihre Söhne noch im Genitalbereich waschen, wenn die schon längst in der Pubertät seien.

Eine Interviewpartnerin berichtete mir von einem Mann, der seiner Mutter noch als Erwachsener des Öfteren an die Brust griff. Manchmal sagte er scherzhaft zu ihr: »Du hast früher wahrscheinlich meinen Penis zu oft geküsst, deshalb bin ich heute so abhängig von den Frauen.« An diesem Beispiel zeigt sich, wie fließend die Übergänge zwischen normalem körperlichem Umgang in der Familie und sexuellen Übergriffen sein können. Und wie hoch das Ausmaß alltäglicher Sexualisierung ist.

Wie Männer von der sexuellen Selbstbestimmung der Frau profitieren können

Am Ende sind nicht nur Mädchen und Frauen Opfer des im Islam üblichen Umgangs mit der Sexualität. In meinen Gesprächen mit muslimischen Männern in Deutschland bestätigte sich meine Annahme, dass viele von ihnen den ständigen Druck der Umwelt und die Kontrolle ihres Sexuallebens ebenfalls als Freiheitsbeschränkung und als Belastung ansehen. Koray ist sogar der Meinung, dass Männer die eigentlichen Opfer sind. Die Frauen seien mit ihren Gefühlen nicht so einsam, sie würden viel mehr miteinander reden. Männer hingegen sprächen nicht über das eigene Elend, sondern prahlten stattdessen mit ihren sexuellen Eskapaden, ohne zu merken, wie armselig das sei. Hinzu komme, dass die allermeisten Männer die aufregenden sexuellen Praktiken gar nicht mit ihren Ehefrauen genießen könnten – die seien schließlich keine Huren, heiße es dann immer. Sexuelle Freizügigkeit werde mit Prostitution, mit etwas Verbotenem, Schmutzigem in Verbindung gebracht. Um sexuelle Freiheit zu erleben, müsse der Mann zu einer Hure gehen, weil eine anständige muslimische Frau im Bett zurückhaltend zu sein habe.

Laut Auskunft der beiden Psychotherapeutinnen sowie einer ganzen Reihe von Frauen, mit denen ich gesprochen habe, erweisen sich viele muslimische Männer im Bett als Machos. Sie kennen offenbar nicht den Genuss am Körper ihrer Partnerin, lassen Zärtlichkeit vermissen und kommen beim Sex meist ohne Vorspiel direkt »zur Sache«. Im Laufe der Ehe verhielten sie sich immer rücksichtsloser, die Frauen würden »genommen« und dürften keine eigenen sexuellen Wünsche äußern.

Natürlich gibt es auch eine große Zahl muslimischer Männer, die ihre Sexualität anders leben oder leben wollen und die sich eine respektvollere Beziehung zwischen den Geschlechtern wünschen. Jedenfalls äußerten das etliche meiner Gesprächspartner.

Murat sagt, als er Anfang der 90er Jahre nach Deutschland gekommen sei, habe er gemerkt, dass die Menschen hier viel lockerer waren. Paare seien Hand in Hand auf der Straße gelaufen und hätten sich vor den Augen aller geküsst. Die Frauen seien im öffentlichen Leben viel präsenter, als er es aus der Türkei kenne, und bewegten sich ungezwungener. »*Das macht mich als Mann auch freier, entspannter, wenn Frauen freier sind. Männer und Frauen schauen sich viel entspannter an, und wenn beide es wollen, geht es weiter. Die Frau kann aber auch nein sagen.*« An dieses Nein der Frauen habe er sich allerdings erst gewöhnen müssen, so etwas habe er bis dahin nicht gekannt.

Auch Oktay erzählte mir, wie sehr er von der größeren Freizügigkeit und Selbstbestimmtheit der westlichen Frauen profitiert habe. Und dass er sich wünsche, mit muslimischen Frauen Ähnliches erleben zu können. Die größere Hemmungslosigkeit der westlichen Frauen und die Tatsache, dass sie sagten, was ihnen gefalle, finde er sehr erregend. »*Mit deutschen Frauen redet man darüber und macht es. Mit türkischen Frauen macht man es und redet nicht darüber.*« Diese Sprachlosigkeit führe zu vielen Missverständnissen, und man lerne die Bedürfnisse des anderen nicht richtig kennen.

Einige meiner in religiösen Dingen eher fortschrittlichen Gesprächspartner erklärten mir, es sei für sie alles andere als leicht gewesen, sich im Hinblick auf die Sexualität von ihrer muslimischen Erziehung zu befreien. Wie schwierig muss es dann erst für streng religiöse Männer sein, sich zu verändern. Die sehen zumeist ja auch gar keinen Grund, an den angeblich von Allah so gewollten Geschlechterverhältnissen zu rütteln.

Auf die Frage, für wie wahrscheinlich er eine schnelle Veränderung halte, meinte Murat: »*Wir leben in einer Welt, in der Männer die Macht haben. Und sie haben Angst davor, diese Macht zu verlieren. Warum sollten wir Macht abgeben, Macht ist etwas sehr Wichtiges. Es reicht also nicht zu sagen, dass wir Gleichberechtigung wollen. Wir müssen zunächst erkennen, dass wir in einer sehr konservativen Gesellschaft leben und Veränderungen lange Zeit benötigen. Ich weiß das aus meiner Jugend, wir haben den ganzen Tag die Welt verbessert, und am Abend haben wir festgestellt, dass alles beim Alten war. Dann sind wir oft selbst in die bewährten Muster zurückgefallen.«*

Diese Probleme und Widerstände, die sicher nicht aus der Luft gegriffen sind, dürfen muslimische Männer und Frauen natürlich nicht davon abhalten, für eine Befreiung der Sexualität im Islam zu kämpfen. Um diesen Prozess voranzutreiben, braucht es mehr Männer wie Murat oder Oktay, die sich über die engen Grenzen ihrer Religion hinwegsetzen und den Blick öffnen für die Vorteile des gleichberechtigten Zusammenlebens zwischen Mann und Frau.

Homosexualität – Der Zwang zum Doppelleben

»Islam und Sexualität, wie passt das zusammen?« – schon diese Frage war für viele Menschen, mit denen ich während meiner Recherchen sprach, schwer zu beantworten. Um wie viel heikler musste dann erst die Frage nach dem muslimischen Verhältnis zur gleichgeschlechtlichen Liebe sein.[1]

Auf die Bitte, möglichst spontan zu sagen, was ihnen zum Thema Homosexualität und Islam einfällt, hörte ich von meinen Interviewpartnerinnen und -partnern Sätze wie: »*Das ist nicht zu vereinbaren, das geht gar nicht*«, »*Homosexuelle werden im Islam nicht akzeptiert, sie gelten als krank und werden geächtet*«, oder: »*Homosexualität ist eine Schande für die Familie, schlimmer noch, als wenn die eigene Tochter ins Bordell geht.*« Alle waren sich einig, dass Homosexualität als etwas Schmutziges gilt, über das möglichst nicht gesprochen wird und das in den allermeisten Fällen im Verborgenen stattfindet.

Im Gespräch mit homosexuellen Frauen und Männern, die tagtäglich mit dieser negativen Einschätzung konfrontiert werden, erfuhr ich aber auch, dass sie selbst ihre sexuelle Orientierung mit dem Muslimisch-Sein oft durchaus vereinbaren können. Serhat zum Beispiel, ein schwuler sogenannter Deutschtürke, der in einer westdeutschen Großstadt aufgewachsen ist, sagt, er persönlich habe kein Problem damit, zum Freitagsgebet in die Moschee zu gehen. Für ihn habe seine sexuelle Orientierung nichts mit seinem Glauben zu tun. Er habe zwar gehört, dass Analverkehr im Islam nicht zulässig sei, aber das sei die Theorie, in der Praxis sei es zum Beispiel »*nirgendwo lockerer, mit einem Kerl Sex zu haben, als in der Türkei*«. In Istanbul gebe es eine sehr bunte Schwulenszene. Da hielten auch viele ältere, verheiratete Männer nach jungen Schwulen Ausschau.

Der Marokkaner und gläubige Muslim Rachid erklärte auf meine Frage, wie er seinen Glauben mit seiner Homosexualität vereinbaren könne, für ihn sei das kein Widerspruch, auch wenn im Islam offiziell die Meinung vorherrsche, Homosexualität sei »schlimm«, so etwas dürfe es nicht geben. Er lasse sich nicht davon abhalten, seine Religion zu praktizieren, er bete, er faste während des Ramadans und habe vor, eines Tages nach Mekka zu pilgern. Außerdem könne er seine Situation auch nicht ändern: »*Wenn mir der Islam Alkohol oder Schweinefleisch verbietet, kann ich mich daran halten, aber ich kann mein Ich, mein Selbst nicht ändern. So wie ich als Kind meiner Eltern auf die Welt gekommen bin und nichts dagegen machen kann, bin ich so, wie ich bin, nämlich schwul, auf die Welt gekommen. Das ist nicht etwas, worauf man einfach verzichten kann.*«

Sexualität wird, das habe ich an vielen Stellen bereits ausgeführt, in der islamischen Welt im Allgemeinen extrem kontrolliert und unterdrückt. Eine freie, selbstbestimmte Sexualität ist für beide Geschlechter nicht vorgesehen. Schon für Heterosexuelle ist der Umgang mit diesem intimsten Bereich des menschlichen Daseins problematisch, doch das lässt sich offenbar noch steigern: Wer als schwuler oder lesbischer Mensch in der islamischen Welt lebt, muss mit weit schmerzhafteren Einschränkungen und Sanktionen rechnen, in etlichen Ländern bis hin zu Gefängnisstrafen oder gar einer Verurteilung zum Tode. Das offene Ausleben von Homosexualität ist praktisch in keinem muslimischen Land gefahrlos möglich oder gesellschaftlich akzeptiert.

Die Journalistin Naima El Moussaoui bringt die Gründe für die Ablehnung besonders der männlichen Homosexualität in islamischen Gesellschaften auf den Punkt: »*Ein homosexueller Muslim sprengt das starre Korsett der ihm vorgeschriebenen Rolle: Familienoberhaupt, Ehemann und Vater. Er verrät das Männlichkeitsbild, bringt die sexuelle Hierarchie und Struktur der Familie ins Wanken. In der traditionell patriarchalischen Familie ist kein Platz für Homosexualität; es ist kein Platz für jegliche Art von Emanzipation.*«[2]

Gleichgeschlechtliche Liebe und Religion

Das Thema Homosexualität wird im Koran an mehreren Stellen erwähnt, und zwar unter Bezugnahme auf die Geschichte Lots. In Sure 7, Vers 80–81 heißt es beispielsweise: »*Und (Wir sandten) Lot. Als er zu seinem Volk sagte: ›Wollt ihr denn das Schändliche begehen, wie es vor euch keiner von den Weltenbewohnern begangen hat? Ihr geht in Begierde zu den Männern, statt zu den Frauen. Nein, ihr seid maßlose Leute.‹*«[3]

Und in Sure 26 : 165–169 sagt Lot: »*›Wie könnt ihr denn zu den Männern unter den Weltenbewohnern gehen und, was euch euer Herr an Gattinnen erschaffen hat, liegen lassen? Nein, ihr seid Leute, die Übertretungen begehen.‹ Sie sagten: ›Wenn du nicht aufhörst, o Lot, wirst du zu denen gehören, die vertrieben werden.‹ Er sagte: ›Ich verabscheue eure Tat. Mein Herr, errette mich und meine Angehörigen von dem, was sie tun.‹*«[4]

Eine mögliche Erklärung für die Ablehnung der gleichgeschlechtlichen Liebe im Islam findet sich bei al-Ghazali: »*Denn der Geschlechtstrieb ist nur geschaffen als wirkender Anreiz, welcher gewissermaßen die Aufgabe hat, beim männlichen Teil die Ausstreuung des Samens und beim weiblichen dessen Aufnahme ins Erdreich zu veranlassen. Die geschlechtliche Vereinigung dient dabei für beide Teile als Anlockungsmittel mit dem Zweck, ein Kind zu ›erbeuten‹, so wie man einen Vogel dadurch anlockt, daß man Körner hinstreut, die er gerne frißt, um ihn so ins Netz zu bekommen.«*[5] Wenn der alleinige Zweck der menschlichen Sexualität die Zeugung neuen Lebens ist, hat natürlich nur die geschlechtliche Vereinigung zwischen Mann und Frau eine Daseinsberechtigung.

Aber nicht nur der Islam, sondern auch die anderen Weltreligionen machen klare Vorgaben in Bezug auf Ehe und Sexualität. Erlaubt ist ausschließlich die gegengeschlechtliche Vereinigung, darin sind sich die heiligen Bücher einig.[6]

Unter der bezeichnenden Überschrift »Randerscheinungen der Sexualität« schreibt Kaplan Omar denn auch: »*Wie im Christentum und Judentum wurden manche sexuelle Praktiken im Islam verboten. Die bekannteste davon ist die Homosexualität.*«[7] Man beachte, dass Homosexualität hier als Sexualpraktik beschrieben wird, nicht als sexuelle Identität. Dieser weitverbreiteten Ansicht zufolge existiert Homosexualität eigentlich gar nicht. Sex mit dem gleichen Geschlecht gilt lediglich als fehlgeleitetes, krankhaftes Verhalten, ähnlich wie Sex mit Tieren. Und von dieser Krankheit gilt es die Betroffenen tunlichst zu heilen.[8] In der Praxis führt das oft dazu, dass muslimische Familien ihre Söhne zwangsverheiraten – oder es zumindest versuchen –, sobald sie homosexuelle Neigungen an ihnen feststellen. Dahinter steckt die irrige Vorstellung, wenn der junge Mann erst einmal mit einer Frau Sex gehabt habe, werde er keine Männer mehr wollen.

Ähnlich rückschrittliche Vorstellungen herrschten bis vor nicht allzu langer Zeit auch noch im Westen. Der Evolutionsbiologe Richard Dawkins beschreibt in seinem Buch *Der Gotteswahn* sehr eindrucksvoll den durch religiösen Fanatismus verursachten Wahnsinn im Umgang mit Homosexualität. Im Afghanistan der Taliban zum Beispiel sei Steinigung die offizielle Strafe für Homosexualität gewesen, wobei das Opfer unter einer Mauer, die man über ihm umstürzte, lebendig begraben wurde. Dawkins versäumt nicht, darauf hinzuweisen, dass sich sein christliches Heimatland im Hinblick auf die Akzeptanz von gleichgeschlechtlicher Liebe in der Vergangenheit ebenfalls nicht gerade mit Ruhm bekleckert habe: In Großbritannien sei Homosexualität bis 1967 ebenfalls ein Straftatbestand gewesen. Zwar habe dort niemand fürchten müssen, lebendig unter einer von einem Panzer umgeworfenen Mauer begraben zu werden, aber die Alternativen seien auch nicht eben verlockend gewesen: Wenn ein Mann wegen homosexueller Handlungen verurteilt worden sei, habe er zwischen einer teils mehrjährigen Haftstrafe und einer Behandlung mit Hormonspritzen wählen können, die einer chemischen Kastration gleichgekommen wäre. Im Fall des berühmten britischen Mathematikers Alan Turing, den man der Homosexualität überführte, habe das fatale Folgen gehabt: Er habe sich 1954 das Leben genommen, um der staatlichen Verfolgung zu entgehen. Statt Turings überragende Fähigkeiten als Mathematiker zu nutzen – laut Dawkins gilt er zusammen mit seinem Kollegen John von Neumann als Anwärter auf den Titel »Vater des Computers« –, hätten die »glaubensorientierten Moralisten«, die in England damals das Sagen gehabt hätten, beschlossen, ihn wegen privater Handlungen, die niemandem schadeten, aus dem Verkehr zu ziehen.[9]

Homophobie war und ist sicher kein rein islamisches Phänomen. Sicher ist aber auch, dass homosexuelle Handlungen heute in allen westlichen Industriestaaten straffrei sind, während es viele muslimische Länder gibt, in denen Homosexuelle mit langjähriger Haft oder gar mit dem Tode bestraft werden können. In immerhin sieben Ländern wird die Todesstrafe noch vollstreckt, darunter Saudi-Arabien, Jemen und Iran.

Weibliche Homosexualität

Während die islamische Sexualmoral sich generell sowohl mit dem Mann als auch mit der Frau intensiv beschäftigt, findet bei gleichgeschlechtlicher Sexualität nur die männliche Form Beachtung; lesbische Beziehungen kommen sowohl in den theologischen Schriften als auch im öffentlichen Bewusstsein kaum vor. Alima, die als Muslimin in Deutschland aufgewachsen ist und seit einigen Jahren gemeinsam mit ihrer Lebensgefährtin in Kairo wohnt, erzählte mir, sie habe bis zum Alter von achtzehn Jahren nicht gewusst, dass es so etwas wie Lesbisch-Sein überhaupt gibt. Obwohl sie sich schon früh zu Frauen hingezogen gefühlt habe, sei sie selbstverständlich davon ausgegangen, irgendwann einen Mann zu heiraten und Kinder zu bekommen.

Gleichgeschlechtliche Beziehungen zwischen Frauen scheinen für viele Menschen in der islamischen Welt, einschließlich ihrer Gelehrten, auch heute noch unvorstellbar zu sein. Dafür gibt es sicher eine ganze Reihe von Ursachen. Eine der vordergründigsten dürfte sein, dass sämtliche religiösen Texte von Männern niedergeschrieben wurden, und die wussten offenbar nicht viel über die sexuellen Wünsche und Bedürfnisse von Frauen. Weibliche Sexualität konnten sie immer nur aus der Männerperspektive beschreiben, im Hinblick auf ihren Nutzen oder Schaden für den Mann. Und daran hat sich bis heute leider wenig geändert.

Auch die Auslegung religiöser Schriften liegt weitgehend in der Hand von Männern, so dass die männliche Perspektive dort ebenfalls vorherrscht. Die Forderung der Ägypterin Nahed Selim, den Männern den Koran wegzunehmen und die islamischen Schriften aus Frauensicht neu zu interpretieren, ist nicht von ungefähr entstanden.

Ein weiterer Grund für die weitgehende Nichtbeachtung

weiblicher Homosexualität dürfte sein, dass lesbische Liebe für Männer keine unmittelbare Bedrohung darstellt, dass sie sie nicht ernst nehmen. Die Ehre eines Mannes kann nur durch einen anderen Mann bedroht werden, denn nur die Penetration wird als vollwertige Sexualität angesehen. Insofern ist lesbische Liebe vielleicht eine Schande und wird gesellschaftlich nicht akzeptiert, aber eine wirkliche Gefahr bedeutet sie nicht. Zumal Frauen miteinander auch keine Nachkommen zeugen können.

Alltägliche Diskriminierung und Verfolgung

Der Alltag von Schwulen und Lesben in mehrheitlich muslimischen Ländern ist geprägt von Diskriminierung, Angst und Gewalt. So gaben ausnahmslos alle meine Gesprächspartner an, ihre sexuelle Orientierung im Privatleben wie im Beruf verbergen zu müssen.

Die Deutsch-Ägypterin Alima lebt zwar mit ihrer Freundin in Kairo zusammen, doch von ihrer Liebesbeziehung darf niemand erfahren. Da es in Ägypten unüblich ist, dass unverheiratete Frauen allein oder »einfach so« mit jemandem zusammenwohnen, haben sie sich eine offizielle Version für neugierige Nachbarn und Bekannte zurechtgelegt: Die Freundin ist angeblich Alimas Cousine und wohnt nur bei ihr, um ihre Arbeitsstelle leichter erreichen zu können.

Neben gesellschaftlicher Ächtung müssen Lesben und Schwule in Ägypten auch strafrechtliche Konsequenzen fürchten. Obwohl Homosexualität laut Strafgesetzbuch nicht ausdrücklich verboten ist, wird sie als »gewohnheitsmäßige Unzucht« angesehen und kann entsprechend mit bis zu drei Jahren Gefängnis geahndet werden.

Der Marokkaner Rachid erzählte mir, er habe seine Heimat vor einigen Jahren verlassen, um in Deutschland zu leben, weil er es nicht mehr ausgehalten habe, seine Homosexualität ständig verbergen zu müssen. Homosexuelle Handlungen sind in Marokko illegal und können mit Gefängnis- und Geldstrafen geahndet werden – was auf Druck religiöser Kreise in den letzten Jahren auch wieder verstärkt praktiziert wird. Zu Hause hatte Rachid als Tarnung eine Freundin und konnte nur einmal im Jahr für ein paar Wochen ins europäische Ausland in den Urlaub fahren, um seine Sexualität auszuleben. In Deutschland hatte er sein Coming-out, hier kann er sich am freiesten bewegen, hier muss er nicht einmal gegenüber seinem Arbeitgeber verheimlichen, warum er seine Heimat verlassen hat. Allerdings musste er für diese Freiheit große Verluste hinnehmen. Beim Weggang aus Marokko habe er alles verloren, sagt er, die Familie, die Arbeit, die Freunde, seine Wohnung und seine finanzielle Absicherung. Aber sein Glaube habe ihm geholfen, wieder Fuß zu fassen, obwohl er auch in der islamischen Community seiner Wahlheimat seine sexuelle Orientierung geheim halten müsse, um unbehelligt in der Moschee beten zu können.

Rachids Beispiel zeigt, dass Homosexuelle in westlichen Ländern zwar offener und angstfreier leben können, dass die muslimischen Gemeinschaften abweichende sexuelle Orientierungen hierzulande aber ebenso wenig akzeptieren wie in ihren Heimatländern.

Eindrücklich schildert diesen Umstand auch Serhat. Seine Eltern, die seit über dreißig Jahren in Deutschland leben, beschreibt er als tolerante, aufgeschlossene Menschen, die sich allerdings vor einigen Jahren verstärkt dem Islam zugewandt hätten und seitdem deutlich »weniger locker« seien. Von Serhats Homosexualität wissen sie nichts, und er tut auch alles, damit sie nichts davon erfahren. Nachdem er mit seinem jetzigen Freund ein Jahr zusammen war, zog er nach Berlin, um seine Liebe offen leben zu können. In seiner Heimatstadt konnte er das nicht, denn in der türkischen Gemeinschaft kennt jeder jeden, so dass es unmöglich gewesen wäre, seine wahre Orientierung länger vor seiner Familie zu verbergen. Für ihn und andere schwule Muslime bedeute es »einen ewigen Seiltanz«, dass sie mit Familie und Freunden nicht offen reden könnten, erklärte Serhat mir. Und er fügte hinzu: »Man fühlt sich irgendwie nicht vollwertig.«

Alle beschreiben dasselbe Bild: Natürlich gibt es auch unter Muslimen viele, die sich zum eigenen Geschlecht hingezogen fühlen, aber die Umstände zwingen sie, ein Doppelleben zu führen. Wobei die Angst vor Entdeckung ihrer Lebensweise, ihrer sexuellen Orientierung in islamischen Ländern unvergleichlich größer ist als in den westlichen Gesellschaften. Schließlich geht es dort vielfach ums nackte Überleben.

Alima erzählte mir von dieser Angst, die sie ständig begleitet. Sie sagt, Angst sei unter Lesben und Schwulen in Ägypten ein großes Thema: Angst vor Übergriffen auf offener Straße, Angst vor Verhaftung, Angst davor, im Gefängnis von Wärtern vergewaltigt zu werden oder in die Fänge eines jener Psychologen zu geraten, die die »Krankheit« Homosexualität noch heute mit Elektroschocks behandeln.

Serhat meint, um das Leben für Homosexuelle in islamischen Ländern erträglicher zu machen, müssten sich die Lehren ändern: *»Die Leute müssten endlich begreifen, dass durch Homosexualität niemand einen Nachteil hat, dass die Gesellschaft dadurch nicht bedroht wird, nicht aus den Fugen gerät.«* Dafür sei es vielleicht notwendig, dass sich »*eine dritte Instanz einschaltet, die sagt: ›Reißt euch mal zusammen, die tun euch nichts.‹*« Eine schöne Vision.

Die Situation in der Türkei

In der Türkei, dem einzigen islamischen Land, das sich zum Laizismus bekennt, steht Homosexualität zwar nicht unter Strafe, doch auch dort erfahren Lesben und Schwule keine gesellschaftliche Akzeptanz oder gar rechtliche Gleichstellung, beispielsweise in Form einer eingetragenen Partnerschaft.

Wenn man im Internet die Seite des staatlichen Amtes für Religiöse Angelegenheiten (Diyanet) aufruft, sich für die deutsche Sprache entscheidet und dann das Wort Homosexualität eingibt, bekommt man die Auskunft, dass es keinen Eintrag gibt. Auch mit der türkischen Sprache ist es mir leider nicht gelungen, auf der Diyanet-Seite etwas zum Thema Homosexualität und Islam zu erfahren. Vermutlich möchte sich die offizielle »Religionsbehörde« nicht offen dazu äußern. Dabei gibt es eigentlich nichts zu verbergen.

Schon im Osmanischen Reich stand Homosexualität nicht unter Strafe, und nach der Republikgründung änderte sich an dieser Rechtslage nichts. Dennoch erfährt die gleichgeschlechtliche Liebe in der Türkei, wie in vielen anderen Ländern dieser Erde auch, eine starke Ablehnung – vorwiegend sicher aus religiösen Gründen, aber auch überkommene Vorstellungen von der Natur des Menschen dürften eine Rolle spielen.

Für das türkische Militär beispielsweise stellt Homosexualität eine psychische Störung dar. Als Schwuler kann man sich theoretisch vom Militärdienst, der fünfzehn Monate dauert, befreien lassen. Der Nachweis ist jedoch schwer zu erbringen und ein überaus erniedrigender Prozess. Die Militärärzte sollen häufig Fotos oder Videoaufnahmen des Antragstellers beim Sexualverkehr verlangen.[10] Entschließt man sich, dieser Forderung nachzukommen, weil man unbedingt als untauglich eingestuft werden will, sollte man nicht den Fehler machen, eine aktive Rolle beim Akt einzunehmen, denn nur der

»passive« Sexualpartner gilt als homosexuell, der »aktive« wird als ganzer Mann gesehen, der eben auch mit Männern Sex hat. Wer sich einmal in diese Mühlen begibt, kann darin regelrecht umkommen. An eine Karriere im Staatsdienst ist dann nicht mehr zu denken, aber auch Bewerbungen bei Unternehmen oder Institutionen, die irgendwie mit den Streitkräften zu tun haben – und davon gibt es in der Türkei, wo das Militär nicht zuletzt ein großer Wirtschaftsfaktor ist, eine Menge –, verlaufen im Sande.

Im Zuge meiner Recherchen zu diesem Buch habe ich einige lesbische Frauen aus Istanbul nach der Lebenssituation Homosexueller in der Türkei befragt. Die Journalistin Zelal erzählte mir, Lesben und Schwule könnten außerhalb von Istanbul nur in Küstenstädten wie Bodrum oder Marmaris einigermaßen offen leben. Auf dem Land, in Anatolien oder auch in den kurdischen Gebieten müssten sie sich verstecken und ein geheimes Doppelleben führen. Allerdings gehe es Lesben und Schwulen noch besser als Transvestiten oder Transsexuellen, denen man ihre Andersartigkeit sofort ansehe. »Es gab viel Gewalt in letzter Zeit«, sagt sie. »Die bekommen keine Wohnung und keine Arbeit, und da sie keine Arbeit bekommen, müssen sie anschaffen. Da gab es viele, die auf der Straße getötet wurden. In der Vergangenheit wurde oft auf sie geschossen, richtig scharf geschossen. Auch die Polizei geht sehr gewalttätig mit denen um.«

Wie die Lebenssituation von Homosexuellen aussieht, hängt laut Zelal nicht zuletzt von ihrem Beruf ab. In den gebildeten Schichten gehe es zuweilen etwas toleranter zu, doch wer beispielsweise in der Fabrik arbeite, könne sich auf keinen Fall outen. Das Gleiche gelte für all jene, die nicht in den liberaleren Vierteln von Istanbul wohnten. Wer sich als homosexuell zu erkennen gebe, müsse mit Ressentiments oder gar gewalttätigen Übergriffen rechnen.

Für Lesben sei es meist leichter, unbemerkt zusammenzuleben, da Frauen nicht so schnell sexuelle Motive »unterstellt«

würden, sagt Zelal. Durch die Arbeit von Schwulen- und Lesbenorganisationen wie Lambda Istanbul seien Homosexuelle in den letzten Jahren zwar sichtbarer geworden, es sei aber noch viel Aufklärung notwendig, um die Vorurteile in der Gesellschaft abzubauen. Von der Politik fordert Zelal, dass sie ein Antidiskriminierungsgesetz verabschiedet und Beratungsstellen einrichtet, wo sich Homosexuelle Hilfe in allen Lebenslagen holen können.

Eine andere auskunftsbereite Gesprächspartnerin war die Verkäuferin Hayat. Sie erzählte mir, dass das Leben für Homosexuelle in der Türkei sehr schwierig sei, da es viele Menschen gebe, die Homosexualität als abnorm ansähen und vor Schikanen und Gewalttaten nicht zurückschreckten. Oft seien sie nicht als Radikale zu erkennen, so dass man eigentlich immer auf der Hut sein müsse. Auch Hayat sieht die Notwendigkeit gezielter Anlaufstellen, besonders für junge Schwule und Lesben, »*die nicht wissen, wie sie mit ihrer Homosexualität umgehen sollen. Es fehlt an Beratung und Aufklärung, nicht nur in der Schule, sondern auch in der Familie.*« Auf meine Frage, warum Homosexualität ihrer Meinung nach von religiösen Menschen abgelehnt werde, erklärte sie, dass viele – neben den moralischen Bedenken – auch Angst hätten, es könnte sich dabei um eine ansteckende Krankheit handeln.

Wie gefährlich es in der Türkei sein kann, von der gesellschaftlichen Norm abzuweichen, zeigen zwei Gewalttaten, die innerhalb eines Jahres in Istanbul begangen wurden. Im Sommer 2008 wurde der Student Ahmet Y., ein Aktivist von Lambda Istanbul, auf offener Straße erschossen, zwei Monate nachdem er sich öffentlich geoutet hatte. Der Lebensgefährte des Opfers glaubt an einen Ehrenmord, der begangen wurde, um die Schande zu tilgen, die ein Schwuler für eine traditionell patriarchalische Familie bedeutet. Als gesichert gilt, dass Mitglieder der Familie Ahmets vorher alles taten, um den jungen Mann dazu zu bringen, dass er durch die Heirat mit einer Frau oder durch ärztliche Hilfe Heilung suchte. Beinahe ein Jahr später, im Juni 2009, wurde bekannt, dass der Fall vor Gericht kommt; angeklagt wird der Vater des Opfers, der sich möglicherweise im Irak versteckt hält. Ahmets Lebensgefährte bezeichnet schon die Anklage als großen Erfolg, denn zum ersten Mal in der Geschichte der Türkei werde dem Verdacht auf Ehrenmord an einem Schwulen in einem Strafprozess nachgegangen.[11]

Dass offenes Eintreten für Toleranz gegenüber Homo- und Transsexuellen lebensgefährlich sein kann, bestätigt auch der brutale Mord an der achtundzwanzigjährigen Ebru Soykan. Am 10. März 2009 wurde die Bürgerrechtlerin in ihrer Wohnung erstochen aufgefunden. Von Lambda Istanbul ist zu erfahren, dass der Mann, der die Tat gestanden hat und in Untersuchungshaft genommen wurde, der Sohn eines Polizisten sei, der zuvor mit dem Opfer gut bekannt gewesen sei. Obwohl Ebru Soykan sich bei den Behörden mehrfach über Angriffe und Morddrohungen des späteren Täters beschwert hätte, habe man ihr keinen Polizeischutz gewährt. Der Mann sei einige Monate vor der Tat lediglich kurz vernommen und gleich darauf wieder freigelassen worden.[12]

In einigen islamischen Ländern, so auch in der Türkei, gibt es allerdings auch berühmte schwule oder transsexuelle Schauspieler oder Musiker, deren sexuelle Orientierung bekannt ist, ohne dass jemand daran Anstoß nähme, außer vielleicht ein paar extrem religiöse Menschen.

Die wichtigsten türkischen Vertreter sind zweifellos die Sänger Zeki Müren und Bülent Ersoy. In der Türkei dürfte es kaum jemanden geben, der die beiden Herren – bei Bülent Ersoy muss es inzwischen Dame heißen – nicht kennt. Sie besitzen sogar fast so etwas wie einen Heiligenstatus, werden nicht nur geliebt und verehrt, sondern geradezu angebetet. Eine Beleidigung dieser beiden Personen kommt beinahe einer Staatsbeleidigung gleich.

Während der 1996 im Alter von 64 Jahren verstorbene Zeki Müren, dieser großartige Dichter, Komponist und Sänger klassischer und zeitgenössischer türkischer Musik, sich niemals öffentlich zu seiner Homosexualität bekannte, ließ die im Jahr 1952 als Junge geborene Bülent Ersoy 1980 in London eine Geschlechtsumwandlung vornehmen, was ihr ein achtjähriges Auftrittsverbot in der Türkei einbrachte. Eine Zeitlang lebte sie deshalb in Deutschland im Exil. Inzwischen kann sich niemand die Welt der türkischen Kunst- und Arabeskmusik mehr ohne Bülent Ersoy vorstellen, die übrigens den männlichen Vornamen beibehalten hat und Mitglied in der Jury der Castingshow »Popstar Alaturka« ist. Die Mehrheit der Fans ist von ihrer Stimme und den Texten ergriffen und spaltet die Geschlechtsumwandlung einfach ab, setzt sich nicht damit auseinander.

Das heißt aber noch lange nicht, dass die Gesellschaft abweichenden sexuellen Orientierungen positiv gegenübersteht. Das Leben der gewöhnlichen Homo- und Transsexuellen, der Masse im Land, sieht weniger schillernd aus. Folgende hypothetische Alltagsszene ist alles andere als aus der Luft gegriffen: Eine Gruppe junger Männer hört im Autoradio Bülent Ersoy und singt lauthals mit. Kurz darauf sehen sie auf der Straße einen Transsexuellen oder Schwulen, beleidigen ihn oder greifen ihn sogar tätlich an. So widersprüchlich ist die islamische Welt in dem, was sie glaubt und was sie lebt.

Wie liberal ist der Westen?

Bei allem Unverständnis und aller Feindseligkeit gegenüber Homosexuellen, die es im Westen nach wie vor gibt, und zwar nicht nur in religiösen Kreisen, ist dort schon sehr viel mehr erreicht worden als in den islamischen Ländern. Ein bekennender Schwuler als Regierender Bürgermeister in der deutschen Hauptstadt ist nur ein Beispiel. Auch viele andere Prominente und Politiker tun ihr Bestes, um der Homosexualität zur sogenannten Normalität zu verhelfen.

Während homosexuelle Handlungen in Deutschland bis in die 60er Jahre strafbar waren und ein diesbezügliches Verfahren das Ende jeder Politikerkarriere bedeutet hätte, haben heutige Politiker nichts dergleichen zu befürchten. Bei dem einen oder anderen hat das öffentliche Outing die Karriere wahrscheinlich sogar noch positiv beeinflusst. Denn in so mancher Szene gilt es inzwischen als hip, homo- oder bisexuell zu sein.

Es gibt aber auch im Westen noch einiges zu tun. Hierzulande müssen Homosexuelle nach wie vor damit leben, dass ihnen ein rechtlicher Sonderstatus zugewiesen wird. Zwar ist am 1. August 2001 in Deutschland ein neues Gesetz in Kraft getreten, wonach gleichgeschlechtliche Paare eine Lebenspartnerschaft eintragen lassen dürfen. Diese ist der heterosexuellen Ehe jedoch rechtlich nicht gleichgestellt. Vor allem im Steuerrecht und beim Adoptionsrecht gibt es noch erhebliche Unterschiede; so dürfen Schwule und Lesben bisher lediglich die eigenen Stiefkinder adoptieren.

Das katholische Land Spanien ist in Sachen Gleichstellung einen entscheidenden Schritt weiter als Deutschland: Seit Mitte 2005 erlaubt es für homosexuelle Paare die Schließung der Ehe. Sie genießen alle Rechte, die heterosexuellen Paaren zustehen, zum Beispiel auch das Recht auf Adoption.

Auch wenn die Politik immer noch nicht das Verbot der Diskriminierung aufgrund sexueller Orientierung in Art. 3, Abs. 3 des Grundgesetzes aufgenommen hat, wie es Homosexuellenverbände seit langem fordern, sollten wir die Errungenschaften der letzten Jahrzehnte im Westen nicht kleinreden. Sie dienen nicht zuletzt auch als Maßstab für viele Menschen in der islamischen Welt, die von solchen Lebensbedingungen nur träumen können. Rachid, mein Interviewpartner aus Marokko, hätte seine Heimat nie verlassen, wenn er dort ähnliche Bedingungen vorgefunden hätte wie in Deutschland. Und Serhat wäre nicht vor seinen Eltern und der türkischen Community nach Berlin geflohen, wenn er seine Homosexualität in seiner Heimatstadt offen hätte leben können.

Sexuelle Praktik oder Identität

Wenn wir im Westen heute über Homosexualität sprechen, gehen wir in der Regel von einer sexuellen Orientierung aus, die ganz wesentlich zur Identität der betreffenden Menschen gehört. Frauen definieren sich als lesbisch, Männer als schwul. Wer sich sexuell zu beiden Geschlechtern hingezogen fühlt, gilt als bisexuell. Es gibt Definitionen, und es gibt eine (mehr oder weniger) klare Abgrenzung von anderen sexuellen Orientierungen wie Hetero- oder Transsexualität. Das war nicht immer so, denn das Konzept der homosexuellen Identität ist relativ neu. Der Begriff Homosexualität entstand in Europa und Nordamerika erst um die Mitte des 19. Jahrhunderts, und in manchen Sprachen, zum Beispiel im Arabischen, gibt es bis heute kein wertneutrales Wort, das gleichgeschlechtliche Liebe bezeichnet.

In den islamischen Gesellschaften wird Homosexualität noch heute vielfach nicht als Teil der Persönlichkeit, sondern als zu verurteilendes Verhalten angesehen, so wie es auch in den Industrieländern früher üblich war. Wer homosexuelle Handlungen vornimmt, folgt nicht etwa seiner Natur, sondern verstößt gegen gesellschaftliche Normen, gegen staatliche oder religiöse Gesetze. Als schwul, folglich krank, gilt aber in der Regel nur der Mann, der sich penetrieren lässt, der die passive, »weibliche« Rolle übernimmt. Der aktive Partner wird vielfach als ganzer Kerl betrachtet, dem Frauen wegen seiner überschießenden Potenz nicht genügen und der deshalb zusätzlich Männer braucht, um seinen »Samenstau« loszuwerden. So ein Mann ist nicht festgelegt, er praktiziert Sexualität einfach nur mit unterschiedlichen Partnern. Serhat bestätigt im Gespräch mit mir: »*Es gibt so diese Denke: Der Aktive kann nicht schwul sein, schwul ist immer nur derjenige, der passiv ist.*«

Noch ist es für viele Muslime deshalb von großer Bedeutung, welche Rolle sie beim Sex mit einem männlichen Partner übernehmen. Derjenige, der passiv bleibt, also penetriert wird, ist in der schwächeren Position und folglich kein Mann mehr.

Hier wird wieder die Frauenfeindlichkeit innerhalb der religiösen Wertung von Sexualität deutlich: Für einen Mann kann es nichts Schlimmeres geben, als die vermeintlich untergeordnete weibliche Rolle zu übernehmen, indem er zulässt, dass der Partner ihn penetriert. In dieser Vorstellung zeichnet sich Geschlechtsverkehr vorrangig durch den Akt der Penetration aus. Wenn ein Mann statt der weiblichen Vagina zum Beispiel den Anus eines Mannes penetriert, verliert er nichts von seiner Männlichkeit, weil er den Akt dem »Schöpfungsplan« entsprechend vollführt. Der männliche Sexualpartner, der sich penetrieren lässt, degradiert sich hingegen zur Frau und büßt damit seine Männlichkeit ein.

So ist wohl auch zu erklären, warum manche Muslime kein Problem damit haben, Tiere zur Befriedigung ihrer körperlichen Bedürfnisse zu benutzen. Sobald die sexuellen Gelüste in ihm erwachen, müsste der strenggläubige Muslim eigentlich heiraten, um seinen Samen an den »richtigen« Ort lenken zu können. Mangels williger Sexualpartnerinnen vergreift sich der eine oder andere dann, besonders natürlich in ländlichen Regionen, an Schafen, Ziegen oder Eseln.

Berkay, ein junger Mann, der erst seit wenigen Jahren in Deutschland lebt und aus dem Südosten der Türkei stammt, erzählte mir, dass ein Handlungsreisender, der alle möglichen

Haushaltsgegenstände verkaufte, regelmäßig in sein Dorf kam. Jedes Mal verlangte er von einem der Bauern einen Esel, gegen entsprechende Waren, und ging dann mit dem Tier weg. Nach einer Weile kam er zurück und übergab den Esel seinem Besitzer, der in der Zwischenzeit auf die Waren des Handlungsreisenden aufgepasst hatte. Berkay sagt, diese Praxis sei in türkischen Dörfern sehr verbreitet, und alle wüssten, wozu das Tier benutzt würde.

Wenn wir Homosexualität in der islamischen Welt betrachten, sollten wir also im Hinterkopf behalten, dass wir es nicht selten »nur« mit sexuellen Praktiken zu tun haben, die auf eine rigide Sexualmoral in einer auf Geschlechtertrennung basierenden Gesellschaft zu tun haben. Nicht immer steckt eine schwule oder lesbische sexuelle Orientierung dahinter, die als Teil der eigenen Identität wahrgenommen wird.

Eine Gesellschaft der Berührungen

Aus westlicher Sicht ist die islamische Welt der Männer eine Welt der ständigen Berührungen und Umarmungen. Natürlich gibt es auch muslimische Männer, die nicht jede Gelegenheit nutzen, sich gegenseitig anzufassen, doch insgesamt trifft das Bild durchaus zu. Bei westlichen Beobachtern löst das zuweilen Verwunderung aus, und gelegentlich hört man Kommentare wie: *»Diese Muslime sind doch fast alle schwul. Die fassen sich doch ständig an. Das ist doch mehr als nur Männerfreundschaft.«*

Ausgehend von klar abgesteckten Frauen- und Männerräumen und einer Körperkultur, die streng religiösen Reinheitsgeboten unterworfen ist – die Berührung mit dem gleichen

Geschlecht führt nicht zur rituellen Unreinheit –, sieht der körperliche Umgang von Menschen in islamischen Ländern tatsächlich ganz anders aus als in den meisten Ländern Europas oder Nordamerikas.

In islamischen Ländern werden Männer nicht gleich als schwul bezeichnet, nur weil sie sich berühren, einige Schritte Arm in Arm über die Straße laufen, einander den Kopf kraulen oder auf Festen zusammen tanzen. Junge muslimische Männer begrüßen sich auch gerne mit Wangenküssen und nehmen sich bei besonderen Anlässen fest in den Arm. Sie müssen nicht Fußballspieler sein, wie im Westen, damit ihnen das erlaubt ist. In neuerer Zeit traut sich zwar auch der westliche Mann allmählich mehr Körperkontakt zu anderen Männern zu, doch insgesamt hält er sich bei Berührungen mit dem eigenen Geschlecht eher zurück. Hier werden kulturelle Differenzen ganz deutlich. Man darf daher nicht den Fehler machen, die Berührungen in der islamischen Welt mit westlichen Maßstäben zu bewerten.

Wenn man sich die alltäglichen Berührungen unter muslimischen Jungs anschaut, sieht man in der Regel ausschließlich Zeichen von heterosexuell geprägter Männlichkeit. Es ist selten, dass einer der beiden Beteiligten eher feminin dabei wirkt. Beide begegnen sich auf der Ebene, auf der sie sich begegnen wollen, nämlich als Männer, als gute Freunde, nicht als potentielle Sexualpartner. Es ist sehr wichtig, dass auch bei den alltäglichen Berührungen unter Männern deren Männlichkeit betont wird.

So eine Begegnung spielt sich in der Regel folgendermaßen ab: Zwei Jungs laufen zielstrebig aufeinander zu, heben unterwegs schon die Arme links und rechts leicht an, wie ein Pfau oder wie ein Hahn, der seine Federn aufplustert, dann ergreifen sie ganz fest die Hand des anderen, der den Handschlag ebenso fest, männlich eben, erwidert. Mit der zweiten Hand greifen sie nach der Schulter des anderen und ziehen ihn zu sich heran, das tun beide gleichzeitig, damit keiner das Gefühl hat, passiv zu sein. Dann werden sämtliche Muskeln angespannt, der Körper steht stramm, sie knallen die Oberkörper fest aneinander. Die Wangen werden ebenso fest aneinandergedrückt, und mit dem Mund vollbringt man einen Luftkuss oder küsst den anderen tatsächlich fest auf die Wange. So verleihen sie ihrer Freude über die Begegnung Ausdruck. Es ist kein bisschen Erotik im Spiel. Es ist eine Begegnung von Männern, die sich nicht davor scheuen, andere Männer zu berühren, ohne Angst, dabei ihre Männlichkeit zu verlieren. Derjenige, der sich in diesem Moment eher passiv verhalten würde, wäre in ihren Augen allerdings kein richtiger Mann.

Homosexualität als »Krankheit des Westens«

Schwule und Lesben erfahren nicht nur in muslimischen Ländern immer wieder Ausgrenzung, werden geächtet oder gar Opfer von Gewalttaten. In Berlin häufen sich in den letzten Jahren tätliche Übergriffe auf Homosexuelle, wobei die Täter meist Jugendliche sind, insbesondere aus dem rechtsextremen und muslimischen Umfeld.

Wenn türkische und arabische Jugendliche auf Schwule und Lesben aggressiv reagieren und sie sogar tätlich angreifen, hat das nicht nur damit zu tun, dass sie Homosexualität ablehnen, sondern auch damit, dass sie glauben, ihre Männlichkeit verteidigen zu müssen. Außerdem wollen sie dadurch etwas gegen die angeblich verrohte Sexualmoral des Westens tun. *İbne*, schwul, ist unter diesen Jugendlichen ein Schimpfwort, genau wie unter deutschen Jugendlichen. Dabei muss nicht immer die sexuelle Orientierung gemeint sein. Vielmehr wird *İbne*, genau wie das Wort schwul, inflationär gebraucht und meint in erster Linie, dass es sich bei jemandem um keinen richtigen Mann, keinen ehrlichen Mann handelt. Mitunter werden sogar Frauen als *ibne* beschimpft. In dem Fall bedeutet es so viel wie hinterhältig.

Bei muslimischen Jugendlichen, die zu Gewalt gegen Schwule und Lesben bereit sind, kommt noch etwas anderes hinzu. Sie sind der Ansicht, Homosexualität sei eine westliche Krankheit, die auf die islamische Welt übergreife, was es mit allen Mitteln zu verhindern gelte. Viele von ihnen glauben auch, dass es Homosexualität unter Muslimen eigentlich gar nicht gibt.

Viele meiner Interviewpartnerinnen und -partner sind da anderer Ansicht. So erzählte mir Alima, Homosexualität sei in Ägypten überraschend weitverbreitet, was man unter anderem im Internet beobachten könne, wo auch sehr viele Frauen nach Sexualpartnerinnen suchten. Dennoch werde Homosexualität in der ägyptischen Gesellschaft dämonisiert und gelte als etwas, das aus dem Westen komme. Viele Ägypter verträten die Meinung, westliche Schwule und Lesben seien »*Perverse, die alles ausprobiert haben und denen jetzt nur noch das einfällt*«.

Auch in Deutschland gibt es offenbar Muslime, die ähnlich denken. Der Newsblog des liberalen Internetdiensts ufuq.de berichtet von einem Hetzartikel gegen schwule Männer, der in einem arabischsprachigen Anzeigenblatt veröffentlicht worden sei, das in Berliner Geschäften gratis auslliege. In dem Text – der auf der Internetseite von ufuq.de in deutscher Sprache vollständig dokumentiert wird – bezeichne der Autor Homosexuelle als »Verbrecher«, die wegen ihres »anormalen Verhaltens« von »tödlichen Krankheiten«[13] befallen würden, und rufe dazu auf, sie zu ächten.

Illustriert sei der Artikel mit Fotos von abstoßenden Hautkrankheiten. Der Text ruft laut ufuq.de zwar nicht ausdrücklich zu Gewalt auf, lasse sich aber als Legitimation für gewaltsame Übergriffe auf Homosexuelle lesen.

Wörtlich heiße es in dem Artikel unter anderem: »*Auch der Prophet bekräftigte in mehreren Hadithen, dass homosexuelle Männer zu töten seien. Bei drei Gelegenheiten verfluchte er diese Menschen (...) Die muslimischen Brüder seien daher daran erinnert, einem Homosexuellen nicht die Hand zu schütteln, denn man weiß nie, was für Bakterien und Keime sich an seiner Hand befinden und Verderben bringen könnten.*«[14]

Die Islam- und Sozialwissenschaftler von ufuq.de haben sich, wie sie auf ihrer Internetseite begründen, dazu entschlossen, den Artikel abzudrucken, »*um deutlich zu machen, dass es sich bei Homophobie oft nicht ›nur‹ um spontane, affekthafte Reaktionen handelt, sondern um gefestigte Einstellungen und weltanschauliche Überzeugungen*«.[15]

Diese Ansicht teile ich. Gewalttätige Übergriffe gegen Homosexuelle haben in den meisten Fällen einen religiösen oder weltanschaulichen Hintergrund. Von affektgeleiteten Handlungen kann bei der Zunahme derartiger Vorfälle in den letzten Jahren beim besten Willen nicht mehr gesprochen werden. Deshalb muss die Politik, muss die Gesellschaft reagieren. Wir dürfen nicht zulassen, dass die – wenn auch teils noch etwas wackeligen – Errungenschaften des demokratischen Westens ausgehebelt werden. Wir können nicht auf der einen Seite schwule Bürgermeister tolerieren und auf der anderen Seite bei Hassverbrechen, die von türkisch- oder arabischstämmigen Jugendlichen begangen werden, wegschauen. Allerdings dürfen wir diese Jugendlichen auch nicht ausgrenzen, sondern müssen sie für unsere Gesellschaft gewinnen, sie denjenigen entreißen, die Hass predigen und dem Westen den Heiligen Krieg erklärt haben.

Eine sexuelle Revolution
für den Islam

Wilhelm Reich schrieb 1945 in seinem Buch *Die sexuelle Revolution* über seine Zeitgenossen: »*Die Konfusion über den Begriff der ›Ehe‹ und ›Familie‹ ist so groß, daß man als Arzt, der in persönlichen Lebensfragen zu beraten hat, immer wieder in Widerspruch zum formalen Ehebegriff gerät. Der allgemeine Eindruck ist, daß der gerichtliche Eheschein für das Unbewußte der sexualängstlichen Menschen nichts anderes als eine Erlaubnis, Geschlechtsverkehr zu pflegen, bedeutet.*«[1]

Reich war in seiner Praxis damit konfrontiert, dass die Menschen heirateten, um Sex haben zu können. Es ging gar nicht darum, sich bewusst für die Gründung einer Familie zu entscheiden, und kaum jemand machte sich Gedanken darüber, welche Verantwortung mit der Eheschließung einherging – Verantwortung für den Partner, Verantwortung für die gemeinsamen Kinder.

Wenn ich mir das Leben junger Muslime heute anschaue, hat sich für sie an Reichs Befund, der die westlichen Gesellschaften in der Mitte des vergangenen Jahrhunderts betraf, kaum etwas geändert: Noch heute müssen viele von ihnen heiraten, um ihre Sexualität leben zu können.

Kürzlich hatte ich mit dem Fall einer zweiundzwanzigjährigen Türkin zu tun, die in einer deutschen Großstadt lebt und über das Internet einen Mann in Anatolien kennengelernt hatte. Die junge Frau offenbarte ihrem eher modernen Vater, dass sie in die Türkei gehen und den Mann heiraten wolle.

Einem deutschen Bekannten der Familie, der den Kontakt zu mir herstellte, weil er dem verzweifelten Vater helfen wollte, erklärte ich: »Wenn sie sagt, sie will heiraten, sagt sie damit: ›Ich will Sex.‹« So einfach ist das. Und entsprechend einfach könnte sich das Problem aus der Welt schaffen lassen.

Damit die islamische Welt einer Lösung dieses im Grunde überflüssigen Problems und vieler anderer Probleme, die aus der Sexualunterdrückung entstehen, langfristig näherkommt, trete ich für eine sexuelle Revolution im Islam ein. Die wichtigsten Fragen, die sich – über das Individuelle, Persönliche hinaus – in diesem Zusammenhang stellen, lauten: Aus welchen gesellschaftlichen, politischen und wirtschaftlichen Gründen braucht der Islam die sexuelle Revolution? Wie können Muslime die Fesseln der rigiden Moralvorstellungen ihrer fanatischen Religionswächter sprengen? Und: Wie können sie sich unter Berücksichtigung ihrer eigenen Traditionen und ihrer eigenen Kultur sexuell befreien?

Warum Veränderung dringend notwendig ist

Die sexuelle Revolution im Westen hat ans Tageslicht gebracht, wie sehr die Einstellung zur Sexualität, die gelebte und nicht zuletzt die ungelebte Sexualität eine Gesellschaft prägen. Im Westen wurde eine ganz bestimmte Form von Prüderie weitgehend überwunden, die rigide Sexualmoral verdrängt. Das Verhältnis der Geschlechter hat sich radikal verändert. Wie förderlich sich all diese Veränderungen auf den Fortschritt der Gesamtgesellschaft auswirken, zeigt sich heute in allen Bereichen des menschlichen Zusammenlebens. So ist es selbstverständlich, dass auch Frauen ihre Sexualität vor und außerhalb der Ehe leben. Frauen und Männer arbeiten in den meisten Berufen zusammen – wenn Frauen auch häufig immer noch schlechter bezahlt werden als ihre männlichen Kollegen. Frauen sind von Alaska bis Australien in allen gesellschaftlichen Bereichen ganz selbstverständlich vertreten, sie sitzen allein oder mit Freundinnen in Restaurants und sind auch nachts auf den Straßen unterwegs. Die moralische Verurteilung und Diskriminierung von Frauen, die unehelich Kinder bekommen und sie alleine großziehen, hat sich deutlich verringert.

In muslimischen Gesellschaften hingegen zeigt sich in vielen Bereichen, dass die Geschlechtertrennung und die damit einhergehende permanente Sexualisierung des gesellschaftlichen Lebens Stillstand und mangelnden Fortschritt bedeuten. Denn der Umgang der Geschlechter miteinander, im Privaten wie im Öffentlichen, prägt eine Gesellschaft, ist ein Maßstab für Toleranz und Demokratie.

Natürlich behaupte ich nicht, dass in der westlichen Welt keine Sexualisierung stattfindet; man denke nur an die allgegenwärtige, oft hochgradig sexualisierte und frauenfeindliche Werbung oder an die Pornoindustrie. Ich weiß auch, dass sexuelle Probleme im Westen nicht ganz verschwunden sind. Und die Lebenssituation von Frauen ist sicher noch nicht durchweg zufriedenstellend. Dennoch ist die Atmosphäre zwischen den Geschlechtern, ist die Lebensqualität eine andere.

Berkay, ein junger Türke, der vor vier Jahren als sogenannter Importbräutigam nach Deutschland kam, erzählte mir, ihm sei aufgefallen, dass Frauen auf der Straße hier hauptsächlich von Türken oder Arabern aggressiv angemacht würden, Deutsche seien in der Hinsicht deutlich zurückhaltender. Und in der Türkei gebe es viel mehr blöde Anmache auf der Straße, so dass er schon allein deshalb keine Lust hätte, mit seiner Frau dorthin zurückzugehen. Natürlich gibt es auch deutsche Männer, die auf der Straße Frauen belästigen, aber es kommt mir auf die Grundstimmung an, auf den normalen Alltag. Und der ist in Deutschland weit weniger sexistisch als in muslimischen Ländern.

Man muss sich nur die ganz einfachen, kleinen Dinge im Alltag und in der Berufswelt anschauen, um die Unterschiede zwischen der westlichen und der muslimischen Welt in aller Deutlichkeit vor Augen zu haben. Wie kleiden sich Männer und Frauen? Dürfen Frauen den Führerschein machen und Auto fahren? Dürfen Frauen allein einkaufen gehen? Kann bei einem Familienbesuch ein Mann neben einer Frau sitzen, mit der er nicht verheiratet ist, dürfen sich die beiden unterhalten und sogar gemeinsam lachen? Ist es selbstverständlich, dass Männer und Frauen gemeinsam arbeiten, einen Arbeitsplatz teilen, in einem gemischtgeschlechtlichen Team arbeiten? Darf die sechzehnjährige Tochter genauso selbstverständlich einen Freund haben wie der sechzehnjährige Sohn? Wie fühlt es sich an, als Frau in einem vollbesetzten Bus inmitten von Männern zu stehen? Ist es ein Problem, wenn eine Frau mit einem Arbeitskollegen eine Fahrgemeinschaft zur Arbeit bildet?

Für wen sind diese Dinge vorstellbar, eine Selbstverständlichkeit, über die nicht mehr nachgedacht wird? Für wen bedeuten sie eine Beleidigung oder Ehrverletzung?

Länder, in denen Frauen nicht ohne Verschleierung das Haus verlassen dürfen, treiben die Markierung des weiblichen Geschlechts auf die Spitze: Die Frau ist als Frau weithin zu erkennen, aber sie selbst als Person ist nicht zu sehen. Die Verhüllung ist die Nationalflagge der Islamisten, für die Religion und Politik untrennbar zusammengehören, deren politische Ideologie zum Ziel hat, die ganze Welt zu islamisieren, und für die die Gleichberechtigung der Geschlechter ein Unding ist.

Die Islamisten, Fanatiker und Fundamentalisten halten den Fortschritt in der islamischen Welt auf und verhindern ihn, wo sie nur können. Weil sie rückwärtsgewandt leben. In erster Linie schaffen sie das, indem sie Gewalt anwenden und Angst schüren. Sie leben im 7. Jahrhundert, zu Zeiten des Propheten Mohammed, zur Zeit der Entstehung des Islam – natürlich nach einer Deutung, die sie selbst geschaffen haben.

Der fehlende Fortschritt in der islamischen Welt ist in den Bereichen Wirtschaft und Forschung besonders augenfällig. Wenn Frauen und Männer nicht gemeinsam arbeiten dürfen, weil sie sonst angeblich durch eine ständige sexuelle Spannung abgelenkt würden, kann eine Gesellschaft ihre wirtschaftliche und technische Rückschrittlichkeit nicht überwinden. Die weiblichen Fähigkeiten bleiben weitgehend ungenutzt, und den Männern fehlt die Bereitschaft, sich auf Neues einzulassen. Außerdem kämpfen sie auf den falschen Schauplätzen, konzentrieren sich auf die falschen Themen. Die indonesische Homosexuellenaktivistin Kamilia Manaf bringt es auf den Punkt, wenn sie schreibt: »*Zugleich gibt es hier so viele Probleme und Missstände, die die Regierenden lösen müssten. Stattdessen beschäftigen sie sich mit dem Körper, der Sexualität und der Moral.*«[2]

Die meisten islamischen Länder werden, wenn sie sich nicht grundlegend ändern, weiterhin nur von dem profitieren, was in modernen Gesellschaften erfunden und geschaffen wird. Kein Wunder also, dass sie von Minderwertigkeitskomplexen gegenüber dem Westen geplagt werden. Dabei ist die Rückschrittlichkeit selbstverschuldet. Viele islamische Länder leisten in den Bereichen Forschung und Wissenschaft schon lange nichts Herausragendes mehr und sind gleichzeitig stets darum bemüht, westliche Errungenschaften schlechtzumachen. Natürlich war das nicht immer so. Der Islam erlebte vom 9. bis zum 13. Jahrhundert eine Blütezeit der Wissenschaften. Doch das ist lange her. Meines Erachtens ist es ein Armutszeugnis, wenn sich manche Muslime stolz auf die Vergangenheit berufen, anstatt in die Zukunft zu blicken und sich den drängenden Problemen der Gegenwart zu stellen. Heute ist jeder fünfte Mensch auf diesem Globus Muslim, und einige islamische

Länder verfügen über enorme Geldquellen, dennoch sind sie, was die Forschung betrifft, absolute Schlusslichter.[3]

Im Königreich Saudi-Arabien hat man gezwungenermaßen nachgedacht, denn es wird eine Zeit nach dem Öl geben. Aus der Einsicht, dass es notwendig ist, den Anschluss an den Westen zu finden, entstand die Idee, eine Universität nach westlichem Vorbild zu gründen, die King Abdullah University of Science and Technology. Eine Besonderheit ist, dass es an dieser Universität keine Geschlechtertrennung geben wird, wie sie sonst an Universitäten in Saudi-Arabien üblich ist. Nicht nur sollen Männer und Frauen zusammen studieren und arbeiten dürfen, sondern man will auch die besten Forscher aus der ganzen Welt anlocken, unabhängig von ihrem Geschlecht.[4]

Man hat also offenbar erkannt, wie sehr die Geschlechtertrennung Wissenschaft und Forschung behindert. Leider ist dieser Vorstoß aber noch eine große Ausnahme in der muslimischen Welt. Es wird sich zeigen, ob das Projekt tatsächlich Akzeptanz findet und zu Veränderungen in der arabischen Gesellschaft führt. Denn für eine wirkliche Entwicklung in Richtung Moderne, in Richtung Demokratie und Gleichberechtigung der Geschlechter müssten die muslimischen Politiker und die religiösen Führer begreifen, dass Politik und Religion zu trennen sind und dass eine funktionierende Zivilgesellschaft nur dann entstehen kann, wenn archaische Lebensmodelle überwunden, wenn die weiblichen Mitglieder der Gesellschaft nicht länger zu Menschen zweiter Klasse, zu Bediensteten und Sklavinnen der Männer degradiert werden. Das wiederum können die islamischen Länder nur dann glaubhaft versichern, wenn sie auf gesonderte Menschenrechtserklärungen verzichten, die auf dem islamischen Rechtssystem basieren.[5]

Bei aller Verachtung für den Westen lassen sich reiche Muslime natürlich nicht davon abhalten, den technischen Fortschritt für sich zu nutzen. Sie fahren die teuersten westlichen Autos, kaufen Fernsehgeräte und andere Luxusgüter im Westen ein und warten gespannt auf die nächste Handygeneration. Um sich an Forschung und Entwicklung zu beteiligen, fehlt ihnen die Weitsicht, intelligente Menschen im eigenen Land unabhängig von ihrem Geschlecht zu fördern. Bisher verlassen zum Beispiel in Saudi-Arabien die gut Ausgebildeten, die beruflich vorankommen wollen – in der Mehrzahl natürlich Männer –, das Land in Richtung USA, Kanada oder England. Zurück bleiben mehrheitlich diejenigen, die sich eingerichtet haben im mittelalterlichen Gefüge.

Der Konflikt zwischen Religion und Wissenschaft, der im Mittelalter auch die westlichen Gesellschaften daran gehindert hat, Forschung zu betreiben, ist in der islamischen Welt heute überdeutlich spürbar, auch wenn sich Länder wie der Iran inzwischen an der Atomforschung erproben. Forschung wird hauptsächlich in Bereichen betrieben, in denen man mit der Religion nicht groß in Konflikt gerät oder in denen man glaubt, sich gegen den Westen zur Wehr setzen zu müssen.

An Armut oder materieller Not allein, wie mancher meint, kann die Rückschrittlichkeit der islamischen Länder nicht liegen. Einige von ihnen haben teilweise sogar sehr viel Geld. Aber dieses Geld wird für Luxusgüter ausgegeben, statt für Bildung und Forschung im Sinne der Moderne und der Aufklärung.

Wenn junge Menschen studieren dürfen, dann nur mit der Vorgabe, dass der Koran als Gesetz anerkannt und die Gesellschaftsordnung nicht kritisiert wird. So kann kein freier akademischer Geist entstehen, geschweige denn sich entfalten. Es ist, als würde man einem Kind einen Film über das Fahrradfahren zeigen, damit es weiß, dass es so etwas gibt, ihm vielleicht sogar ein Fahrrad schenken, es dann aber daran hindern, sich selbst draufzusetzen, weil Allah das verbiete. Das Kind wird nie eine Vorstellung davon bekommen, was es heißt, Fahrrad zu fahren, es wird in seiner Entwicklung dort stehenbleiben, wo es steht. Und vielleicht wird es das Fahrradfahren sogar als etwas Schlimmes betrachten. So wie man etwas schlechtmacht, weil man es nicht haben kann. Dazu gibt es einen wahrhaft passenden türkischen Spruch: *Kedi ete ulaşamazsa, mındar dermiş.* Das bedeutet: Wenn eine Katze nicht an das Fleisch herankommt, dann sagt sie, das Fleisch stinkt.

In manchen streng islamischen Ländern werden heute zwar sehr viele Frauen zum Studium zugelassen, aber das liegt eher daran, dass die Männer lieber im Ausland studieren bzw. auch dann eine Arbeitsstelle bekommen, wenn sie keinen Hochschulabschluss nachweisen können. Ein weiterer Grund für die Öffnung der Universitäten liegt auf der Hand: Eine Gesellschaft, die von Geschlechterapartheid geprägt ist, benötigt in allen Lebensbereichen männliche und weibliche Fachkräfte. Die Medizinstudentinnen in den Vereinigten Arabischen Emiraten zum Beispiel werden doch nicht ausgebildet, um später als Ärztin Männer und Frauen gleichermaßen zu behandeln. Nein, sie sind ausschließlich dazu da, in Kliniken für Frauen zu arbeiten, weil männliche Ärzte keine Frauen berühren sollen.

Dass besonders im Hinblick auf die Sexualität alles getan wird, um die nachfolgenden Generationen in den engen Grenzen ihrer rückschrittlichen Religion zu belassen, zeigt das folgende Beispiel. Über den Sexualkundeunterricht in den Vereinigten Arabischen Emiraten schrieb mir die deutsche Lehrerin Klara: »*Die Aufklärung fängt erst in der 9. Klasse an. Aus dem Biologiebuch sind die entsprechenden Seiten herausgerissen. Sie werden separat von der Lehrerin verteilt, besprochen und am Ende des Unterrichts wieder eingesammelt! Zu sehen sind erst verschiedene Metamorphosestadien von Tieren, also Raupe und Schmetterling. Dann Zeichnungen (keine Fotos) von einem pubertierenden Mann und einer Frau, gefolgt von erwachsenem Mann und erwachsener Frau. Die Schüler sollen beschreiben, was sich verändert hat. Dann gibt es zwei Detailzeichnungen der männlichen und weiblichen Geschlechtsorgane, alles für die Reproduktion ist drauf, aber nicht die lustbringenden Organe. In weiteren Lehreinheiten wird auf die Menstruation eingegangen und auf Stimmungsschwankungen, allerdings nichts zur Verhütung und auch nichts zu Geschlechtskrankheiten oder AIDS.«*

Den Kindern wird auf diese Weise kein Bewusstsein – schon gar kein positives – von ihrer Sexualität und ihrem eigenen Körper vermittelt, und sie erhalten auch nicht die für ein selbstbestimmtes Sexualleben notwendigen Informationen. Was natürlich System hat, denn die Sexualität soll ja bis zur Ehe unterdrückt und danach streng kontrolliert werden.

Erste Schritte auf dem Weg in die Moderne

Ich behaupte, dass die islamische Welt auf demselben Weg ist wie der Westen, auch wenn das den Konservativen, den Fundamentalisten und Ewiggestrigen nicht gefällt. Die Zahl der Muslime, die sich eine Modernisierung des Islam wünschen, wächst, wie zuletzt an den massiven Protesten nach den Präsidentschaftswahlen im Iran deutlich wurde. Und das zeigt sich auch an den vielen Aktivitäten im »Untergrund« und im Internet. Die islamische Gesellschaft verfügt über sehr ähnliche Strukturen wie der Westen früher, und die Ablehnung dieser einengenden Strukturen wird über kurz oder lang zu einer Umwälzung der Gesellschaftsordnung führen. Es sind die universellen Werte, die vermeintlich westlichen Werte, die zu dieser Umwälzung beitragen werden: Freiheit, Gleichberechtigung der Geschlechter, Demokratie, Toleranz und Religionsfreiheit. Das alles sind keineswegs Werte, die der Westen für sich gepachtet hat, nein, sie haben ihren Platz auch im Leben der Muslime. Überall auf der Welt sehnen sich Menschen nach Freiheit, das muss der Westen ihnen nicht erst einreden.

Als US-Präsident Barack Obama am 4. Juni 2009 in Kairo in seiner »Rede an die islamische Welt« sagte, die Vereinigten Staaten und der Islam besäßen gemeinsame Grundsätze, *»Grundsätze der Gerechtigkeit und des Fortschrittes, der Toleranz und der Würde aller Menschen«,*[6] hatte er meines Erachtens zugleich recht und unrecht. Zustimmen würde ich ihm in Bezug auf die einfachen Menschen und ihre universellen Bedürfnisse, anderer Meinung bin ich in Bezug auf die internationale Politik, die noch nicht einmal in der Lage ist, eine gemeinsame Menschenrechtserklärung für den Westen und die islamische Welt zu verabschieden. Obama sprach in seiner Rede übrigens auch über den Zusammenhang zwischen fehlender Gleichberechtigung der Geschlechter und der wirtschaftlichen Lage eines Landes, den ich genauso sehe: *»Es ist kein Zufall, dass in Ländern, in denen die Frauen gut gebildet sind, die Wahrscheinlichkeit weitaus höher ist, dass die Länder selbst erfolgreich sind.«*[7]

Auch wenn die Politik und der offizielle Islam noch nicht so weit sind, die Notwendigkeit gesellschaftlicher Veränderungen anzuerkennen, tut sich in islamischen Ländern doch schon so einiges, was in die richtige Richtung weist.

Der Blick in den Westen ist mittels Medien und Internet jederzeit möglich, und nicht jeder Muslim lehnt ab, was er da sieht. Im Gegenteil. Viele Muslime verstehen, dass die Alphabetisierung für den Fortschritt unerlässlich, dass Geburtenkontrolle notwendig und Religion Privatsache ist. Sie erkennen, dass Menschenwürde, Toleranz und Gleichberechtigung auch ihre Werte sind. Damit befinden sich diese Menschen eindeutig auf dem Weg in die Moderne.

Jeder einigermaßen erfolgreiche Star in der islamischen Welt träumt z. B. von einem Durchbruch im Westen. Als der türkische Popstar Tarkan die westliche Welt eroberte und seinen Wohnsitz zeitweise nach New York verlegte, zogen innerlich viele mit ihm. So wie der Spruch »Wir sind Papst« viele Deutsche bewegte, bewegte es die Türken, als sie 2003 mit der Sängerin Sertap Erener den Grand Prix d'Eurovision gewannen. Als die Türkei 2008 bei der Fußball-Weltmeisterschaft zum ersten Mal ins Halbfinale kam, fühlten sich die Türken für kurze Zeit nicht mehr als Menschen zweiter Klasse.

Von den vielfältigen Aktivitäten muslimischer Frauenrechtlerinnen war schon ausführlich die Rede. Davon abgesehen gibt es in islamischen Ländern unter Frauen offenbar auch eine große Sehnsucht nach der freieren Lebensweise ihrer westlichen Schwestern. Das zeigt unter anderem die Beliebtheit von Fernseh-Soaps wie *Sex and the City* oder *Desperate Housewives,* die dank Internet und Satellitenfernsehen Einzug in muslimische Wohnzimmer halten und auch als Original-DVDs oder Raubdrucke reißenden Absatz finden.[8] Und das, obwohl die dort gezeigten Verhältnisse natürlich in krassem Widerspruch zu islamischen Moralvorstellungen stehen. So leben in *Sex and the City* vier Freundinnen – berufstätig, attraktiv, gute Figur – allein in ihren eigenen Wohnungen und sind auf der Suche nach Mr. Right bzw. der Erkenntnis, dass eine Frau auch ohne Mann glücklich sein kann. Während der Suche »verbrauchen« sie jede Menge Männer und erleben mal gemeinsam, mal allein, was New York alles zu bieten hat. Die islamische Welt hingegen bedient ihre Frauen mit Soaps, die ohne Sex und ohne Politik deren eingeschränkte Lebenswirklichkeit widerspiegeln. Die Kernaussage lautet: Bleibe eine tugendhafte Frau, die ihren Ehemann liebt und ihre Familie schützt. Die Mehrzahl der türkischen Soaps funktioniert so, und in anderen muslimischen Ländern sieht es nicht besser aus.

Mancherorts gibt es allerdings erste vielversprechende Ansätze zu einem freizügigeren Umgang mit dem Thema Sexualität. In den Vereinigten Arabischen Emiraten machte die muslimische Eheberaterin Wedad Lootah kürzlich Furore mit einem Buch, in dem sie bemerkenswert offen über die sexuellen Bedürfnisse der Frauen spricht und Ehepaaren explizit Ratschläge für eine erfüllte Sexualität gibt.[9] Obwohl Wedad Lootah ihre Thesen religiös absichert, indem sie sich dezidiert auf den Koran bezieht, erhält sie Morddrohungen. Warum? Weil es in den Köpfen der meisten gläubigen Muslime nicht vorgesehen ist, dass Frauen sich ihrer Sexualität bemächtigen.

Die Zeitschrift *Dschasad* (zu deutsch: *Körper*) aus dem Libanon ist ein weiteres zartes Pflänzchen der sexuellen Befreiung in einem islamischen Land. Im Dezember 2008 erstmals erschienen, erfreut sich das Sex-Magazin wachsenden Zuspruchs, was nicht zuletzt die Verkaufszahlen belegen. Behandelt werden u. a. Tabuthemen wie sexuelle Gewalt und Transsexualität, oder Prominente berichten über ihr »erstes Mal«.[10]

Was den Alltag junger Musliminnen und Muslime betrifft, so gibt es natürlich auch ganz private Versuche, sich über die rigiden Moralvorstellungen hinwegzusetzen. Immer wieder hören wir von heimlichen Partys mit viel Alkohol und Sex. Die Religionswächter reagieren heftig darauf, zum Beispiel mit Gefängnisstrafen, denn das Verbot des außerehelichen Geschlechtsverkehrs und das Verbot des Konsums alkoholischer Getränke sind bekanntlich tragende Säulen des Islam, zumindest seiner fundamentalistischen Auslegung. Die heimlichen Partys wie auch der zivile Ungehorsam, den junge Frauen unter anderem im Iran an den Tag legen, indem sie sich nicht den Vorschriften entsprechend verschleiern und in Kauf nehmen, eingesperrt zu werden, sprechen dafür, dass gerade eine Generation heranwächst, die den Eiertanz um die Sexualität in der islamischen Welt nicht mehr mitmacht, sondern sich für ein besseres Leben im Diesseits entscheidet, unabhängig davon, was sie im Paradies erwartet.

Auch wenn es für fortschrittliche Muslime alles andere als leicht ist, sich gegen die religiösen Moralisten durchzusetzen, gehe ich davon aus, dass es langfristig möglich sein wird, den Islam zu reformieren, so wie es auch möglich war, die christlichen Kirchen gegen den Widerstand ihrer Protagonisten zu verändern. Da wohl niemand ernsthaft darüber nachdenkt, den Islam abzuschaffen, haben wir auch gar keine andere Wahl. Wir müssen Religionswächter wie Gläubige daran erinnern, dass der Glaube uns guttun und unsere Seelen stärken soll, anstatt unser Leid zu vergrößern. Wenn Menschen ihre körperlichen Bedürfnisse aus religiösen Gründen dauerhaft unterdrücken, besteht die Gefahr, dass sie innerlich daran zugrunde gehen, wie mir eine Psychotherapeutin bestätigte, die junge Musliminnen behandelt und manchmal das Gefühl hat, ihre Patientinnen seien kurz davor, zu »verglühen«, wie sie es ausdrückte.

Auf die Frage »Was glauben Sie, was die sexuelle Revolution im Islam vorantreiben könnte?«, antworteten etliche meiner Interviewpartner spontan, dass die möglichst frühe Aufklärung über Sexualität sehr wichtig sei, um das Verhältnis zwischen den Geschlechtern zu verbessern und zu entspannen. Etliche wünschten sich auch, dass einfach mehr über Sexualität gesprochen wird, besonders »in den Betten«, aber auch in der Öffentlichkeit, in Politik und Medien.

Die türkische Naturwissenschaftlerin Ezgi meinte, bei der Reformierung des Islam gehe es vor allem um Menschenrechte: »*Ich glaube, dass wir die Durchsetzung der Menschenrechte benötigen, eine Frau muss als Mensch angesehen, ihre Menschenwürde und ihr Recht auf Freiheit anerkannt werden. Dann kommen die sexuellen Freiheiten automatisch. In unserer Gesellschaft, ich spreche für den Westen der Türkei, gibt es inzwischen schon sehr viel mehr Aufklärung in den Medien, in den Zeitungen wird viel über Sexualität geschrieben.*«

Von Murat, der ein türkisches Militärgymnasium besucht hat und seit längerem in Deutschland lebt, haben wir gehört, wie schwer es für muslimische Männer sein kann, im Geschlechterverhältnis Macht abzugeben und von alten Rollenmustern Abschied zu nehmen. Gleichzeitig sieht er aber, wie sehr die Männer vom gleichberechtigten Umgang mit den Frauen profitieren, vor allem auch in der Sexualität, und glaubt deshalb, dass es langfristig zu weitreichenden Veränderungen kommen wird.

Impulse aus dem Westen

Von einiger Brisanz ist die Frage, ob die Muslime allein oder mit dem Westen gemeinsam handeln sollen, denn selbstverständlich kann es nicht darum gehen, dass der Westen dem Islam eine sexuelle Revolution aufoktroyiert. Und so ist es ja auch nicht gemeint. Im Gegenteil, der Impuls zur Veränderung muss aus der Mitte der islamischen Gesellschaft kommen, sowohl in den einzelnen Ländern als auch in den überall im Westen verstreuten muslimischen Communitys. Dennoch ist es in unserer globalisierten Welt nur natürlich, wenn Entwicklungen global beobachtet und global beeinflusst werden. Deshalb bin ich der Überzeugung, dass der Westen durchaus die Aufgabe hat, die fortschrittlichen Muslime in ihrem Kampf für die Freiheit und gegen die Einschnürung durch rückschrittliche religiöse Regelsysteme zu unterstützen. Er darf sich vor dieser Aufgabe nicht drücken.

Der Durchschnittsbürger im Westen fragt sich vielleicht, was ihn das Sexualleben der Muslime angeht, warum er sich darum kümmern soll, wenn es ihn doch gar nicht betrifft. Dabei hat die sexuelle Revolution ja gerade gezeigt, dass Sexualität nicht ausschließlich Privatsache ist, dass die sexuelle Selbstbestimmung beider Geschlechter auch eine wichtige Rolle für die Gesamtgesellschaft spielt. Schon aus diesem Grund sollten sich die Menschen im Westen für das Thema Sexualität im Islam interessieren. Wie muslimische Männer und Frauen zusammenleben, hat einen nicht zu unterschätzenden Einfluss auf die sogenannte Integration, auf das Miteinander der verschiedenen Kulturen in unserer demokratischen Gesellschaft. Leider ist es nach wie vor so, dass in Politik und Wirtschaft kaum jemand offen über die gesellschaftliche Rolle der Sexualität spricht. Thema wird sie höchstens, wenn sie sich zum Skandal eignet, wenn es also zum Beispiel darum geht, wer wen mit wem betrogen hat oder wer sich in welchem Hotel wie viele Prostituierte aufs Zimmer bestellt und wer das alles bezahlt hat. Um die Karriere von Konkurrenten zu zerstören, ist Sex ein beliebtes Feld. Aber für die nicht gelebte, fremdbestimmte oder gar erzwungene Sexualität von muslimischen Frauen – und Männern – interessiert sich kaum ein Politiker. Dafür bekommt man ja auch keine Wählerstimmen.

Beim Thema Sexualität und Frauenbefreiung hält sich die westliche Politik mit ihrer Einmischung noch zurück, während sie sich gleichzeitig seit Jahrzehnten – und teilweise mit kriegerischen Mitteln – bemüht, in der islamischen Welt einen Demokratisierungsprozess in Gang zu setzen. Dabei ist Krieg, das hat sich sowohl in Afghanistan als auch im Irak gezeigt, der falsche Weg, um demokratische Verhältnisse durchzusetzen. Ein normales Leben ist unter Kriegsbedingungen nicht möglich, und darunter leiden nicht zuletzt Frauen und Kinder massiv. Warum stecken die westlichen Staaten ihre Energie und ihr Geld stattdessen nicht viel mehr in Bildung, wo doch bekannt ist, dass gute Bildungschancen eine wesentliche Voraussetzung für die Einführung der Demokratie und für die sexuelle Selbstbestimmung der Frau sind?

Wenn der Westen es ernst meint mit der Unterstützung islamischer Länder in ihrem Demokratisierungsprozess, dann müssen wir erwarten, dass die Situation der Frauen höher angesiedelt wird auf der Agenda. Denn eine Demokratie, die nur auf die männlichen Mitglieder der islamischen Welt ausgerichtet ist und nur mit ihnen gestaltet wird, ist keine echte Demokratie. Genau wie mildtätige Hilfe, die nur den Männern einer Gesellschaft zugutekommt, keinen Fortschritt, keine wirkliche Veränderung bringen kann.

Wer sich wirklich für die Belange der Muslime interessiert, muss sich klarmachen, was dahintersteckt, wenn in einigen islamischen Ländern Frauen und Mädchen nach einer Vergewaltigung zu Tode gesteinigt werden oder wenn Homosexuelle ihr Leben lassen müssen, nur weil sie in einem islamischen Land leben, während im Westen jedes Jahr der Christopher Street Day immer größer gefeiert wird. Genauso wie die islamische Welt darf auch der Teil der westlichen Welt, der Hilfe leisten will, das Thema Sexualität nicht ausklammern.

In den islamischen Ländern wird es zweifellos länger dauern als im Westen, bis die sexuelle Befreiung der Muslime durchgesetzt werden kann. Die Voraussetzungen sind einfach zu unterschiedlich. Muslime, die im Westen leben, haben viel eher die Gelegenheit, für sich ganz persönlich eine sexuelle Revolution zu erkämpfen, weil sie in einer offenen und liberalen Gesellschaft ohne staatliche Sanktionen, gegebenenfalls sogar mit staatlicher Unterstützung agieren können. Demnach sind die Chancen hier entsprechend größer, dass eine Bewegung von liberalen und säkularen Muslimen entsteht. Sie können der religiösen Moral den Kampf ansagen, ohne gleichzeitig gegen die politischen Machthaber aufbegehren zu müssen, wie es in den allermeisten islamischen Ländern der Fall wäre. Dort machen sich Reformbewegungen automatisch Staat und Religionswächter gleichzeitig zu Feinden, was – wie wir wissen – lebensgefährlich werden kann.

Insofern kommt den im Westen lebenden Muslimen eine besondere Aufgabe zu: Wir müssen Vorarbeit leisten, Impulse für die sexuelle Befreiung geben und unsere Mitstreiterinnen und Mitstreiter in den islamischen Ländern auf vielfältige Weise unterstützen.

Im Iran beispielsweise können Schriftsteller wegen der Zensur ihre Bücher kaum noch veröffentlichen. Die Behandlung nahezu aller Themen, die Literatur ausmachen, ist verboten. Aber kann man wirklich gute Romane ohne Sex und Politik schreiben? Über die schwierigen Verhältnisse in Teheran schrieb die *Süddeutsche Zeitung* im Juni 2009: »*Von 659 Büchern, die unter Chatami die Erlaubnis zur Veröffentlichung erhalten hatten, wurden 518 von Ahmadinedschads Regierung wieder zurückgezogen. Die Zensoren bemängelten, die Werke würden Leser zu unehelichen Verhältnissen ermuntern, sich über Glaubensinhalte lustig machen und säkulare Sichtweisen propagieren. Auch zahlreiche Übersetzungen können seither nicht mehr erscheinen, Werke von Gabriel García Márquez, James Joyce, Dan Brown, Virginia Woolf, Heinrich Böll.*«[11] Der Schleier verhüllt, wie wir sehen, nicht nur den Kopf der Frauen, er verhüllt auch den Geist beider Geschlechter.

Wenig hilfreich ist es da, wenn der Westen, statt die islamische Demokratiebewegung zu unterstützen, aus einem falsch verstandenen Toleranzbegriff heraus die Fundamentalisten auch noch unterstützt. So gab der Frankfurter Verlag der Weltreligionen, ein Ableger des Suhrkamp Verlags, im Mai 2009 ohne ernsthaft distanzierenden Kommentar *Das Buch der Weisungen für Frauen – Kitab ahkam al-nisa* des Bagdader Gelehrten Ibn al-Djauzi heraus, nach Meinung der *Süddeutschen Zeitung* »ein bemerkenswertes Dokument muslimischer Frauenverachtung«.[12] Das Buch stammt aus dem 12. Jahrhundert und versammelt, vor allem anhand von Zitaten aus dem Koran und von Aussprüchen des Propheten, alle damals gültigen rechtlichen und religiösen Regelungen für Frauen. Laut Verlag verleiht »*diese Verbindung mit der Tradition (...) dem Kitab ahkam al-nisa bis in die Gegenwart Gültigkeit*«.[13] So findet der frauenfeindliche islamische Fundamentalismus auch im deutschen Sprachraum Verbreitung.

Ich würde mir wünschen, dass westliche Verlage viel mehr darum bemüht wären, heutigen kritischen Schriftstellern in islamischen Ländern eine Stimme zu geben, denjenigen, die zum Schweigen verurteilt sind und die ihre Werke heimlich, auf eigene Kosten und unter Lebensgefahr drucken und verteilen müssen. Ihre Werke sollten übersetzt und veröffentlicht werden.

Die Verantwortung wahrnehmen

In einer Presseerklärung von Ali Bardakoğlu, Präsident des Amtes für Religiöse Angelegenheiten (Diyanet) in der Türkei, zum Internationalen Frauentag am 8. März 2004 heißt es: »*Die Tatsache, dass Frauen vierzehn Jahrhunderte nach Herabsendung des Korans und dem Verbot des Allmächtigen zum Trotz immer noch unter Diskriminierung leiden, ist sehr traurig und stimmt nachdenklich. (…) Die Erziehung von Mädchen und jungen Frauen stellt uns zu Beginn des 21. Jahrhunderts trotz der Warnungen des Korans und dem Vorbild des Propheten Mohammed vor zahlreiche Probleme. Wir stehen diesbezüglich in der Verantwortung.*«[14] Das sehe ich auch so: Diejenigen, die für sich in Anspruch nehmen, den Islam zu vertreten, und die es selbst in den eigenen Reihen nicht schaffen, eine tiefsitzende Frauenverachtung zu beseitigen, stehen in der Verantwortung.

Aber natürlich nicht nur sie: Ich möchte alle aufgeklärten Muslime und Musliminnen aufrufen, sich der Verantwortung nicht zu entziehen und sich einzumischen in die Reformbewegungen im Islam, die notwendig sind, um der Diskriminierung von Frauen, der Gewalt und dem Terror, der im Namen des Islam betrieben wird, Einhalt zu gebieten. Die konservativen, die orthodoxen, die fundamentalistischen und die gewaltbereiten Muslime sind organisiert. Wir Reformer sind es noch nicht. Höchste Zeit also, dass wir uns zusammenschließen.

Bei unseren Bemühungen müssen wir aber nicht nur die

fundamentalistischen Männer in den Blick nehmen, sondern auch die Frauen, die sich an der Seite der Männer für ihre eigene Unterdrückung starkmachen. Eine Geschichte, die mir Serpil erzählte, illustriert das Problem höchst anschaulich. Anfang 2009 traf die junge Frau bei der Suche nach einem geeigneten Festsaal für ihre Hochzeit in einer deutschen Großstadt auf eine Gesellschaft, die seltsamerweise nur aus Frauen und Kindern bestand. Männer waren keine anwesend. Es stellte sich heraus, dass die Geburt eines Jungen gefeiert wurde. Die glückliche Mutter, die ursprünglich aus Afghanistan stammte, hatte ihrem Mann zuvor sechs Töchter geboren und es nun endlich »geschafft«, ihm einen Sohn zu schenken. Erst dadurch wurde sie zu einer guten Ehefrau. Und das feierte sie ausgelassen, gemeinsam mit vielen anderen muslimischen Frauen und Mädchen. Wie müssen sich die sechs Schwestern des kleinen Jungen gefühlt haben, die in ihrer Religion allein schon aufgrund ihres Geschlechts als minderwertig angesehen werden?

Wie meine Mutter zu sagen pflegt: Wenn Frauen sich dagegen wehren würden, Kopftücher zu tragen, um ihre »Reize« zu bedecken, könnten Männer sie nicht dazu zwingen. Aber so wie diese Frauen freiwillig die Geburt des Jungen feiern, so tragen massenhaft Frauen freiwillig das Kopftuch. Wir hätten es schon viel weitergebracht, wenn wir es ausschließlich mit Männern als Gegner zu tun hätten. Stattdessen müssen Frauen auch immer gegen das Frauenbild mancher ihrer Geschlechtsgenossinnen kämpfen, wenn es um die Gleichberechtigung der Geschlechter geht.

Ich bin der Ansicht, wenn Allah gewollt hätte, dass Frauen ihre Haare verhüllen, dann hätte er uns keine Haare gegeben, wenn er gewollt hätte, dass Frauen sich nur im Haus aufhalten, dann hätte er uns keine Beine gegeben, und wenn er gewollt hätte, dass Frauen schweigen, hätten wir keine Zungen. Ich glaube nicht an einen Gott, der Frauen und Männer in Angst und Schrecken versetzt, wo er ihnen doch die Fähigkeit zur

Liebe gegeben hat. Liest man in der Hadithsammlung des syrischen Islamgelehrten al-Nawawi, klingt das zunächst genauso: »*Wenn nun gefragt wird, ob der Dienst-an-Gott besser mit guter Hoffnung einhergehe, dann ist zu antworten: al-Ghazali – Gott möge Sich seiner erbarmen! – sagte, daß der Dienst an Gott, der mit guter Hoffnung einhergeht, besser sei, weil die gute Hoffnung Liebe hervorbringe, die Furcht aber Verzweiflung.*«[15]

Was dann aber in den folgenden vierzig Hadithen und Kommentaren bei al-Nawawi zu lesen ist, hat nichts mit guter Hoffnung und noch weniger mit Liebe zu tun. Furcht und Angst werden gesät, der Mensch wird mit Verboten überschüttet und liegt in Furcht vor den Höllenqualen danieder. Genügend Punkte für das Paradies zu sammeln scheint schier unmöglich zu sein.

Manch einer fragt sich nun vielleicht, warum Frauen wie ich immer noch sagen, sie seien Musliminnen und wollten an ihrem Glauben festhalten. Die Antwort ist ganz einfach: Ich glaube an Gott, nicht an Religionen. Während Religionen von Männern gemacht wurden, zu einer Zeit, zu der Frauen noch weniger galten als heute, ist der Glaube an Gott etwas Individuelles, Unerklärliches.

Gott hilft uns, die Welt zu verändern, deshalb hat er uns den Verstand gegeben. Wir Menschen müssen nur noch den Mut aufbringen, unseren Verstand zu nutzen. Dr. Khaleel Mohammed, Theologieprofessor an der San Diego State University in Kalifornien, erklärt im Vorwort zu dem Buch *Der Aufbruch. Plädoyer für einen aufgeklärten Islam* der kanadischen Journalistin Irshad Manji mit erfrischender Direktheit: »*Lassen Sie uns einer einfachen Tatsache ins Auge sehen: Ich sollte Irshad Manji hassen. Wenn Muslime ihr zuhören, werden sie aufhören, Leuten wie mir zuzuhören, einem Imam, der Jahre an einer traditionellen islamischen Universität verbracht hat. Irshad Manji bedroht meine männliche Autorität und sagt Dinge über den Islam, von denen ich wünschte, sie wären nicht wahr. (...) Sie ist lesbisch, und meine Madrasaschule hat mir eingeflößt, nahezu in meine DNA geimpft, dass Allah Homosexuelle und Lesben hasst. Ich sollte diese Frau hassen. Aber dann schaue ich in mein Herz und schalte meinen Verstand ein und komme zu einem verwirrenden Ergebnis: Irshad sagt die Wahrheit. Und mein Gott befiehlt mir, der Wahrheit treu zu sein – was bedeutet, dass ich mich auf ihre Seite stellen muss.«*[16]

Dr. Khaleel Mohammed ist nicht der einzige Islamgelehrte, der so denkt, es gibt in der muslimischen Welt noch viele andere aufgeklärte Geister. Diese Menschen werden jedoch vielfach eingeschüchtert, so dass wir von ihrer Existenz nur zögerlich erfahren.

Wer an Gott glaubt und seinen Verstand gebraucht, kommt nicht umhin zu erkennen, dass die Herrschaft des Mannes im Namen der Religion und die Unterdrückung der Frauen im Namen der Religion nicht von Gott gewollt, sondern von Menschen gemacht sind. Folglich können nur Menschen etwas daran ändern. In der Hoffnung und in dem Glauben, dass immer mehr Muslime den Mut aufbringen werden, ihren Verstand zu nutzen, sage ich: *İnşallah!*

Danksagung

Ehre, wem Ehre gebührt, Dank, wem Dank gebührt. Ein Buch wie dieses entsteht nur selten ohne fachliche, praktische oder moralische Unterstützung von anderen. Und diese Unterstützung muss Erwähnung finden. Zuallererst gilt mein Dank meinen Interviewpartnerinnen und -partnern, die einen wichtigen Beitrag dazu geleistet haben, dieses Buch mit Leben zu füllen. Dem Ullstein Verlag gebührt Dank für die finanzielle Unterstützung während der Zeit des Schreibens. Meine wunderbaren Lektorinnen Julika Jänicke und Claudia Schlottmann haben mir ihre fachliche Kompetenz zur Verfügung gestellt und gemeinsam mit mir die Fülle des Materials, das für mehrere Bücher gereicht hätte, in eine dem Gegenstand angemessene Form gebracht. Es soll auch nicht unerwähnt bleiben, dass sie mir mit dem nötigen Feingefühl über Schreibblockaden, Zweifel und Sinnkrisen hinweggeholfen haben.

Und natürlich möchte ich mich bei meiner Familie bedanken. Was würde eine alleinerziehende, berufstätige Mutter ohne Unterstützung bei der Kinderbetreuung machen? Die unermüdliche Hilfe meiner Cousine und Schwägerin Mariye Ateş hat es mir erst ermöglicht, die nötige Zeit aufzubringen, um dieses Buch zu schreiben. Sie ist meiner Tochter eine zweite Mutter. Und meine Schwester Serpil Saraç, auch Mama-Teyze genannt (eine Wortschöpfung meiner Tochter aus dem deutschen Wort Mama und dem türkischen Wort für Tante), hat meine Tochter oft als viertes Kind bei sich aufgenommen.

Nicht zu vergessen meine liebe Nichte Ela Saraç, die für meine Tochter wie eine Schwester ist. Ihnen allen gebührt Dank. Auch meine drei Brüder und meine vielen Nichten und Neffen waren ausnahmslos immer für mich und meine Tochter da, wenn wir sie brauchten. Ihnen allen ein herzliches: *Teşekkür ederim!*

Anmerkungen

Einleitung

1 Dazu muss gesagt werden, dass die erste Generation der Gastarbeiter aus verschiedenen Gründen ihre Religion nicht so praktizieren konnte und wollte, wie das heute der Fall ist. Viele wurden beispielsweise durch die Schichtarbeit in der Fabrik daran gehindert, fünfmal am Tag zu beten. Und gefastet haben die wenigsten Gastarbeiter, weil die Fabrikarbeit dafür einfach zu hart war. Außerdem steht im Koran, dass ein Muslim nicht fasten muss, wenn er auf Reisen ist (Sure 2, Verse 183–187). Der Gastarbeiter, der in Deutschland nur Geld verdienen und dann wieder zurückkehren wollte, war diesem Verständnis nach ein Reisender.

2 Wobei die Juden in diesem Zusammenhang selten erwähnt wurden und damals in der öffentlichen Wahrnehmung in Deutschland auch kaum eine Rolle spielten. Juden waren nur dann ein Thema, wenn es um die Weltherrschaft ging, die sie angeblich in Händen hielten. Die üblichen alten Klischees.

3 Shere Hite: *Hite-Report. Das sexuelle Erleben der Frau*, S. 9

4 Vgl. Necla Kelek: *Anwälte einer Inszenierung*, ZEIT online, 17. 9. 2005, nachzulesen auf: http://www.zeit.de/online/2005/38/prozess

5 Kaplan Omar: *Sexualität im Islam und in der türkischen Kultur*, S. 7

Sexualität im Islam – Mythos
und Realität

1 Die Bewunderung vieler Muslime für den Westen kommt auch in einer breit angelegten Studie des amerikanischen Meinungsforschungsinstituts Gallup zum Ausdruck, mit kleinen Einschränkungen: »Die Muslime, so legen es die Erkenntnisse der Massenbefragung nahe, bewundern den Westen für seine Demokratie und seine bürgerlichen Freiheiten, aber sie wollen nicht, dass man ihnen westliche gesellschaftspolitische Strukturen aufzwingt.« John Esposito, Leiter der Studie, führender Islamwissenschaftler und Professor an der Georgetown-Universität in Washington, fasst das Ergebnis folgendermaßen zusammen: »Die Muslime wollen Selbstbestimmung, kein US-gesteuertes und -definiertes Demokratiemodell. Sie wollen weder Säkularismus noch Theokratie. Die überwältigende Mehrheit aller Muslime will ein demokratisches System mit religiösen Grundwerten.« Quelle: Welt Online am 9. 3. 2008 (nachzulesen auf: http://www.welt.de/politik/article1779741/Mehrheit_ der_Muslime_bewundert_westliche_Werte.html)

2 »*Nikah* bezeichnet sowohl den Ehekontrakt (vinculum matrimonii [Band der Ehe]), als auch den Koitus [Geschlechtsverkehr] (usus matrimonii [Vollzug der Ehe]). In Bezug auf die Frage, welche der beiden Bedeutungen die ursprüngliche sei, entscheiden sich die meisten muslimischen Gelehrten für die zweite, weil das Wort ursprünglich den Sinn von ›comprimere‹ (zusammendrücken) habe.« Aus: al-Ghazali: *Das Buch der Ehe*, S. 23

3 Jad Jiko: *Die Idealisierung des sexuellen Triebes im Islam*, in: *Psyche* 11/2007, S. 1134

4 Quelle: http://www.focus.de/politik/ausland/afghanistan-taliban-richten-liebespaar-oeffentlich-hin_aid_389711.html

5 Zur Vertiefung des Themas empfehle ich die Lektüre von Kapitel 1 *(Reinheit und Tabus)* in dem Buch *Sexualität und Körperpraxis im Islam* von Farideh Akashe-Böhme.

6 Al-Buhari, zitiert nach Kaplan Omar: *Sexualität im Islam,* S. 30

7 Al-Buhari: *Nachrichten von Taten und Aussprüchen des Propheten Muhammad,* S. 328

8 *Der Koran* (Übersetzung von Khoury), Sure 33 : 21

9 Salwa Al Neimi: *Honigkuss,* S. 26

10 Inci Y. erzählt in ihrem Buch *Erstickt an euren Lügen* von Musliminnen, die ihre Männer hintergehen. Sie berichtet z. B., wie sie als zwölfjähriges Mädchen erotische Briefe an den Geliebten ihrer Mutter aufschreiben musste, weil der im Gefängnis saß und die Mutter Analphabetin war (S. 52 ff.).

11 Al-Ghazali: *Das Buch der Ehe,* S. 112

12 Salwa Al Neimi: *Honigkuss,* S. 16

13 Mohammed al-Nafzawi: *Der duftende Garten,* S. 9

14 Edward W. Said: *Orientalismus,* S. 216

15 Ebd., S. 213

16 Fatima Mernissi: *Harem. Westliche Phantasien – östliche Wirklichkeit,* S. 18 f.

17 Ebd., S. 18

18 »Most importantly, sexuality is a God-given right for every human being. We do not consider sexuality a disease of the flesh as some other religions. It is not a sin. Rather, it is considered one of the delights of paradise, a preview of paradise. Attraction has been placed between men and women and for this reason, marriage is encouraged in order that humans can enjoy sexuality.« Daisy Khan im Interview mit mir am 5. November 2008.

19 Jad Jiko: *Die Idealisierung des sexuellen Triebes im Islam,* in: *Psyche* 11 / 2007, S. 1134

20 *Der Koran* (Khoury), S. 533

21 Ebd.

22 Die Presseerklärung vom 20. 1. 2004 ist nachzulesen auf: http://www.igmg.de/index.php?id = 231&no_cache = 1&tx_ttnews %5Btt_news %5D = 647&tx_ttnews %5B backPid %5D = 555&type = 98

23 Aktenzeichen 15 VG 5827/2003, zitiert nach: *Auch muslimische Mädchen müssen Sexualkunde lernen* von Jochen Leffers, Spiegel Online, 21. 1. 2004 (http://www.spiegel.de/ schulspiegel/0,1518,282744,00.html)

24 Die vollständigen Ausführungen zur Frage der Zulässigkeit des Händeschüttelns mit einer Person des anderen Geschlechts sind nachzulesen auf: http://www.islam.de/ 1641.php#deutsch/kontakt01.html

25 Siehe u. a. den Bericht auf Spiegel Online vom 1. 11. 2008, nachzulesen auf: http://www.spiegel.de/panorama/ justiz/0,1518,587905,00.html

26 Siehe u. a.: http://www.sueddeutsche.de/politik/148/ 360971/text/

27 *heute-Journal* vom 13. 2. 2009 (http://www.zdf.de/ZDF mediathek/content/693152?inPopup = true)

28 http://www.tagesschau.de/multimedia/audio/audio 33982.html

29 Nachzulesen auf: http://www.enfal.de/fragfrau.htm

30 Al-Ghazali: *Das Buch der Ehe,* S. 111

31 Ebd.

32 Nähere Informationen auf: http://www.hyp.org.tr/haber. asp?hid = 2611

Die 68er – Im Westen viel Neues

1 Zitiert nach Wilhelm Reich: *Die sexuelle Revolution,* S. 55

2 Zitiert nach: http://www.med-serv.de/medizin-buch-hygiene_geschlechtsleben-0-1-2.html

3 Das Ehe- und Liebesleben dieser Zeit beschreiben u. a. Rita Bake und Birgit Kiupel in ihrem Buch *Unordentliche Be-*

gierden. Liebe, Sexualität und Ehe im 18. Jahrhundert, Hamburg 1996

4 Die Entwicklung in der ehemaligen DDR wird hier zwangsläufig ausgeblendet, da die sexuelle Revolution der 68er eine Antwort auf die spezifische Situation im Westen war.

5 Reichsstrafgesetzbuch von 1871 (in der Fassung vom 25. 8. 1953) § 180 Abs. 1 Satz 1

6 RStGB § 181 Abs. 1 Satz 1 Ziff. 2

7 Die Entwicklung des § 175 StBG wird auf der Internetseite http://www.gay-web.de/chronik/par175.shtml sehr gut dargestellt.

8 Die *Stern*-Serie zum Thema *Die 68er. Wie eine Generation die Welt veränderte* ist nachzulesen auf: http://www.stern. de/presse/stern/:14. 11. 2007-Neue-Die-68er-Wie-Gene-ration-Welt/602603.html

9 Nachzulesen auf: http://www.bpb.de/popup/popup_druckversion.html?guid = 7RVDTN

10 Shere Hite: *Hite-Report,* S. 47

11 Nähere Informationen dazu unter: http://www.bpb.de/themen/E25KCE.html

12 *Das Wunder der Liebe* erschien zuerst 1967 als Serie in der Zeitschrift *Neue Revue.* 1968 wurde die Serie vom Bertelsmann Ratgeberverlag unter demselben Titel in Buchform veröffentlicht.

13 *Stern*, Heft 06/2007, nachzulesen auf: http://www.stern. de/politik/deutschland/:Sexuelle-Verwahrlosung-Voll-Porno!/581936.html

14 Vom Ansatz her war die Idee sicher gut, aber in der Umsetzung zeigten sich deutliche Mängel, z. B. im Hinblick auf den Respekt gegenüber anderen Menschen. Kinder zu mündigen, selbstbewussten und starken Persönlichkeiten zu erziehen, muss nicht heißen, dass die Kleinen im Restaurant auf den Tischen tanzen, die Hosen runterziehen

und der Bedienung die Zunge rausstrecken. In der westlichen Welt ist man in seinen Überlegungen bezüglich der Kindererziehung inzwischen weiter, gerade was die frühkindliche Phase betrifft. Die Familien in der islamischen Welt kämpfen oft nach wie vor täglich um das nackte Überleben, auch ihrer Kinder. Daher liegt die Beschäftigung mit Themen wie frühkindlicher Erziehung oder dem so wichtigen Spiel mit den Kindern noch in weiter Ferne.

15 Beispielhaft seien nur einige Bücher erwähnt: Ingrid Gilcher-Holtey: *Die 68er Bewegung: Deutschland – Westeuropa – USA*, München 2001; Peter Schneider: *Rebellion und Wahn – Mein '68. Eine autobiographische Erzählung*, Köln 2008; Franz M. Sonner: *Die 68er und ihre Theoretiker*. Audio-CD, München 2008; Andreas Schwab/Beate Schappach/Manuel Gogos (Hg.): *Die 68er: Kurzer Sommer – lange Wirkung*. Schriften des Historischen Museums Frankfurt am Main 27; Marco Carini: *Fritz Teufel. Wenn's der Wahrheitsfindung dient. Eine Biographie*, Hamburg 2003. Aber auch sehr (selbst-)kritische Stimmen, z. B. Götz Aly: *Unser Kampf: 1968 – ein irritierter Blick zurück*, Frankfurt/M. 2008.

Frauen im Islam – Unterdrückt, verachtet,
als Sexualobjekt begehrt

1 Hadayatullah Hübsch: *Frauen im Islam*, S. 150 f.

2 *25 Fragen zur Frau im Islam*, nachzulesen auf: http://www.enfal.de/fragfrau.htm

3 Al-Ghazali, *Das Buch der Ehe*, S. 84–102.

4 Ebd., S. 103

5 Vgl. ebd., S. 89

6 Vgl. z. B. Ursula Spuler-Stegemann: *Die 101 wichtigsten Fragen: Islam*, S. 22 ff.; oder Marco Schöller: *Mohammed*, S. 56 f.

7 Vgl. z. B. Marco Schöller: *Mohammed*, S. 58; oder Ursula Spuler-Stegemann: *Die 101 wichtigsten Fragen: Islam*, S. 23

8 Al-Buhari: *Nachrichten von Taten und Aussprüchen des Propheten Muhammad*, S. 330

9 *Der Koran* (Henning), Sure 55 : 56–58

10 Vgl. Farideh Akashe-Böhme: *Sexualität und Körperpraxis im Islam*, S. 51

11 *Der Koran* (Paret), S. 350

12 Christoph Luxenberg: *Die syro-aramäische Lesart des Koran*, S. 260

13 »Mit *Syro-Aramäisch* (eigentlich *Syrisch*) ist ursprünglich der in Edessa und dem umliegenden Gebiet im nordwestlichen Mesopotamien gesprochene und seit der Christianisierung bis zur Entstehung des Koran als Schriftsprache vorherrschende Zweig des Aramäischen im Vorderen Orient gemeint. Das Aramäische war über ein Jahrtausend die *Lingua franca* im gesamten vorderasiatischen Raum, bevor es vom Arabischen ab dem VII. Jahrhundert nach und nach verdrängt wurde.« Quelle: http://www.museo-on. com/go/museoon/home/news/_page_id_855/_page_ id_216/_page_id_841.xhtml

14 Al-Ghazali: *Das Buch der Ehe*, S. 101

15 »*Voreheliche geschlechtliche Beziehungen sind im Islam nicht erlaubt. Mann und Frau sollen sich rein halten.*« (Hadayatullah Hübsch: *Frauen im Islam*, S. 105)

16 Siehe hierzu das Kapitel »Der muslimische Mann«.

17 Gerd Kröncke: *Urteil in Frankreich. Ehe annulliert, weil Braut keine Jungfrau war.* In: *Süddeutsche Zeitung* vom 31. 5. 2008

18 Nachzulesen auf: www.enfal.de/fragfrau.htm

19 Kaplan Omar: *Sexualität im Islam*, S. 14

20 Al-Ghazali: *Das Buch der Ehe*, S. 161

21 Ebd., S. 162

22 Hadayatullah Hübsch: *Frauen im Islam*, S. 146

23 Ebd., S. 150

24 Vgl. dazu Stephán Procháska: *Erotik und Sexualität im Islam.* Nachzulesen auf: www.religionen.at/irprochaska. htm

25 Das Interview wurde auf Türkisch geführt; deutsch von Seyran Ateş.

26 Vgl. Leila Massoudi: *Zwischen Eros und Neurose. Überlegungen zum sensitiven Thema Ehe, Liebe und Sexualität im muslimischen Kontext.* In: *Islamische Zeitung. Unabhängiges Forum für Europa* vom 28. 10. 2008 (http://www.islamische-zeitung.de/iz3.cgi?id = 10964)

27 *25 Fragen zur Frau im Islam,* zitiert nach: www.enfal.de/fragfrau.htm

28 Vgl. Matthias Rohe: *Das islamische Recht,* S. 91. Dem Ehemann steht es nach islamischem Recht zu, seine Frau ohne Begründung zu verstoßen, eine Praxis, die in dieser krassen Form z. B. noch in Saudi-Arabien üblich sein soll.

29 *25 Fragen zur Frau im Islam,* zitiert nach: www.enfal.de/fragfrau.htm

30 Dezidiert habe ich mich dazu in meinem Buch *Der Multikulti-Irrtum* (S. 119 ff.) geäußert.

31 Leila Massoudi: *Zwischen Eros und Neurose,* nachzulesen auf: http://www.islamische-zeitung.de/iz3.cgi?id = 10964

32 Hadayatullah Hübsch: *Warum tragen muslimische Frauen ein Kopftuch oder einen Schleier,* zitiert nach: http://www.kopftuch.info/frauimislam/warum_muslima_kopftuch.html

33 Ebd.

34 Nahed Selim: *Nehmt den Männern den Koran!,* S. 7

35 Suren 24 : 30, 24 : 31, 33 : 53 und 33 : 59

36 http://nobelpeaceprize.org/en_GB/laureates/laureates-2003

37 Martina Sabra: *Islamischer Feminismus in Marokko,* nachzulesen auf: http://de.qantara.de/webcom/show_article.php/_c-296/_nr-29/_p-1/i.html

38 Christina Schott: *Frauenrechte in Indonesien*, nachzulesen auf: http://de.qantara.de/webcom/show_article.php/_c-296/_nr-26/_p-1/i.html

39 Bei al-Ghazali heißt es übrigens: »*Der Mann soll der Frau alle vier Tage beiwohnen, das ist das richtige Maß* (…).« (*Das Buch der Ehe*, S. 133) Hier zeigt sich, wie aktuell der Islamgelehrte aus dem 12. Jahrhundert noch ist und woher die Taliban ihr Wissen zum Thema Frau, Ehe und Sexualität haben.

40 http://www.welt.de/politik/ausland/article3561192/Afghanische-Frauen-protestieren-gegen-Sexpflicht.html

Der muslimische Mann –
Zwischen Macht und Ohnmacht

1 Al-Ghazali: *Das Buch der Ehe*, S. 108

2 Ebd., S. 113

3 Das Interview wurde auf Türkisch geführt; deutsch von Seyran Ateş.

4 Al-Ghazali: *Das Buch der Ehe*, S. 48

5 Farideh Akashe-Böhme: *Sexualität und Körperpraxis im Islam*, S. 120

6 Al-Buhari: *Nachrichten von Taten und Aussprüchen des Propheten Muhammad*, S. 358

7 Hadayatullah Hübsch: *Frauen im Islam*, S. 118

8 Al-Buhari: *Nachrichten von Taten und Aussprüchen des Propheten Muhammad*, S. 348

9 Al-Ghazali: *Das Buch der Ehe*, S. 131 (Sure 25 : 54)

10 Salwa Al Neimi: *Honigkuss*, S. 33

11 Deutsch von Seyran Ateş.

12 Ursula Spuler-Stegemann: *Die 101 wichtigsten Fragen: Islam*, S. 73

13 Dem Nachrichtendienst Focus-Online zufolge soll in

Deutschland jedes zehnte Kind nicht von dem »Vater« sein, den es womöglich sein Leben lang für seinen Erzeuger hält. Focus-Online vom 21.1.2009, nachzulesen auf: http://www.focus.de/kultur/kino_tv/focus-fernseh-club/37-grad-kuckuckskinder-ohne-nest-und-ohne-boden_aid_362617.html

14 Al-Buhari: *Nachrichten von Taten und Aussprüchen des Propheten Muhammad*, S. 342 f.

15 Vgl. Kaplan Omar: *Sexualität im Islam*, S. 18

16 Deutsch von Seyran Ateş.

17 *Der Koran* (Khoury), S. 63

18 http://www.sueddeutsche.de/politik/311/471842/text/

19 Al-Ghazali: *Das Buch der Ehe*, S. 163

20 Nachzulesen auf: www.20min.ch/news/ausland/story/31079212

21 *Lebenssituation, Sicherheit und Gesundheit von Frauen in Deutschland*, hg. vom Bundesministerium für Familie, Senioren, Frauen und Jugend, 2007

22 Quelle: http://www.ksgm.gov.tr/tdvaw/anasayfa.htm

23 Die zunehmende sexuelle Gewalt in den französischen Banlieues wird in den folgenden Büchern thematisiert: Samira Bellil: *Durch die Hölle der Gewalt*, München 2005; und Fadela Amara: *Weder Hure noch Unterworfene*, Berlin 2005.

24 http://www.amnesty.at/frauenrechte/04_laenderthemen/iran/Details_zur_Kampagne.pdf

25 Spiegel Online am 19.12.2007, nachzulesen auf: http://www.spiegel.de/politik/ausland/0,1518,524420,00.html

26 Ausführlich hat sich die Journalistin Cathrin Kalweit in ihrem Artikel »Gefangen im Unaussprechlichen«, *Süddeutsche Zeitung* vom 12.11.2008, mit dem Thema befasst. Nachzulesen auf: http://www.ehrenmord.de/kontakt/sueddeutsche_gefangen.php. Ebenfalls auf: http:/www.im-muenchen1.de/presse/docs/2009/Gefangen_im_Un-

aussprechlichen.pdf?PHPSESSID = 581d7025d 904e98b
de806fffb3a9e447

27 Betsy Udink, *Allah und Eva*, S. 68. »Karo-kari« bedeutet so
viel wie Ehrenmord.

Homosexualität – Der Zwang
zum Doppelleben

1 Im Folgenden spreche ich hauptsächlich von Schwulen
und Lesben, da die weitergehende Differenzierung aller
existierenden sexuellen Orientierungen sowie die Berücksichtigung der Gender-Debatte hier zu weit führen würde.

2 Aus einer E-Mail an mich vom 6. Juni 2009

3 *Der Koran* (Khoury), S. 120

4 Ebd., S. 283

5 Al-Ghazali: *Das Buch der Ehe*, S. 35 f.

6 Im Alten Testament heißt es im 3. Buch Mose: »Schläft
einer mit einem Mann, wie man mit einer Frau schläft,
dann haben sie eine Gräueltat begangen; beide werden mit
dem Tod bestraft; ihr Blut soll auf sie kommen.« (3. Mos
20,13) Im Neuen Testament findet sich im Brief des Pau-
lus an die Römer folgende Aussage zur Homosexualität:
»Darum lieferte Gott sie entehrenden Leidenschaften aus:
Ihre Frauen vertauschten den natürlichen Verkehr mit
dem widernatürlichen; ebenso gaben die Männer den natürlichen Verkehr mit der Frau auf und entbrannten in Begierde zueinander; Männer trieben mit Männern Unzucht
und erhielten den ihnen gebührenden Lohn für ihre Ver-
irrung. [...] Sie erkennen, dass Gottes Rechtsordnung
bestimmt: Wer so handelt, verdient den Tod.« (Röm
1,26–32) – Dass z. B. die offizielle katholische Kirche Homosexualität noch heute nicht akzeptiert, sondern im Gegenteil auf eine deutliche Abgrenzung pocht, zeigt der Fall

eines brasilianischen Geistlichen und Parlamentsabgeordneten, der kürzlich von seinem Amt suspendiert wurde, weil er sich für die Rechte Homosexueller und für die Benutzung von Kondomen eingesetzt hatte. (Quelle: http://www.queer.de/detail.php?article_id = 10074)

7 Kaplan Omar, *Sexualität im Islam*, S. 139

8 Die Marburger Islamwissenschaftlerin Ursula Spuler-Stegemann bestätigt diesen Befund, wenn sie schreibt: »*Der Konsens der islamischen Theologen befindet, dass alle Menschen von Natur aus heterosexuell sind. Homosexualität sei eine überwiegend pubertäre Perversion und – guten Willen vorausgesetzt – reversibel ...*« Ursula Spuler-Stegemann: *Die 101 wichtigsten Fragen: Islam*, S. 99

9 Vgl. Richard Dawkins: *Der Gotteswahn*, S. 401 ff.

10 Das berichten Mitarbeiter der Schwulen- und Lesbenorganisation Lambda Istanbul und der Zeitschrift Kaos aus Ankara. Siehe auch: http://www.dradio.de/dlf/sendungen/europaheute/792635/

11 Quellen: http://www.spiegel.de/politik/ausland/0,1518, 570714,00.html und: http://www.queer.de/detail.php? article_id = 10558.

12 Quelle: http://www.siegessaeule.de/politik/transgenderaktivistin-in-istanbul-ermordet.html

13 Zitiert nach: http://www.ufuq.de/newsblog/175?task = view

14 Ebd.

15 Ebd.

Eine sexuelle Revolution für den Islam

1 Wilhelm Reich: *Die sexuelle Revolution*, S. 127 (Zusatz von 1945 für die englischsprachige Ausgabe)

2 Quelle: http://jungle-world.com/artikel/2009/22/35178. html

3 Näheres dazu auf Spiegel Online unter: http://www.spiegel.
   de/wissenschaft/mensch/0,1518,druck-517117,00.html

4 http://www.spiegel.de/wissenschaft/natur/0,1518,
   517048,00.html

5 So die Kairoer Erklärung der Menschenrechte im Islam
   von 1990 und die Arabische Charta der Menschenrechte,
   zuletzt überarbeitet 2004.

6 Die vollständige Rede ist in deutscher Sprache nachzulesen auf: http://www.berlinkontor.de/04. 06. 2009/wort-
   laut-der-rede-des-us-praesidenten-obama-in-kairo.html

7 Ebd.

8 Weitere Informationen dazu auf: http://www.google.com/
   hostednews/afp/article/ALeqM5j-xKy7RfZ_F-L2tzy
   56LF2FV1Www

9 Ausführlich berichtete die *New York Times* am 05. 06. 2009
   über das Buch; nachzulesen auf: http://www.nytimes.
   com/2009/06/06/world/middleeast/06dubai.html?ref =
   world

10 Quelle: http://www.20 min.ch/news/kreuz_und_quer/
   story/Erstes-Sex-Magazin-ist-ein-Erfolg-30302450

11 Quelle: http://jetzt.sueddeutsche.de/texte/anzeigen/477721

12 http://jetzt.sueddeutsche.de/texte/anzeigen/476169

13 http://www.suhrkamp.de/buecher/das_buch_der_wei-
   sungen_fuer_frauen_-_kitab_ahkam_al-nisa_-abu_l-
   faradj_ibn_al-djauzi_70018.html

14 Abgedruckt in: Ali Bardakoğlu: *Religion und Gesellschaft,*
   S. 167 ff., hier S. 168

15 Al-Nawawi: *Das Buch der vierzig Hadithe,* S. 14

16 Irshad Manji: *Der Aufbruch. Plädoyer für einen aufgeklärten Islam,* S. 7

Literatur

Farideh Akashe-Böhme: *Sexualität und Körperpraxis im Islam,* Frankfurt a. M. 2006

Al-Buhari: *Nachrichten von Taten und Aussprüchen des Propheten Muhammad.* Ausgewählt, aus dem Arabischen übersetzt und herausgegeben von Dieter Ferchl, Stuttgart 2006

Ibn al-Djauzi: *Das Buch der Weisungen für Frauen – Kitab ahkam al-nisa.* Aus dem Arabischen übersetzt und herausgegeben von Hannelies Koloska, Frankfurt a. M. und Leipzig 2009

Abu Hamid Muhammad al-Ghazali: *Das Buch der Ehe.* Übersetzt und erläutert von Hans Bauer, Kandern im Schwarzwald 2005

Mohammed al-Nafzawi: *Der duftende Garten zur Erbauung des Gemüts. Ein arabisches Liebeshandbuch.* Aus dem Arabischen übersetzt und herausgegeben von Ulrich Marzolph, München 2002

Al-Nawawi: *Das Buch der vierzig Hadithe.* Aus dem Arabischen übersetzt und mit einem Kommentar herausgegeben von Marco Schöller, Frankfurt a. M. 2007

Salwa Al Neimi: *Honigkuss.* Roman. Aus dem Arabischen von Doris Kilias, Hamburg 2008

Seyran Ateş: *Der Multikulti-Irrtum. Wie wir in Deutschland besser zusammenleben können,* Berlin 2007

Ali Bardakoğlu: *Religion und Gesellschaft. Neue Perspektiven aus der Türkei,* Köln 2008

Richard Dawkins: *Der Gotteswahn.* Aus dem Englischen von Sebastian Vogel, Berlin 2007

25 Fragen zur Frau im Islam, hg. vom Deutschsprachigen Muslimkreis Karlsruhe e. V., Karlsruhe 1997. Nachzulesen auf: www.enfal.de/fragfrau.htm

Max von Gruber: *Hygiene des Geschlechtslebens,* Stuttgart 1927 (zuerst erschienen 1903)

Shere Hite: *Hite-Report. Das sexuelle Erleben der Frau,* München 1980

Hadayatullah Hübsch: *Frauen im Islam. 55 Fragen und Antworten,* Nienburg 1997

ders.: *Warum tragen Musliminnen ein Kopftuch oder einen Schleier?,* in: Kopftuch.Info, hg. von Ahmadiyya Muslim Jamaat Deutschland e. V. Nachzulesen auf: www.kopftuch. info/frauimislam/warum_muslima_kopftuch.html

Jad Jiko: *Die Idealisierung des sexuellen Triebes im Islam.* In: *Psyche.* Zeitschrift für Psychoanalyse und ihre Anwendungen, 61. Jg., Heft 11, November 2007

Oswalt Kolle: *Das Wunder der Liebe,* Gütersloh 1968

Der Koran. Übersetzung von Adel Theodor Khoury unter Mitwirkung von Muhammad Salim Abdullah, Gütersloh 2007

Der Koran. Aus dem Arabischen von Max Henning, Stuttgart 2006

Der Koran. Übersetzung von Rudi Paret, Stuttgart 2007

Christoph Luxenberg: *Die syro-aramäische Lesart des Koran. Ein Beitrag zur Entschlüsselung der Koransprache,* Berlin 2000

Irshad Manji: *Der Aufbruch. Plädoyer für einen aufgeklärten Islam.* Aus dem Englischen von Susanne Aeckerle, München 2005

Fatima Mernissi: *Harem. Westliche Phantasien – östliche Wirklichkeit.* Aus dem Französischen von Kate Reiner, Freiburg 2000

dies.: *Geschlecht, Ideologie, Islam.* Aus dem Französischen von Marie Luise Knott und Brunhilde Wehinger, München 1987

Kaplan Omar: *Sexualität im Islam und in der türkischen Kultur*, Frankfurt a. M. 1999

Wilhelm Reich: *Die sexuelle Revolution*, Frankfurt a. M. 1966 (zuerst 1936 u. d. T. *Die Sexualität im Kulturkampf*)

Matthias Rohe: *Das islamische Recht. Geschichte und Gegenwart*, München 2009

Edward W. Said: *Orientalismus*. Aus dem Amerikanischen von Liliane Weissberg, Frankfurt a. M. / Berlin / Wien 1981

Marco Schöller: *Mohammed. Leben, Werk, Wirkung*. Frankfurt a. M. 2008

Nahed Selim: *Nehmt den Männern den Koran! Für eine weibliche Interpretation des Islam*. Aus dem Niederländischen von Anna Berger und Jonathan Krämer, München 2006

Ursula Spuler-Stegemann: *Die 101 wichtigsten Fragen: Islam*, München 2007

Betsy Udink: *Allah und Eva. Der Islam und die Frauen*. Aus dem Niederländischen von Anna Berger, München 2007

Inci Y.: *Erstickt an euren Lügen. Eine Türkin in Deutschland erzählt*, München 2006

Aslı Sevindim

Candlelight Döner

Geschichten über meine deutsch-türkische Familie
Originalausgabe

ISBN 978-3-548-26367-0
www.ullstein-buchverlage.de

Mit viel Humor und Selbstironie erzählt Aslı Sevindim von deutsch-türkischen Befindlichkeiten, von Liebe alla turca – und wie es ist, wenn ihr deutscher Freund die ultimative Schwiegersohnprüfung mit ihrem Vater bestehen muss, den alle nur »Ali der Barbar« nennen …

»*Candlelight Döner* ist eine kurzweilige Lektüre, die alle begeistern dürfte, die sich für die Beziehung zwischen Deutschen und Türken interessieren.« *Hürriyet*

»Wer mal bei einer türkischen Familie ins Wohnzimmer gucken will, ist bei dieser Autorin goldrichtig.« *Handelsblatt*

»Aslı Sevindims Schilderungen sind gleichzeitig liebevoll und witzig.« *Frankfurter Rundschau*

ullstein

UB317

Wilfried Stroh
Latein ist tot, es lebe Latein!

Kleine Geschichte einer großen Sprache

www.list-taschenbuch.de
ISBN 978-3-548-60809-9

Latein ist bis heute die erfolgreichste Sprache der Welt. Ihre Biographie, die uns auch mit den faszinierendsten Personen und Ereignissen der europäischen Geschichte zusammenbringt, ist so abwechslungsreich und spannend wie ein Abenteuerroman. Sollte sich ein Leser in die Heldin dieser Biographie so heftig verlieben, dass er sich zum nächsten Lateinkurs anmeldet, würde er dem Autor eine große Freude machen.

Legite. Operae pretium erit. Lesen Sie! Sie werden es nicht bereuen.

»Eine begeisternde Geschichte des Lateinischen«
Süddeutsche Zeitung

»Professor Wilfried Stroh ... hat ein Buch über die lateinische Sprache geschrieben, das sich liest wie ein Reiseführer über ein Land, das man nach der Lektüre sofort kennenlernen will.« *Die Zeit*

List Taschenbuch

L340